MON JARDIN
EN POTS

Pour allées, jardins, patios,
balcons, terrasses…

MON JARDIN EN POTS

Pour allées, jardins, patios, balcons, terrasses…

SUSAN BERRY & STEVE BRADLEY

*Photographies originales
d'Andrew Lawson*

Sélection
du Reader's Digest

MONTRÉAL

PAGE 1 *Pensées, pétunias et cinéraires sont associés en une libre composition estivale rose, mauve et blanche.*

PAGE 2 *Une grande urne en pierre accueille une composition végétale verte et blanche.
Une couronne d'*Argyranthemum foeniculaceum *et de giroflées entoure un dôme central de buis taillé.*

CI-DESSUS *Dans cette paire de pots en terre cuite, posés sur des piédestals en pierre, se dressent
les feuilles pointues d'*Agave attenuata *au-dessus d'une mer de* Fuchsia magellanica gracilis *'Aurea'.*

Mon Jardin en pots
est l'adaptation française de *The Complete Guide to Gardening with Containers*

ÉDITION ORIGINALE
Directrice éditoriale : Catherine Ward • **Directrice artistique** : Ruth Hope
Graphiste : Claire Graham • **Directeur artistique** : Roger Bristow • **Photographe sur site** : Andrew Lawson
Photographe en studio : Geoff Dann • **Illustrations** : David Ashby

ADAPTATION EN LANGUE FRANÇAISE
Responsables de l'ouvrage : Elizabeth Glachant, Agnès Saint-Laurent. **Lecture-correction** : Béatrice Omer
Couverture : Dominique Charliat. **Fabrication** : Rebecca Herskovics, Yves de Ternay

Réalisation de l'adaptation en langue française :
AMDS (Atelier Martine et Daniel Sassier), Paris. **Traduction** : Catherine Fournier, Didier Gille, Remi Simon
Consultation : Brigitte Roy (Canada), Catherine Ruetschmann

Montage PAO : Pascale Cazenave, Évelyne Brochard

Édition originale
© 1995, Collins & Brown Limited. © 1995, Susan Berry et Steve Bradley pour les textes
© 1995, Collins & Brown et Andrew Lawson pour les illustrations

Édition française
© 1996, Sélection du Reader's Digest, S.A., 212, boulevard Saint-Germain, 75007 Paris

Édition canadienne
© 1997, Sélection du Reader's Digest (Canada) Ltée, 215, avenue Redfern, Montréal, Québec H3Z 2V9

Données de catalogage avant publication (Canada)
Berry, Susan, 1944- • Mon jardin en pots : pour allées, jardins, patios, balcons, terrasses.
Comprend un index. Traduction de : *Contained gardens*. ISBN 0-88850-562-0
1. Culture en récipients. 2. Plantes en pots. 3. Plantes d'ornement. 4. Culture en récipients - Ouvrages illustrés.
5. Plantes en pots - Ouvrages illustrés. 6. Plantes d'ornement - Ouvrages illustrés. I. Bradley, Steve, 1949-
II. Sélection du Reader's Digest (Canada) (Firme). III. Titre.
SB418.B4714 1997   635.9'86   C96-941356-4

SOMMAIRE

DES ESPACES POUR LES PLANTES EN POTS

Rien de tel que les bacs à fleurs pour mettre en valeur l'architecture d'une maison ou un jardin, et ce premier chapitre vous présente en détail leurs avantages, mais aussi leurs exigences. Les patios et les terrasses, les entrées et les escaliers, les chemins et les allées, les balcons et les vérandas offrent des espaces très divers pour accueillir grands ou petits pots. Savoir les choisir, créer un décor végétal en harmonie avec la maison, associer joliment couleurs et formes : autant d'atouts qui contribuent à réaliser d'heureux arrangements.

Mais avant tout, tenez compte des impératifs de l'endroit que vous souhaitez aménager. Sur une terrasse ventée, par exemple, vos plantes devront être en mesure de vous procurer un abri, et vous pourrez d'ailleurs choisir des espèces rustiques qui serviront d'écran à des végétaux plus fragiles ; dans un espace étroit, vous privilégierez plutôt un décor vertical à base de plantes grimpantes et de pots fixés au mur. Vous trouverez ici de précieux conseils d'ordre pratique, et des idées originales de compositions particulièrement agréables.

À GAUCHE *Le superbe feuillage du houblon doré* (Humulus lupulus *'Aureus'*).

CI-DESSUS *Un grand pot mêlant un cornouiller blanc* (Cornus alba *'Elegantissima') et un lierre panaché domine un patio habillé de bois.*

7

Les entrées et les escaliers

La première impression est toujours la bonne, dit-on ; cela est vrai aussi lorsque nous découvrons l'entrée d'une maison ou d'un appartement. Bien souvent, le passage vers la porte principale ou les marches du perron ne laisse pas la moindre place à un coin de terre. Les plantes en pots apportent alors une note de couleur et de fraîcheur rompant la monochromie de la brique, du ciment ou de la pierre. En outre, le feuillage et les fleurs ont l'avantage d'adoucir la rudesse de ces matériaux.

Les entrées

L'architecture de la maison constitue la toile de fond des bacs à fleurs, et, lorsque vous les choisirez, vous ne devrez pas l'oublier. Les murs peuvent être en brique, en bardeau, en tuile, en pierre ou encore enduits, et l'entrée être de style classique, rustique, moderne, normand... Adoptez des pots dont la forme, la couleur, la matière et la taille seront en harmonie avec chaque décor.

En ville, mettez en valeur la symétrie un peu stricte de la plupart des entrées en disposant de chaque côté des bacs contenant des plantes identiques, des buis taillés en boule, par exemple, ou des touffes de marguerites (*Leucanthemum vulgare*). Pour une maison de campagne agrémentée d'un porche ou d'une porte rustique, pourquoi ne pas associer des plantes grimpantes et des vivaces dans une composition plus libre ?

Les plantes odorantes sont particulièrement agréables dans une entrée. Les grimpantes au parfum délicat sont très accueillantes tout en n'occupant qu'une surface au sol très réduite. Les plus appréciées sont le chèvrefeuille (*Lonicera*), la clématite et de nombreuses variétés de roses (certaines sont plus parfumées que d'autres, comme 'John Cabot', qui produit des roses rouges en abondance tout au long de l'été). Vous pouvez regrouper des grimpantes dans un même pot et les laisser s'enchevêtrer. Des annuelles, tels les pois de senteur (*Lathyrus odoratus*), se prêtent aussi à ce type d'association ;

Inspiration libre

À DROITE *Pour une entrée de maison campagnarde, disposez librement les pots de fleurs. Ici, des rosiers grimpants encadrent la porte, tandis qu'au sol des pots de campanules à grosses fleurs* (Campanula medium), *de pensées* (Viola), *de scabieuses* (Scabiosa 'Butterfly Blue') *et de nepetas* (Nepeta × faassenii) *créent une atmosphère paisible.*

Compositions ordonnées

CI-DESSUS *Deux lauriers-sauce* (Laurus nobilis) *taillés, au tronc tressé, flanquent la porte d'entrée et adoucissent sa rigueur géométrique. Le buis* (Buxus sempervirens) *taillé en spirale (à gauche) ou en boule (à droite) offre aussi des formes intéressantes.*

elles partiront librement à l'assaut d'arbustes déjà plantés, mais sachez que leur floraison sera alors moins abondante qu'en pleine terre. Au printemps, les plantes à bulbe odorantes poussent très bien en pots. Garnissez deux bacs identiques avec de petits narcisses au parfum profond ou encore avec des jacinthes, dont les variétés horticoles se marient bien avec les muscaris. En été, de larges pots de lis royaux *(Lilium regale)*, au parfum puissant, apporteront de l'élégance à toutes les entrées. Disposez-les, par exemple, de chaque côté d'une porte de véranda, en veillant à les tuteurer discrètement (voir pp. 72-73) ; il serait dommage de gâcher le spectacle de belles fleurs par de gros tuteurs trop voyants.

Attachez-vous autant à la taille des pots et à leur style qu'à l'espace à aménager : vous obtiendrez un ensemble équilibré si la hauteur des plantes représente environ le tiers de celle de la porte d'entrée. Trop petits, les pots sembleront étriqués ; trop grands, ils risquent d'être envahissants. Dans le doute, cependant, choisissez-les plutôt grands.

La couleur compte aussi. Évitez les contrastes violents — murs blancs, par exemple, et géraniums rouges. Préférez-leur des accords plus subtils — fleurs abricot et bleu pâle et feuillages gris-argent ou panachés de gris et de vert par exemple. Vous pouvez également prendre comme teinte de base la couleur de la porte d'entrée et vous en servir pour concevoir votre composition florale. Supposons qu'elle soit bordeaux : pensez à deux pots en terre cuite garnis de rues bleues *(Ruta graveolens* 'Jackman's Blue') et d'héliotropes, dominés par le bleu pourpre foncé de la clématite *(Clematis viticella)*. Si vous n'avez pas retenu des plantes au feuillage persistant, comme les buis *(Buxus sempervirens)* taillés en boule, il vous faudra renouveler vos plantations au fil des saisons. Vous pouvez garder au centre du pot un arbuste ou une plante grimpante et ne changer que les annuelles, disposées en cercle (voir « Les pots de grande taille », pp. 38 à 41). Si vous voulez jouer sur l'unité de couleur, plantez des crocus blancs ou des narcisses nains pour le printemps, puis des pensées blanches pour le début de l'été, et des impatiences blanches ou des tabacs odorants pour le reste de la belle saison.

Tenez compte aussi de la nature des plantes que vous installerez près de l'entrée, car l'espace qui l'entoure est généralement bien ensoleillé. Si elle est orientée plein sud, choisissez des plantes de type méditerranéen dont les feuilles se distinguent par

Près des marches
À GAUCHE *De grands pots d'anthémis* (Chrysanthemum frustescens) *rythment une volée de marches.*

Sur les marches
CI-DESSUS *Des plantes plus petites — géranium-lierre ou géranium Regal — animent les marches.*

leur aspect argenté ou feutré, comme l'armoise, la santoline et la lavande. Vous les taillerez si vous recherchez une certaine rigueur, ou les laisserez déborder librement de leurs bacs. Pour préserver l'humidité des pots, recouvrez la terre d'un lit de cailloux (voir p. 89). Si l'entrée est ombragée, préférez de grands pots de plantes bien structurées, à larges feuilles, comme les hostas ou certaines euphorbes. Les différentes espèces de balisiers (*Canna edulis, C. hortensis* et *C. indica*) offrent un beau feuillage vert ou rouge et elles atteignent facilement 1 m de hauteur. Outre leurs grandes feuilles décoratives, leurs grosses fleurs aux teintes vives (rouge, orange ou jaune) attirent indéniablement les regards. Les bulbes de canna sont faciles à cultiver. Au printemps, plantez-les à l'intérieur, dans des pots de 10 cm, en utilisant un bon terreau d'empotage. Placez vos pots près d'une fenêtre ensoleillée. Dès que les risques de gel seront passés, vous pourrez les installer dehors dans des pots décoratifs. À l'automne, après avoir déterré vos bulbes, conservez-les au frais dans un endroit bien aéré.

Les escaliers

Un escalier manque souvent de charme lorsqu'il n'a pas encore été patiné par le temps ou les intempéries. Si ses marches sont assez larges, vous obtiendrez un effet plaisant en disposant un pot sur chacune d'elles, à condition de choisir des conteneurs de taille et de couleur identiques. Garnissez-les de plantes bien droites à l'allure un peu sévère, ou développez au contraire des compositions beaucoup plus libres avec des géraniums-lierres ou des nuages de brachycomes ou de lobélias.

Si vous ne souhaitez pas encombrer les marches, disposez de chaque côté, en haut et en bas, de larges pots qui briseront ou accentueront l'angle formé par les murs et l'escalier. Dans le premier cas, associez des immortelles argentées rampantes avec des pétunias ; dans le second, privilégiez des plantes au feuillage discipliné, telles que les cordylines, la fougère australienne *(Dicksonia antarctica)*, d'autres fougères arborescentes ou des hostas.

Si vous recherchez une décoration beaucoup plus souriante, installez dans des bacs assez plats des plantes qui déborderont et adouciront les rebords des marches. Des odorantes, comme la lavande ou la santoline, sont idéales, car elles exhalent leur parfum au moindre contact. Vous pouvez aussi planter des vergerettes *Erigeron karvinskianus,* dont les petites fleurs ressemblent à des pâquerettes rose et blanc, ou des capucines, qui recouvrent facilement les montants des escaliers ; leurs variétés rouge

Une même couleur pour des effets très différents

CI-DESSUS *Deux beaux exemples de compositions très différentes, réalisées pourtant avec la même espèce. En haut, des pensées à grosses fleurs sont mariées à des pétunias dans un style très libre. En bas, des pensées à petites fleurs, dans des pots équipés d'une armature, présentent toute la rigueur des topiaires.*

sombre ressortent particulièrement bien sur la pierre blonde ou sur la brique vieillie. Si les marches sont blanches, et sous un climat chaud, vous pouvez créer un vif contraste en installant des géraniums rouges ; sous un climat tempéré, préférez des teintes plus douces, roses ou bleues. Les géraniums-lierres pastel sont mieux adaptés à un climat frais, notamment lorsqu'ils sont mélangés à du lierre à petites feuilles sombres. Ils offrent en outre l'avantage d'avoir des feuilles odorantes, surtout lorsqu'elles sont froissées. Si vous n'avez qu'un espace restreint et que vous appréciez les herbes aromatiques, faites pousser sur les marches du basilic, de la marjolaine, du romarin et de la sauge, que vous cultiverez séparément ou ensemble (voir p. 15).

Les patios

Que votre patio soit votre seul jardin ou qu'il fasse partie d'un espace plus vaste, personnalisez-le avec des bacs à fleurs. Ceux-ci doivent évidemment s'adapter harmonieusement à son style architectural. Les grandes jarres en céramique importées d'Extrême-Orient, que l'on trouve désormais facilement et à un prix abordable, se marient bien avec les planchers ou les graviers ; la terre cuite ressort agréablement sur la pierre, les pots en métal ou en bois s'harmonisent mieux avec la brique. Ne mélangez pas trop les styles ; recherchez plutôt une unité de forme ou de matière. N'hésitez pas à peindre des bacs peu élégants, en plastique par exemple, afin de les rendre plus jolis (voir pp. 36-37).

Pour aménager un patio, il faut tenir compte non seulement de la couleur, de la forme et de l'aspect des plantes, mais aussi de la taille et du style des pots. Évitez de disperser vos plantations dans une multitude de petits récipients qui finissent par créer une véritable lassitude visuelle. Leur arrosage, en outre, deviendrait vite fastidieux. Regroupez-les au contraire dans quelques grands bacs, en attirant l'attention sur l'un d'eux, grâce à un arbuste ou à un buisson à grandes feuilles. Un patio doit être un espace paisible...

Dans la mesure du possible, installez d'assez grandes plantes pour que leurs dimensions soient proportionnées à celles de la maison. Vous pouvez disposer de vastes bacs garnis de grimpantes ou d'arbustes qui prendront appui sur les murs, ou choisir comme élément central une plante large : un datura (*Brugmansia*), par exemple, ou une fougère arborescente.

Une trop grande profusion de fleurs vives au détriment du feuillage fatigue aussi le regard. Des grimpantes ou des buissons à grandes feuilles feront parfaitement ressortir certaines annuelles plus colorées ; vous pourrez alors vous faire plaisir avec des plantes aussi impressionnantes que le tabac géant à larges feuilles (*Nicotiana sylvestris*), ou des vivaces aux grappes structurées, comme *Hosta sieboldiana* var. *elegans*, qui atteignent parfois 1,20 m de haut.

Si vous avez pris le parti de la monochromie ou des pots de forme et de style semblables afin de donner

Vert et blanc

À DROITE *Les pétunias d'un blanc éclatant font écho aux lis élancés* (Lilium longiflorum) *à grandes fleurs blanches en entonnoir qui se détachent sur un fond de buis* (Buxus sempervirens) *taillés en boules bien nettes.*

PLANTES À FEUILLES ARGENTÉES

Ces plantes se plairont dans un patio ensoleillé. Le séneçon, l'immortelle, la lavande et le liseron sont tous de taille moyenne. Les autres sont des plantes vivaces plus petites.

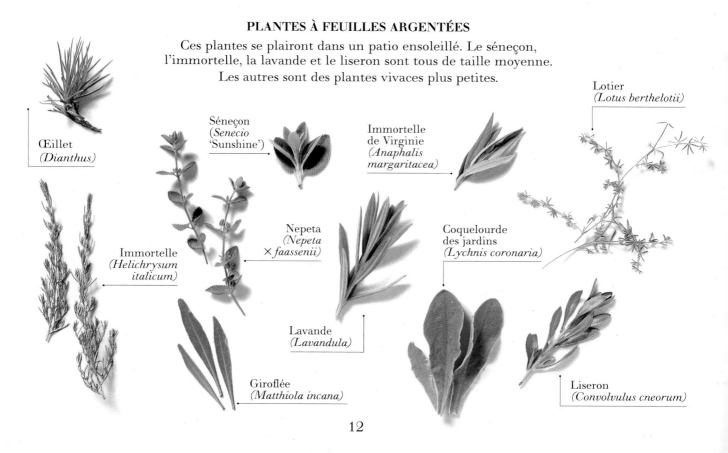

Œillet (*Dianthus*)

Séneçon (*Senecio* 'Sunshine')

Immortelle de Virginie (*Anaphalis margaritacea*)

Lotier (*Lotus berthelotii*)

Immortelle (*Helichrysum italicum*)

Nepeta (*Nepeta × faassenii*)

Coquelourde des jardins (*Lychnis coronaria*)

Lavande (*Lavandula*)

Giroflée (*Matthiola incana*)

Liseron (*Convolvulus cneorum*)

12

Terrasse de pierre

CI-DESSUS *Les formes et les teintes des pots en terre cuite animent une terrasse. Certains d'entre eux peuvent même rester vides, comme la grosse jarre qui attire le regard.*

à votre patio une unité harmonieuse, ne poussez pas cette volonté à l'extrême. Pour la couleur, optez pour des teintes uniformément froides (bleu, rose, blanc et mauve tendres) ou chaudes (jaune, orange, rouge, violet et pourpre vifs), mais évitez de mettre des touches de couleurs vives dans un fond pastel, qui s'en trouverait dénaturé.

Bien que la plupart des patios soient ensoleillés, certains étant même aménagés en bout de jardin pour bénéficier du maximum de lumière, ceux qui sont plus ombragés peuvent aussi avoir un charme fou. Souvenez-vous, cependant, que les plantes qui demandent une exposition ensoleillée dépérissent à l'ombre. Préférez alors une composition plus fraîche, dans des tons vert et blanc, qui ressortiront parfaitement sur les terres cuites ou les dallages en pierre. L'association du lierre et des fougères, intéressante par la texture et la forme de leurs feuilles mais aussi par leur couleur, avec des fleurs d'un blanc éclatant comme les impatiences

convient aux endroits ombragés et crée une ambiance d'un classicisme parfait. Si vous pouvez agrémenter cet ensemble d'une jolie statue, vous obtiendrez un résultat superbe.

Si votre patio est grand et ensoleillé, profitez-en pour jouer la fantaisie de massifs débordant de plantes à feuilles argentées, d'herbes et de fleurs des champs aux teintes douces. Les odorantes apporteront une touche d'originalité incomparable, notamment celles qui exhalent leur parfum en fin de journée, comme certaines giroflées ou le tabac. Les massifs aux couleurs douces — allant, par exemple, du rose pâle au rose profond, presque rouge — ondulent agréablement dans le vent frais du soir. Les hortensias ont une floraison assez longue et certains d'entre eux prennent en hiver une magnifique couleur rousse lorsque les fleurs se fanent et meurent lentement. Associés à des annuelles à floraison estivale plus courte et à des vivaces peu structurées, comme la verveine et les immortelles, aux teintes subtiles, ils créent un ensemble magnifique.

Les jardinières en métal ou en pierre sont elles aussi tout à fait à leur place dans les patios. Les fleurs bleues et jaunes ressortent très bien sur les matériaux gris : vous changerez de plantes à chaque saison pour en profiter pleinement. La teinte mauve bleutée des pensées et des petites jacinthes, comme celle des muscaris, est bien mise en valeur par une petite jarre en pierre. Quant aux fleurs d'un bleu profond comme celles de l'épiaire (*Stachys byzantina*), de la scabieuse (*Scabiosa caucasica*), de la sauge (*Salvia patens*) ou du pied-d'alouette (*Delphinium ajacis*), mêlées à des feuillages argentés (voir pages précédentes), elles se marient aussi parfaitement avec ce type de jardinière.

Les plantations en pots permettent éventuellement de séparer le patio du reste du jardin ou de dissimuler un banc, grâce souvent à une combinaison d'arbustes, de vivaces et de graminées. Les arbustes comme *Caragana aurantiaca*, *Genista tinctoria* 'Royal Gold', *Salix purpurea* 'Gracilis', *Spirea bumalda* ou *Spirea japonica* fournissent des volumes de taille moyenne que l'on peut agrémenter de fleurs annuelles ou de vivaces.

Jardin d'herbes dans un patio

Un patio ensoleillé est un lieu privilégié pour accueillir des plantes aromatiques ou médicinales (qui pousseront aussi très bien sur un balcon ou un rebord de fenêtre si vous ne disposez que de cet espace). Les aromatiques les plus agréables sont celles dont les feuilles ou les fleurs sont odorantes, comme le thym, le romarin, la lavande et la sauge.

Plantez-les selon un schéma strict, ou plus désordonné, ou plus rustique, en fonction de vos goûts. Privilégiez les plantes qui ont de belles feuilles, tant par leur forme que par leur couleur. Vous apprécierez les différentes variétés d'armoise, dont les feuilles sont joliment dentelées et argentées, tout comme la matricaire, avec ses petites fleurs en pâquerette et son feuillage plumeteux, ou encore l'alchémille (*Alchemilla mollis*), dont les feuilles arrondies sont veloutées et qui porte des nuages de fleurs jaune verdâtre.

Placez vos herbes aromatiques dans un endroit d'accès facile, le plus près possible de la cuisine. Le basilic et le persil ressortent bien dans un grand pot en terre cuite. Le second constitue un fond dentelé qui met en valeur des pensées bleues ou blanches. Presque toutes les herbes, en raison de leur origine méditerranéenne, aiment les sols légers et le soleil.

Les plantes médicinales connaissent un succès croissant. Celles que vous planterez ne vous permettront pas de préparer des potions ou des onguents, en revanche, vous récolterez suffisamment de feuilles pour faire des infusions, par exemple de menthe, une plante idéale à cultiver en pots, car elle a tendance à s'étendre.

Fruits et légumes

Vous pouvez cultiver des « primeurs » dans votre patio : des tomates dans des sacs de terreau (cachés sous un habillage en bois), des fraises dans des bacs adaptés ou même des haricots grimpants, dans un récipient large et profond, en palissant sur de longues cannes de bambou. Mais souvenez-vous que tous les fruits et légumes ont besoin d'être arrosés régulièrement et nourris abondamment pour donner de bonnes récoltes.

MÉLANGE D'HERBES

Il existe des bacs spéciaux, à compartiments séparés pour chaque espèce,
mais vous pouvez organiser vous-même vos potées. N'hésitez pas à regrouper les herbes aromatiques
d'un côté (en bas, à gauche), et les plantes médicinales de l'autre (en bas, à droite),
ou à mélanger plusieurs variétés d'une même espèce comme l'armoise.

Herbes aromatiques

CI-DESSOUS *Ce petit pot en terre cuite accueille des herbes pour la cuisine : origan (Origanum vulgare), diverses espèces de thym (Thymus × citriodorus et T. × c. 'Aureus'), basilic (Ocimum basilicum), basilic pourpre (O. b. purpurascens), hysope (Hyssopus officinalis) et sauge (Salvia officinalis).*

Plantes médicinales

CI-DESSOUS *Ces plantes médicinales forment un bel ensemble ; on y trouve absinthe (Artemisia absinthium), tanaisie (Tanacetum vulgare), matricaire (Tanacetum parthenium 'Aureum') et hysope (Hyssopus officinalis).*

Pots d'herbes

CI-DESSUS *Bien que les herbes soient souvent mélangées, vous pouvez parfaitement faire pousser, comme ici, chaque espèce dans un pot différent. La marjolaine à fleurs dorées (Origanum vulgare 'Aureum'), à droite, et la sauge panachée (Salvia officinalis 'Icterina') ont un beau feuillage qui se suffit à lui-même. Les différentes variétés de basilic (Ocimum sp.) s'accommodent très bien d'être plantées seules dans un patio ensoleillé et abrité. Ocimum basilicum var. minimum, qui pousse si naturellement en boule qu'il semble taillé, est idéal.*

Les balcons

Quelle que soit sa taille, un balcon pose toujours des difficultés d'aménagement. Il faut faire preuve d'ingéniosité pour le décorer agréablement de plantes variées tout en conservant un espace propice au repos.

L'une des meilleures solutions consiste à utiliser des grimpantes qui occupent très peu d'espace au sol mais sont d'un bel effet. Comme le souligne un auteur anglais dans un ouvrage consacré au jardinage facile : « Six grimpantes vigoureuses, plantées dans une plate-bande de 9 m de long sur 30 cm de large, peuvent créer un décor coloré et dense de fleurs et de feuilles couvrant plus de 56 m² de mur. Pour obtenir la même surface au sol, il faudrait une superficie cultivable vingt fois plus élevée et de cent à deux cents fois plus de plants d'herbacées. »

Sur un balcon, les plantes grimpantes semblent donc indispensables. Leur taille et leur forme sont bien entendu déterminantes. Il s'agit en effet d'obtenir un massif fourni et homogène, mais qui ne s'épaississe pas au point de réduire à une peau de chagrin l'espace que vous vous réservez ! Pour exploiter au mieux votre balcon, n'hésitez pas à construire vous-même vos jardinières en bois, en les garnissant de plastique afin de les rendre plus résistantes. N'oubliez pas de laisser des ouvertures pour assurer un bon écoulement de l'eau ni de tester leur solidité.

Assurez-vous aussi que votre balcon ou votre terrasse supportera le poids de pots garnis de terre et de plantes, que l'on sous-estime toujours. Faites appel éventuellement à un professionnel (entrepreneur, architecte) pour avoir son avis.

Un balcon, par définition, surtout s'il se trouve à un étage élevé, est exposé aux intempéries. Des robustes grimpantes feront d'excellents coupevent pour abriter les autres plantes... et vous-même ; le feuillage dense des haricots d'Espagne constitue à ce titre une protection de premier ordre.

Plantations variées

À GAUCHE *Cet angle de balcon témoigne des merveilles que peut faire naître une heureuse combinaison de plantes de formes et de tailles diverses. Des géraniums rose vif, des hortensias, des impatiences et des lis blancs se détachent sur un fond de plantes grimpantes et rampantes.*

Contrastes de couleur

CI-DESSUS *Une composition colorée de fuchsias, félicias et* Oenothera cheiranthifolia *aux teintes contrastées surmonte une balustrade en pierre. La terre cuite se marie parfaitement avec ce matériau.*

Si vous tenez à avoir, en hiver, un peu de lumière naturelle à l'intérieur, préférez une haie à feuilles caduques, de pommetier nain 'Pom'zai' *(Malus × 'Pom'zai')* par exemple, ou de cornouiller jaune *(Cornus sericea* 'Flaviramea'). Si votre balcon n'est pas couvert, faites pousser une vigne le long d'un treillis de fils métalliques tressés ; il supportera le feuillage qui vous assurera de l'ombre en été. Certaines espèces donnent des fruits. Si vous êtes orienté au sud ou à l'ouest, choisissez des grimpantes comme *Clematis* 'Jackmanii' ou *Actinidia kolomikta*.

Toutes les grimpantes ont besoin d'un support, à l'exception des espèces qui, comme le lierre, s'ac-crochent d'elles-mêmes partout. À leur pied, plan-tez des annuelles rampantes, des vivaces basses et de petits buissons : nepetas *(Nepeta × faassenii)*, campanules courtes et lobélias. Si vous installez dans la même terre plantes basses et grimpantes, choisissez des espèces qui s'accommodent d'un sol pauvre et sec, car les grimpantes sont grandes consommatrices d'eau et d'élément nutritifs.

Aménagement des balcons

Sur un petit balcon, commencez par délimiter votre espace vital… et donnez le reste aux plantes. Les grimpantes sont particulièrement adaptées à ce

PLANTES GRIMPANTES

Ces plantes grimpantes ont toutes un feuillage fourni et mettront bien en valeur les touches brillantes des annuelles et des vivaces. Les vivaces conviennent très bien pour habiller les murs toute l'année, mais ne négligez pas pour autant les grimpantes à feuilles caduques qui prennent des teintes écarlates et dorées à l'automne.

Lierre *(Hedera)*
Parmi les variétés intéressantes de cette plante qui s'accroche toute seule, retenez *H. helix* 'Sagittifolia', aux feuilles en flèche, et *H. h.* 'Godheart', aux feuilles tachetées de jaune.

Chèvrefeuille *(Lonicera)*
L. periclymenum et *L. hildebrandtiana* sont peut-être les meilleures espèces de cette plante grimpante volubile.

Actinidia kolomikta
Cette plante résistante et volubile est cultivée pour ses feuilles teintées de rose et de blanc.

Bignone du Chili *(Eccremocarpus scaber)*
Cette plante présente le double avantage d'avoir de jolies feuilles persistantes et des fleurs orangées brillantes durant tout l'été.

Vitis coignetiae
Cette vigne porte des feuilles qui prennent une belle teinte rouge vif à l'automne. *Vitis vinifera* 'Brant' donne des raisins comestibles. Ces deux variétés s'accrochent à l'aide de vrilles.

Vigne vierge *(Parthenocissus tricuspidata)*
Cette plante prend une belle couleur à l'automne et s'accroche d'elle-même.

genre de milieu, mais vous obtiendrez aussi un bel effet avec des colonnes ou des spirales de buis taillé, de troène ou de houx (voir p. 8), avec des cônes de pensées (voir p. 11) ou des muscaris (voir p. 72), et avec des conifères nains, dont la raideur s'accorde cependant assez mal avec l'exubérance de certaines fleurs. Si vous tenez à ces arbustes, entourez-les de lierre et d'espèces à feuilles panachées, et ajoutez quelques fleurs blanches comme le cyclamen d'hiver, qui se marie bien avec les feuillages persistants. N'oubliez pas que certaines plantes se développent volontiers en largeur et risquent d'empiéter assez rapidement sur l'emplacement que vous avez réservé à la table et aux chaises.

Prenez également en compte l'architecture d'ensemble du balcon, et pas seulement celle du mur de soutien. Veillez surtout à la solidité des garde-fous, qu'il s'agisse d'une grille simple ou ouvragée ou d'une balustrade en bois − dans ce dernier cas, il faut que les piliers soient dans les montants et non scellés à l'extérieur. Si vous suspendez des jardinières vers le dehors, veillez à ce que leur matériau et leur couleur s'harmonisent avec le style du balcon. Vous créerez une composition très originale en faisant courir une rangée de fleurs le long du balcon et en laissant certaines pousses déborder à

Composition champêtre

CI-DESSUS *De petits pots regroupés sur un balcon au sol en bois lui donnent une allure champêtre. Des plantes grimpantes habillent le treillis et servent de toile de fond.*

travers les barreaux. Le rouge se détache bien sur les murs de briques, tout comme le bleu vif ou le blanc. La combinaison de ces trois teintes est en revanche redoutable ! Avec des murs recouverts d'enduit aux teintes pastel, les couleurs douces − rose, mauve et jaune pâle − s'imposent.

En ville, choisissez plutôt des fleurs bien structurées, telles les tulipes écarlates, à la raideur presque militaire, ou les pélargoniums, aux plants compacts et florifères.

Grands balcons et terrasses

Plus l'espace est grand, plus vous laisserez aller votre imagination. Concentrez vos efforts sur un massif imposant, éventuellement aménagé autour d'un pilier ou sur un treillis. Le centre de cette structure doit comprendre au moins une espèce de grande taille. Le datura est à ce titre intéressant, avec ses fleurs exotiques en cloche pendante et ses feuilles à l'élégance raffinée. Des plantes grimpantes à fleurs, toujours gracieuses, comme le jasmin de Virginie ou le solanum, s'adaptent à tous les

Clematis
'Madame Julia Correvon'

Clematis
'Victoria'

PLANTES GRIMPANTES À FLEURS

De toutes les grimpantes à fleurs, la clématite
est la plus populaire ; parmi toutes ses espèces,
il en est toujours une qui fleurit chaque mois.
Clematis viticella et les autres hybrides à petites fleurs
sont idéales en pots, car elles sont alors à portée
du regard et laissent admirer leur délicate beauté.

Clematis texensis
'Princess of Wales'

Clematis viticella
'Margot Koster'

Clematis viticella
'Purpurea
Plena Elegans'

Clematis
'Caroline'

Clematis
'Jackmanii'

Clematis mandschurica
'Marie Boisselot'

Clematis montana

supports, et se marient bien avec des vivaces, que l'on déplacera au fur et à mesure de leur floraison. Il faut rappeler l'immense variété des géraniums qui restent longtemps fleuris, et accorder une attention particulière aux espèces plus petites mais tout aussi jolies dont les feuilles sont très odorantes.

Les grosses marguerites ont également droit à une mention, car elles forment de larges bouquets auxquels on peut donner une allure buissonnante. C'est également le cas des fuchsias, du chèvrefeuille et même de la glycine si vous aimez les fleurs suspendues (voir p. 74).

Deux arbustes au feuillage abondant – *Choisya ternata*, aux volutes de feuilles vert brillant, ou un palmier comme *Trachycarpus fortunei* – donneront de la profondeur et du volume à votre composition. Si vous manquez d'espace, plantez une grimpante moins envahissante comme, par exemple, le houblon doré (*Humulus lupulus* 'Aureus', voir pp. 6 et 64).

Ceux qui ont la chance de disposer d'une terrasse bordée d'une belle balustrade en pierre l'agrémenteront de terres cuites, qui permettent des arrangements spectaculaires. Animez ainsi vasques ou urnes de bouquets flamboyants. Une certaine symétrie des plantes et des conteneurs contribuera à l'harmonie de l'ensemble ; n'en faites cependant pas une règle intangible, au risque de rendre votre composition trop rigide. Sur un balcon en pierre, privilégiez les larges pots plantés de séneçons persistants et d'euphorbes et, en été, agrémentez-les de grands lis, de tabacs et de fuchsias. Les plantes épineuses attirent le regard : pourquoi ne pas utiliser les yuccas aux feuilles en épée et les cordylines aux élégantes feuilles persistantes élancées ?

Les toits en terrasse

Protégée des intempéries et des regards, une terrasse, même minuscule, est à l'abri du bruit et de l'agitation urbaine, surtout si elle a été transformée en une oasis luxuriante de fleurs et de feuillages. Des impératifs techniques limitent cependant les plantations aux pots. Leur taille sera essentiellement déterminée par le poids maximal supportable par cette terrasse. N'hésitez pas à faire appel à un spécialiste, qui évaluera la charge que vous pouvez imposer à la structure. Faites également vérifier le système d'évacuation des eaux et souscrivez une assurance responsabilité civile au cas où une partie de votre jardin s'envolerait lors d'un fort coup de vent et provoquerait des dégâts.

Les jardins aménagés sur un toit étant particulièrement exposés, il faut absolument les protéger en dressant un coupe-vent, ou un mur végétal.

La meilleure solution consiste à habiller un fort treillis – résistant et très solidement fixé – de plantes grimpantes au charme discret ; elles créeront un environnement propice au développement d'espèces moins résistantes. Si vous disposez d'une terrasse entourée d'arbres, utilisez-les comme toile de fond pour votre composition. Vous n'aurez alors peut-être pas besoin d'équipements spécifiques, indispensables pour les terrasses plus exposées.

Si vous faites des travaux, profitez-en pour prévoir un système d'irrigation intégré qui vous évitera les corvées d'arrosage. Si vous créez un réseau de tuyaux d'adduction, prévoyez l'aménagement d'un bassin ou d'une fontaine. Vous pouvez même envisager la création d'un petit jardin aquatique en faisant installer un bac assez large pour accueillir diverses plantes d'eau (voir p. 54).

Des bacs intégrés

À GAUCHE *Des arbres et des buissons se développent dans des bacs intégrés. Des annuelles à fleurs placées dans des pots devant le rideau de feuillage ainsi qu'un yucca et un cyprès apportent une touche colorée.*

Contraste recherché

CI-DESSUS *L'association de fleurs comme l'agapanthe (*Agapanthus africanus*) et le tabac (*Nicotiana sylvestris*) crée un bel effet.*

Servez-vous d'un treillis pour supporter des grimpantes aux feuilles spectaculaires comme les lierres panachés, la vigne et ses cousines robustes, ainsi que des variétés aux fleurs odorantes — chèvrefeuille, jasmin de Virginie ou clématite. Le feuillage panaché de rose et de blanc d'*Actinidia kolomikta*, par exemple, est remarquable et ses fleurs exhalent un parfum suave.

Laissez parler votre imagination pour garnir des jardinières plus petites, que vous placerez tout autour de la terrasse. Et si vous disposez de beaucoup d'espace, vous pourrez même faire pousser des arbres fruitiers. Évitez le sempiternel carré central bordé de bacs et plantez éventuellement des haies pour isoler certains endroits ; des bambous dans de grands bacs feront parfaitement l'affaire.

Il faut savoir qu'une trop grande diversité de couleurs réduit le champ visuel ; adoptez donc une dominante monochrome, au moins pour chacune des saisons. Paradoxalement, quelques végétaux à feuilles larges agrandissent l'espace, alors qu'une multitude de petites fleurs le rétrécissent. Choisissez de grands vases élégants et des plantes majestueuses. Préférez les espèces qui aiment le soleil car, à moins que vous ne tendiez un auvent, elles seront très exposées à la chaleur et à la lumière.

En revanche, vous devrez les rentrer en hiver, ou les envelopper dans des sacs en toile (voir p. 103). Même si vous fréquentez moins votre terrasse quand il fait froid, conservez-lui un minimum de charme ; dissimulez les bacs les moins présentables derrière des plantes à feuilles persistantes, qui donnent alors un peu de vie. Pensez à l'érable du Japon *(Acer palmatum)*, particulièrement éclatant en automne.

Les compositions japonaises sont très intéressantes sur une terrasse, car elles donnent souvent l'impression de prolonger les pièces intérieures. Disposez avant toute chose des paravents en roseau qui serviront de protection. Ce style repose sur la simplicité rigoureuse ; respectez-le et préférez la forme à la couleur.

Les Japonais apprécient particulièrement les plantes à petites feuilles persistantes comme les rhododendrons et les azalées, qui forment de jolis arbustes ronds, les buis communs *(Buxus sempervirens)* et les troènes taillés en boule, les bambous, les fougères et les hostas. Deux belles statues asiatiques en pierre ou en céramique apporteront une touche finale.

Si le sol de votre terrasse est recouvert de bois — qui doit être résistant et imputrescible, comme le teck — et de graviers, vous obtiendrez des effets

UN TREILLIS POUR UNE GRIMPANTE

Les plantes grimpantes en pots ont besoin d'un support. Faites-les partir le long d'un simple treillis indépendant, puis guidez-les vers d'autres plantes dès qu'elles sont assez vigoureuses. Vous pouvez aussi les faire monter sur un mur garni de fil de fer.

1 *Recouvrez le fond du pot de graviers. Glissez à l'intérieur la base du treillis et ajoutez un peu de terre.*

2 *Disposez la plante en étalant largement sa racine et recouvrez de terre jusqu'à 2,5 cm du bord.*

3 *S'il y en a, retirez les tuteurs supportant la plante et répartissez les pousses sur le treillis.*

4 *Attachez les pousses avec du fil plastique en vérifiant qu'il n'endommage pas les tiges.*

5 *Attachez les nouvelles pousses lorsqu'elles sont encore souples.*

Une vigne vierge (Parthenocissus) bien développée et fixée sur son support. Il faut noter que les feuilles se tournent vers le haut et vers l'extérieur, en direction du soleil.

Composition campagnarde

À GAUCHE *Un mélange luxuriant de fleurs et de feuillages donne un caractère rustique à ce coin de terrasse. Des supports de hauteur différente permettent de disposer des pots sur plusieurs niveaux ; ici, des géraniums sont placés devant des cannas de plus grande taille.*

changeants en les ratissant. Si votre toit le supporte, vous pouvez aussi recycler des traverses de voies de chemin de fer pour les transformer en gradins ou en socles sur lesquels vous disposerez vos plantes à différents niveaux.

Dans tous les cas, si votre terrasse est bien abritée, vous bénéficierez d'un endroit merveilleux pour vous détendre et vos plantes se développeront dans d'excellentes conditions.

Intérêt d'un treillis

Des grimpantes en pots ont besoin d'un treillis pour monter. Pour le fixer, attachez-le sur un cadre lui-même rivé au mur.

Vous pouvez aussi le clouer sur des montants en bois, placés légèrement en avant de la paroi, ce qui permet à l'air de circuler. Si vous souhaitez créer un écran de plantes, fixez le treillis assez bas au dos d'un bac en bois pour le stabiliser.

PETITES PLANTES DE SÉPARATION

Pour créer sur votre terrasse plusieurs espaces isolés, composez des haies peu élevées de petits arbustes touffus. Ci-dessous, quelques exemples de plantes bien adaptées pour ce genre de composition.

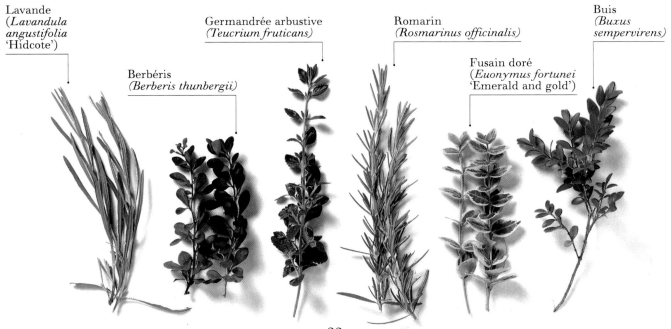

Lavande (*Lavandula angustifolia* 'Hidcote')

Berbéris (*Berberis thunbergii*)

Germandrée arbustive (*Teucrium fruticans*)

Romarin (*Rosmarinus officinalis*)

Fusain doré (*Euonymus fortunei* 'Emerald and gold')

Buis (*Buxus sempervirens*)

Les treillis vendus dans le commerce sont géné-ralement fabriqués dans un bois tendre qui a été traité, mais vous pouvez les réaliser vous-même avec des lattes en bois. Pour une terrasse, choisissez-les un peu plus épaisses. L'espace entre les lattes permet à l'air de circuler autour des plantes et diminue les risques de voir l'ensemble s'envoler en cas de bourrasque. Enfin, n'oubliez pas que les miroirs agrandissent l'espace. Disposés derrière un treillis, ils créent un effet surprenant de trompe-l'œil.

Haies pour terrasses

Des plantes hautes ou basses, à feuilles caduques ou persistantes, font d'excellents écrans sur une terrasse ou un balcon. Pour compartimenter l'espace, dressez les haies basses avec du buis, qui pousse lentement et forme une barrière dense et persistante. *Buxus sempervirens* 'Aureovariegata' se mêle joliment à la variété verte, plus classique. Le buis est facile à bouturer (voir pp. 96-97).

Pour des haies plus hautes, pensez aux grisélinias, aux ifs, aux thuyas ou à un treillis de lierre. (Voir ci-dessous et ci-contre des exemples.)

Revêtement de sol

Ne perdez jamais de vue que vous devrez monter sur votre terrasse tous les matériaux nécessaires à son aménagement et à son entretien, ce qui est parfois

FAVORISER LE DÉVELOPPEMENT DES TOUFFES
Certaines plantes, comme le grisélinia photographié ici – qui résiste bien à la pollution –, doivent être soigneusement taillées pour s'étoffer.

À la saison qui suit la plantation, coupez les pousses principales au-dessus d'un bourgeon extérieur à l'aide d'un sécateur (ou de cisailles) bien affûté. Le raccourcissement d'une pousse principale stimule les pousses latérales et donne de l'épaisseur à la plante.

long et fastidieux, surtout lorsque son accès est un peu difficile. Dans ce cas, vous avez intérêt à choisir des matériaux aussi légers que possible.

Les dallages en pierre classiques risquent égale-ment d'être trop lourds pour la structure de votre terrasse. Préférez-leur alors des carreaux de céra-mique, plus légers, ou même des graviers que vous étalerez en une couche relativement fine.

ÉCRAN VÉGÉTAL : LES MOYENNES ET GRANDES PLANTES

Si votre terrasse est très exposée, protégez-la avec des haies assez hautes qui joueront le rôle de coupe-vent. Plantez-les dans de grands bacs rectangulaires profonds. Ci-dessous, quelques exemples de plantes bien adaptées à cette fonction.

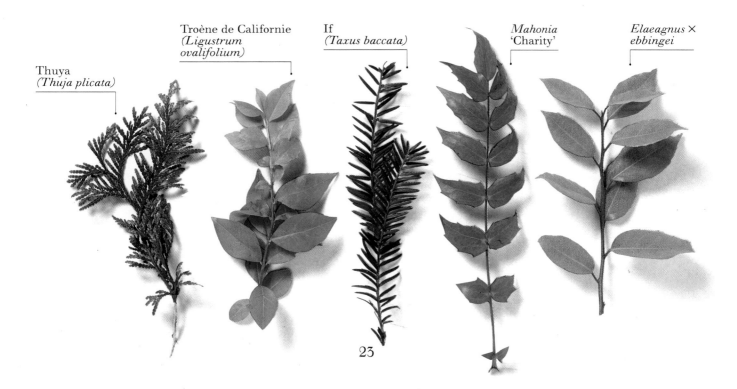

Thuya
(Thuja plicata)

Troène de Californie
(Ligustrum ovalifolium)

If
(Taxus baccata)

Mahonia 'Charity'

Elaeagnus × ebbingei

Les sentiers et les allées

L es plantes en pots animent agréablement les sentiers et les allées où la terre comme le soleil sont parfois rares. Elles attirent le regard sur des points que l'on souhaite mettre en valeur, une statue par exemple, et offrent la possibilité d'agrémenter d'une touche gaie et colorée, pour une courte période, certains endroits ombragés avec des espèces qui préfèrent un ensoleillement fort.

Tout jardinier soucieux de cultiver une bordure à l'ombre sait qu'il doit choisir des plantes bien adaptées, mais aussi se préoccuper de la nature du sol, qui peut être sec ou humide. Avec les pots, ce problème ne se pose pas, puisque vous pouvez contrôler la qualité de la terre.

En règle générale, suivez l'exemple de la nature et évitez de mélanger des espèces qui poussent habituellement sur des sols différents. Sans être trop strict, tenez compte de la forme et de la couleur des feuillages afin de rester en harmonie avec l'ensemble du jardin. La rigueur des dallages qui recouvrent certains sentiers et allées sera agréablement atténuée par les belles feuilles de nombreuses espèces de grimpantes et de vivaces. Dans les endroits sombres, préférez la variété et le charme des feuillages à l'éclat des fleurs.

Sentiers

Les sentiers étroits qui courent autour d'une maison ou entre deux bâtiments sont dans la plupart des cas ombragés. Ils n'en représentent pas moins un espace de jardinage appréciable pour bien des citadins. Mais ils comptent au nombre des endroits

Le choc des couleurs

À DROITE *Un bégonia tubéreux* (Begonia × tuberhybrida) *vivement coloré et* Lobelia *'Sapphire' forment une association explosive. Deux couleurs suffisent pour étonner le regard.*

GARNIR UN POT MURAL

Un pot mural se garnit de la même façon qu'un panier suspendu, mais les plantes ne doivent retomber que vers l'avant. Placez les plus hautes au fond, en essayant cependant d'obtenir un ensemble en forme de couronne plutôt qu'en pyramide.

Couleurs vives

À DROITE *Ce pot est garni d'agathéas (Felicia capensis panachée), de scaevolas à fleurs bleues et de lierre terrestre panaché (Glechoma hederacea 'Variegata'). Les plantes délicates à petites fleurs conviennent mieux aux pots qui s'accrochent que les pétunias plus lourds que l'on voit si souvent dans les paniers suspendus.*

PLANTES POUR POTS MURAUX

Quelques plantes idéales pour les petits pots :

Dominante bleue	Dominante rose
Pensées à petites fleurs, comme *Viola* 'Azurella'; Muscaris; Lierres à petites feuilles, comme *Hedera helix* 'Sagittifolia'	*Diascia*, comme *D.* 'Ruby Field'; Verveine (*Verbena*, comme *V.* 'Rosea'); Silène (*Silene*, comme *S. pendula*)

1 *Recouvrez le fond du pot d'une couche de graviers pour faciliter le drainage. Remplissez le pot avec la terre qui convient jusqu'au tiers de sa hauteur.*

2 *Commencez à garnir le pot. Ici, l'agathéa (Felicia capensis) panachée est placée à l'une des extrémités, les racines bien étalées.*

3 *Maintenez-la fermement puis mettez l'autre plante à l'opposé et disposez-la harmonieusement.*

4 *Placez le lierre au milieu. Ajoutez de la terre jusqu'à 2,5 cm du bord et tassez bien. Arrosez abondamment.*

les plus difficiles à aménager, car l'espace et la lumière y sont réduits. Vous pouvez cependant tirer parti de leurs contraintes si vous concevez soigneusement votre composition.

Ne recherchez pas la difficulté. Disposez côte à côte plusieurs groupes de plantes identiques pour bien mettre en valeur l'espace disponible. Il est indispensable de choisir des végétaux qui se plaisent à l'ombre.

Pour donner une touche de couleur, vous ajouterez quelques fleurs qui préfèrent le soleil, mais comme elles en manqueront, leur floraison ne durera guère. Par exemple, les géraniums, qui fleurissent abondamment en pleine lumière, se développent relativement bien dans les lieux ombragés. Cependant, à force de se tordre pour chercher le soleil, ils finissent par devenir rabougris et clairsemés. Pensez donc à les exposer régulièrement dans des endroits plus lumineux.

Décorez les murs qui délimitent ces passages étroits en y faisant pousser des grimpantes ou en y accrochant des pots. Choisissez-les de facture simple et dans des teintes assorties au fond. L'ombre est toujours plus dense en bas ; vers le haut, la lumière reprend peu à peu ses droits. Vous pouvez donc y installer les mêmes plantes que celles que l'on met habituellement dans un panier suspendu.

Les bégonias et les impatiences aux multiples couleurs se plaisent dans la pénombre. Essayez de conserver une certaine unité de teinte et pensez aux feuillages argentés et colorés. Celui de *Helichrysum* 'Sulphur Light' est presque fluorescent et ceux de la plupart des lierres sont tachetés d'or ou d'argent.

Le long des murs, faites courir un houblon (*Humulus lupulus* 'Aureus') aux jolies feuilles dorées, toutes les variétés de lierres à grandes feuilles, comme *Hedera colchica* 'Sulphur Heart', ou encore une aristoloche (*Aristolochia durior*), qui possède aussi de magnifiques feuilles larges. Certains chèvrefeuilles se développent également assez bien malgré une lumière faible, notamment *Lonicera serotina* 'Honeybush', dont le parfum envoûtant se répandra agréablement dans tout le passage.

Au pied du mur, installez une bande de fougères ou des bouquets d'hostas, qui aiment les endroits ombragés. Des vivaces comme les primevères, les tiarelles, les liriopes et les lamiers ne réclament qu'un minimum de lumière. Parmi les arbustes résistants de taille moyenne, choisissez des coto-

DES PLANTES QUI AIMENT L'OMBRE

De nombreuses plantes se plaisent à l'ombre. Leur charme est moins voyant que celui des plantes de soleil, mais la qualité de leur feuillage, souvent superbe, n'échappe pas à un œil exercé.

Ombre et humidité
À GAUCHE *Les feuillages de ce petit pot garni de fougère (Athryrium filix-femina 'Victoriae'), au pied de laquelle se développe une alchémille (Alchemilla mollis), se plairont dans un endroit ombragé et humide.*

Ombre et sécheresse
À DROITE *Ce petit pot d'anémones japonaises (Anemone × hybrida 'Honorine Jobert') et de Tellima grandiflora éclairera un endroit ombragé et sec.*

néasters ou des pyracanthas dont les belles baies prennent à l'automne une couleur somptueuse, qui va du jaune à l'écarlate.

Réunissez des groupes de pots pour rompre la monotonie d'un passage long et étroit, tout en prenant soin de laisser un accès suffisamment dégagé.

Allées

Dans un jardin, les allées sont souvent négligées, car tous les efforts d'aménagement sont généralement concentrés sur les massifs vers lesquels elles se dirigent. Pourtant, des plantes en pots disposées aux bons endroits animeront les plus banales.

L'une des solutions les plus élégantes consiste à « raccourcir » une longue allée à l'aide de pots placés de part et d'autre, à intervalles réguliers. Cette disposition convient particulièrement bien aux zones les moins structurées d'un jardin. Veillez cependant à choisir des espèces qui se fondent harmonieusement dans l'ensemble. En sélectionnant et en regroupant des plantes adaptées à un même milieu, vous éviterez des erreurs grossières. Ainsi, n'installez pas des plantes aimant le soleil le long d'un chemin bordé d'arbres ; pensez plutôt à des bacs remplis d'anémones japonaises et de lierre.

DES PLANTES D'OMBRE

Ces plantes se développent très bien à l'ombre. Le fatsia est un arbuste ; l'hosta, la fougère et l'euphorbe sont des vivaces. Le tabac est une annuelle aux nombreuses variétés.

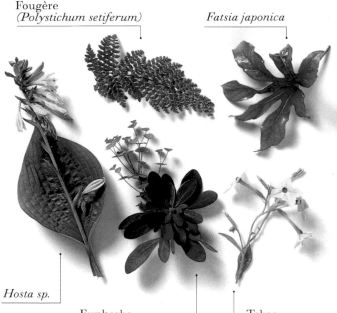

Fougère
(*Polystichum setiferum*)

Fatsia japonica

Hosta sp.

Euphorbe
(*Euphorbia robbiae*)

Tabac
(*Nicotiana cv.*)

Des pots le long d'une allée

À GAUCHE *Ces pots en terre cuite garnis d'aulx à l'allure martiale délimitent une allée située dans un coin du jardin envahi par diverses autres plantes. Ils lui apportent une certaine rigueur et adoucissent le contraste entre les dalles de pierre et la végétation luxuriante. Quand ils seront fanés, ils seront remplacés par des plantes à fleur de même couleur et de même style afin de conserver un ensemble cohérent.*

DES COMPOSITIONS POUR TOUS LES POTS

L es pots offrent une très grande variété de formes, de matériaux, de styles et, dans ce domaine, votre choix dépendra bien sûr de vos goûts, mais aussi de votre environnement. Il vous faudra retenir des plantes s'harmonisant bien avec le style que vous avez choisi. Dans ce chapitre, vous trouverez tous les conseils vous permettant de réussir ces alliances.

Nous dressons d'abord pour vous l'inventaire illustré de nombreux conteneurs, chacun correspondant à un besoin précis. Ensuite, exemples concrets et photos à l'appui, nous vous montrons comment garnir petits et grands pots, paniers suspendus, jardinières, et même objets insolites. À la fin de chaque section, nous vous proposons des compositions pour faire évoluer vos plantations au cours des saisons, du printemps à l'hiver.

À GAUCHE *Les feuilles dentelées de la vigne vierge* Parthenocissus henryana *sont veinées de blanc argenté.*

CI-DESSUS *Deux élégantes urnes en pierre sont garnies de petites touffes de pensées violettes* (Viola).

29

Le choix des pots

La réussite du jardinage en pots tient pour une bonne part au choix de ceux-ci, qui doivent s'intégrer dans un décor et mettre les plantes en valeur. Leur achat représentant un certain investissement, prenez le temps de vous renseigner sur les gammes de conteneurs disponibles, leurs avantages et leurs inconvénients respectifs.

Principaux matériaux

Leur variété permet de satisfaire tous les goûts. La terre cuite, le métal, le bois et la pierre sont les matières premières naturelles les plus répandues.

Quant aux autres matériaux, il s'agit essentiellement de ciment, de plastique et de résine. Cette diversité autorise toutes les formes et toutes les tailles.

La terre cuite

Fabriqués à partir d'argile cuite au four, les pots en terre sont universellement répandus.

Lorsqu'ils sont réalisés à la main, ce sont des pièces uniques, qui deviennent parfois de véritables œuvres d'art.

Mais la plupart sont produits en série, à partir de moules standards.

POTS, JARRES ET CORBEILLES

Les pots, les jarres et les corbeilles sont très répandus. Vous trouverez forcément, parmi les tailles et les matières utilisées, des modèles répondant à votre attente.

Pot raccourci
24 cm de diamètre

Pot raccourci
32 cm de diamètre

Pots à fleurs en terre cuite
10 cm, 15 cm, 20 cm,
23 cm de diamètre

Pot tripode
25 cm de diamètre

Pots à muguet
12,5 cm, 17,5 cm
et 23 cm de diamètre

Jarre en terre cuite
38 cm de diamètre
50 cm de haut

Les pots de fabrication artisanale sont évidemment les plus beaux ; certains, anciens, constituent des pièces de collection. Patinés par le temps et les intempéries, ils prennent des teintes douces et passées qui conviennent à tous les types de jardin. Certains modèles d'importation sont désormais très abordables, mais il existe également, à des prix tout à fait accessibles, d'excellentes copies industrielles qui reprennent des motifs traditionnels.

Si vous n'appréciez pas le brun-rouge caractéristique de la terre cuite, ou si cette couleur s'intègre mal aux dominantes de votre jardin, vous pouvez peindre le pot pour mieux l'adapter à vos goûts. Les productions de série ont souvent une teinte trop uniforme lorsqu'elles sont neuves. Pour remédier à ce défaut, habillez vos pots de tons pastel, qui donnent l'illusion de l'usure du temps, tel le classique gris bleuté ou le vert sombre délavé, qui s'accordent avec la plupart des styles de décor végétal.

La gamme des pots en terre cuite est vaste, du traditionnel pot à fleurs aux grandes jarres, des urnes aux corbeilles et autres jardinières. Certains d'entre eux sont plus ou moins décorés de motifs en relief. Vous trouverez aussi de magnifiques répliques d'objets anciens qui s'harmoniseront avec l'architecture de votre maison. Les principaux décors se déclinent sur différents modèles, ce qui vous permettra de jouer l'unité en assemblant des pots ornés du même motif mais de tailles et de formes différentes. Il vaut toujours mieux rester dans un même style. Trop de diversité nuit à l'équilibre des compositions végétales, qui doivent être l'élément essentiel d'un jardin.

Terrine
en terre cuite

Pot ovale en terre cuite
35 cm de diamètre
35 cm de haut

Pot à rebord
en terre cuite
40 cm de diamètre
33 cm de haut

Vase Médicis
en résine patiné
vert-de-gris

Pot en terre cuite
à bord vernissé
32 cm de diamètre
28 cm de haut

Corbeille en terre cuite
à croisillons

Vasque en pierre
à croisillons

Le métal

Le métal offre de nombreuses possibilités, allant du simple seau en fer galvanisé, peu onéreux, aux jardinières ou aux éviers anciens en plomb, voire aux objets en métal tressé en provenance d'Extrême-Orient, qui font de très jolis paniers suspendus. Il est toutefois recommandé de recouvrir les accessoires en métal bon marché d'un enduit protecteur contre la rouille, ou, mieux encore, de peinture. Grâce aux nouveaux produits destinés à la décoration, vous obtiendrez aisément l'effet recherché, avec notamment des préparations vert-de-gris (voir p. 37 pour plus de précisions).

En revanche, si vous avez la chance de posséder un récipient en fonte ou en étain, une fontaine ancienne par exemple, laissez-le tel quel et installez-y des plantes qui s'harmoniseront avec sa couleur naturelle. Le bleu, le violet ou encore l'orange se marieront superbement avec son gris bleuté. Les capucines, aux teintes rouges et orangées, sont leurs meilleurs partenaires.

Le bois

Parmi les conteneurs en bois, vous aurez le choix entre les bacs à orangerie, dont la forme cubique met parfaitement en valeur des plantes taillées, les

JARDINIÈRES, BACS ET AUTRES POTS

Les jardinières et les bacs existent dans de nombreux matériaux, bois, terre cuite, métal ou pierre. Assurez-vous toujours que le rebord de vos fenêtres pourra supporter leur poids.

Jardinière évasée en bois

Jardinière en terre cuite 40 cm de long

Jardinière décorée en terre cuite 30 cm de long

Demi-tonneau en bois 40 cm de diamètre 30 cm de haut

Bac à orangerie 35 cm de large 43 cm de haut

Support en fil de fer, avec pots en terre cuite

Jardinière en bois 80 × 28 × 28 cm

demi-tonneaux, ou encore les jardinières allongées. Si vous souhaitez garder leur teinte naturelle, contentez-vous de les traiter avec un produit inoffensif pour les plantes. Vous pouvez aussi les enduire d'une couche d'apprêt avant de les peindre. Correctement entretenus, la plupart d'entre eux, même s'ils sont en bois tendre, résistent bien ; leur durée de vie est cependant moindre que celle des poteries. Ceux qui sont en bois dur sont généralement plus onéreux, mais beaucoup moins fragiles. Si vous craignez que le bois ait déjà subi un traitement chimique nocif pour les végétaux, tapissez l'intérieur d'un film plastique.

La pierre

Il existe toutes sortes de magnifiques récipients en pierre, que ce soit du grès rustique ou du marbre raffiné, dont les teintes variées rehausseront les nuances de vos compositions. Si vous avez un patio, il faudra que vos jardinières s'harmonisent avec son sol : le marbre poli, par exemple, ressortira parfaitement sur un beau carrelage. De tous les matériaux naturels, la pierre est le plus lourd, mais aussi le plus résistant. En outre, elle vieillit très bien : les traces laissées par les intempéries et les mousses, algues ou lichens la mettent en valeur. Vous pouvez imiter son aspect en enduisant un conteneur d'un mélange de

Jardinière en pierre sculptée
45 × 28 × 23 cm

**Jardinière
en bois de cèdre**
60 × 20 × 20 cm

Cache-jardinière en fonte
74 × 25 cm

Pot-cheminée en terre cuite
30 cm de large
50 cm de haut

Cache-pot en fonte
30 cm de diamètre
25 cm de haut

**Jardinière en résine
de style XVIIIᵉ siècle**
60 × 21,5 × 28 cm

**Pot carré
en terre cuite à l'italienne**
13 cm de large
17,5 cm de haut

POTERIES MURALES ET PANIERS SUSPENDUS

Si vous faites un arrangement de paniers suspendus et de poteries murales, n'oubliez pas que vous devrez les arroser souvent. Faites en sorte de les atteindre assez facilement avec un arrosoir ou un tuyau. Les paniers suspendus seront toujours très solidement fixés à la structure de soutien.

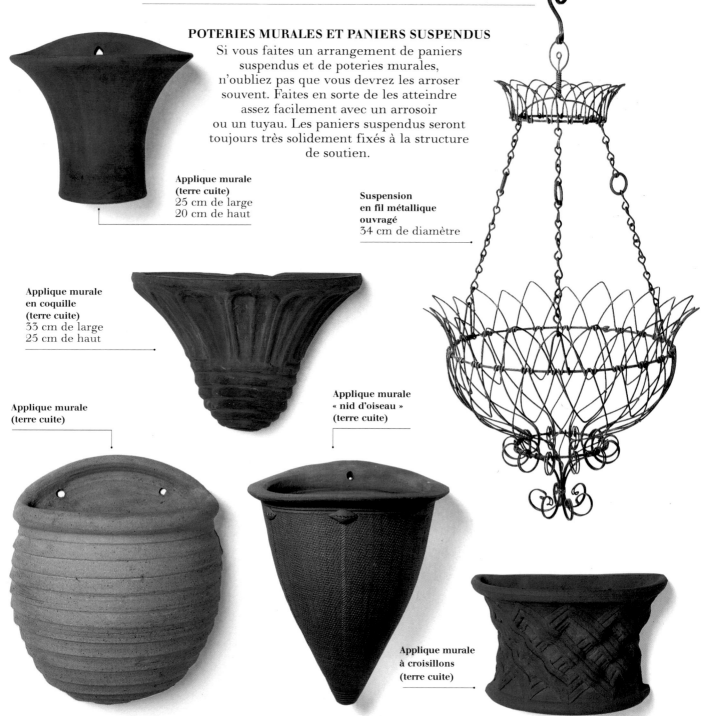

Applique murale (terre cuite)
25 cm de large
20 cm de haut

Suspension en fil métallique ouvragé
34 cm de diamètre

Applique murale en coquille (terre cuite)
33 cm de large
25 cm de haut

Applique murale (terre cuite)

Applique murale « nid d'oiseau » (terre cuite)

Applique murale à croisillons (terre cuite)

sable et de ciment puis en badigeonnant le tout de yaourt : algues et lichens s'y développeront bientôt (voir p. 37). Cette technique permet de donner une nouvelle vie à de vieux éviers en céramique, qui semblent alors se métamorphoser en pierre.

Autres matériaux

Le plastique, le ciment et la résine sont couramment utilisés par les fabricants de conteneurs. Leurs avantages sont loin d'égaler ceux des matériaux naturels. Le plastique est pratique, mais il s'intègre mal à la végétation : son aspect froid et impersonnel contraste désagréablement avec la couleur et l'exubérance des plantes. Sa légèreté est sa principale qualité. Si cependant vous le choisissez parce qu'il est moins cher, peignez-le dans des nuances discrètes − un vert profond ou un bleu ardoise −, qui s'harmoniseront avec les teintes de vos plantes. Évitez absolument le plastique blanc, car on ne verra plus que lui.

La résine est légère, solide et pratiquement inaltérable. Mais, tout comme le plastique, il s'agit d'une matière peu élégante. Le ciment remplace souvent la pierre et peut être moulé de multiples façons.

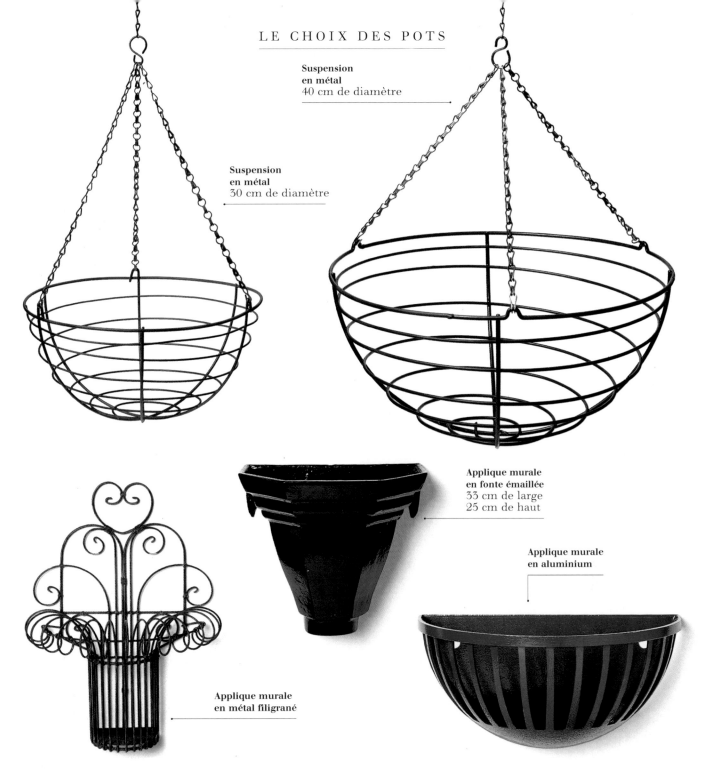

Suspension
en métal
40 cm de diamètre

Suspension
en métal
30 cm de diamètre

Applique murale
en fonte émaillée
33 cm de large
25 cm de haut

Applique murale
en aluminium

Applique murale
en métal filigrané

Très lourd, il est aussi très résistant lorsqu'il est armé de métal ; on l'utilise d'ailleurs largement pour fabriquer des bacs de grande taille.

Petits pots et grands bacs

Il existe des conteneurs de toutes les tailles : minuscules pots à fleurs en terre cuite ou bacs immenses et massifs, en brique ou en ciment, parfois construits spécialement pour répondre à un besoin particulier. C'est en fonction de leur destination que vous déterminerez leur taille et leur forme. Sur un balcon ou une terrasse, le poids est un élément déterminant, car la masse combinée d'une plante et de son contenant peut s'avérer beaucoup trop importante pour leur structure d'accueil. Pour plus de sécurité, avant d'acheter et d'installer des jardinières, faites vérifier par un professionnel la charge maximale que votre balcon ou votre terrasse est capable de supporter.

Dans certains cas, il est plus judicieux de faire fabriquer ou de fabriquer soi-même ses jardinières. Elles sont assez faciles à réaliser dans un bois suffisamment dur. Prenez la précaution de les assembler avec des vis longues, car la terre humide exerce toujours une pression considérable sur les parois.

Pots de toutes formes

Petits pots trapus, jarres élégantes, belles jardinières classiques, vases élancés... Chaque style contribue largement à l'aspect général d'un jardin, et bien qu'il soit possible de marier avec bonheur les formes et les tailles, il vaut souvent mieux garder une certaine homogénéité.

Si vous appréciez la variation des volumes, adoptez un même matériau. Des pots en terre cuite de tailles et de styles différents constitueront par exemple une bonne base, et vous permettront de cultiver des plantes de dimensions très variables, des alpines aux petits arbres.

Disposition des pots

Pour bien aménager un espace, il faudrait toujours y créer d'abord une belle composition verticale, chatoyante et fournie. Choisissez de grands bacs pour les grimpantes ou les autres plantes hautes ou accrochez des poteries murales et des paniers suspendus si vous disposez des supports nécessaires. Placez les pots les moins hauts à l'avant et garnissez-les de plantes annuelles et de petites vivaces. Il est toujours préférable de regrouper les pots pour obtenir un bel ensemble plutôt que de les éparpiller aux quatre coins d'un balcon ou d'un patio.

Un grand bac suffit à retenir l'attention dans un patio, un petit jardin ou une cour, surtout s'il accueille une imposante vivace, un bel arbuste ou un petit arbre.

Pour fixer des poteries murales qui, une fois remplies de terre et arrosées, seront devenues très lourdes, choisissez des pattes de fixation de bonne qualité et vissez-les solidement en les chevillant dans le mur de soutien.

Pour éviter tout risque d'accident, vérifiez également que les chaînes ou les cordes sont assez résistantes pour supporter le poids d'un panier ou de tout autre récipient suspendu et que les pitons de fixation sont assez longs.

PEINDRE DES POTS

Vous obtiendrez des effets originaux en décorant vous-même vos pots. Vous vous contenterez d'une seule teinte ou associerez deux ou trois couleurs en motifs géométriques. Faciles à exécuter, les rayures sont agréables à l'œil. Si vous les souhaitez parfaitement nettes, délimitez-les d'abord à l'aide de ruban adhésif ; si vous voulez un décor plus libre, peignez-les à main levée.

Terres cuites peintes

À GAUCHE *Une simple couche de peinture bleue suffit à donner un aspect ancien à ce petit pot en terre cuite où pousse un buis.*

Choix des couleurs

CI-DESSOUS *Ces teintes, enrichies d'une touche de noir ou de blanc, conviennent particulièrement bien aux pots à fleurs.*

Décoration

Il est assez facile d'embellir un pot ou de modifier son apparence pour lui donner un autre style. Une peinture et un vernis mat vous donneront une patine sans reflets, alors qu'une peinture à l'huile créera un effet satiné.

L'association de plusieurs couleurs sourdes, qui ne lutteront pas entre elles, ou de différentes nuances d'une même teinte permet de conserver une agréable unité.

Vous pouvez d'ailleurs créer vos propres coloris en ajoutant au produit de base une touche de colorant. Ce dernier étant très concentré, prenez quelques précautions. Délayez-le dans un peu de blanc avant de le mélanger au reste de la peinture.

Peignez ensuite tout le pot ou contentez-vous d'y poser quelques motifs à l'aide de pochoirs ou à main levée. Une dernière couche, de vernis cette fois, lui donnera une belle finition et formera une excellente protection.

VIEILLIR UN POT

Les pots en terre cuite gagnent à être patinés. Pour accélérer le processus naturel, recouvrez-les d'une couche de yaourt, qui attirera les lichens et les algues.

Déposez au pinceau une couche assez épaisse de yaourt et laissez sécher le pot une semaine environ, à l'extérieur, avant de le garnir de plantes.

RÉALISER UN EFFET VERT-DE-GRIS

Laissé à l'air libre, le cuivre prend une belle teinte vert bleuté. Vous pouvez donner le même aspect à un simple seau en fer galvanisé. Vous trouverez dans le commerce des produits spéciaux destinés à cet usage, mais vous créerez facilement vous-même votre propre préparation.

Seau en fer
Peintures acryliques
Brosse ronde
Apprêt spécial métal
Pinceaux
Peinture acrylique de base

1 *Nettoyez parfaitement le seau. Passez une couche d'apprêt avec un pinceau souple et laissez sécher.*

2 *Recouvrez le seau d'une couche de peinture acrylique avec un pinceau souple.*

3 *Mouchetez le seau avec l'un des verts choisis. Laissez sécher et recommencez avec l'autre couleur.*

4 *Laissez sécher avant de passer une couche de vernis acrylique pour éviter que la peinture ne cloque.*

Le seau transformé (pour les plantes, voir p. 26).

Les pots de grande taille

Nous allons évoquer ici les conteneurs dont la hauteur ou la largeur dépasse 45 cm. Certains sont si impressionnants qu'ils constituent à eux seuls un élément de décoration, au point d'être parfois plus beaux seuls qu'avec des plantes. Les grandes jarres, par exemple, ont une forme si caractéristique qu'elles se suffisent souvent à elles-mêmes (voir p. 14).

La taille imposante des grands pots détermine le choix des plantes qu'ils accueilleront. Sans être géantes, celles-ci ne doivent pas tomber dans le travers inverse. Un vaste pot en terre cuite garni de fleurs minuscules est toujours un peu ridicule. En revanche, les larges feuilles d'un hosta le mettront parfaitement en valeur.

Les pots de grande taille présentent entre autres l'avantage de pouvoir recevoir de belles plantes qui seraient vite à l'étroit dans un autre conteneur. Ainsi, les petits arbres comme l'érable du Japon à feuilles palmées (*Acer palmatum dissectum*) ou le délicat bouleau nain (*Betula* 'Trost's Dwarf') s'y plaisent beaucoup. C'est aussi le cas de palmiers comme *Trachycarpus fortunei*, dont les feuilles se disposent en éventail, ou encore de la fougère arborescente australienne (*Dicksonia antarctica*). Réservez les compositions subtiles pour des conteneurs moins imposants, tels les paniers suspendus, et les plus vigoureuses pour les conteneurs plus vastes. Ils vous offrent en effet la possibilité de mettre en valeur certaines plantes aux feuilles larges et aux fleurs superbes, tels le bananier

Couleurs froides

À DROITE *Cette belle terre cuite patinée, aux tons chauds, met en valeur les teintes mauves, grises et blanches des mélianthes, des armoises et de* Malva sylvestris *'Primley Blue'. Le feuillage gris argenté des deux premières forme un écrin idéal pour les fleurs, que leur couleur soit froide ou chaude.*

COULEURS CHAUDES

Une vieille bassine, peinte et vernie, accueille un mélange de vivaces et d'annuelles. Ces dernières durent longtemps, notamment les tabacs, les cupheas et les pensées. Si vous taillez la tige principale du lupin quand elle commence à se faner, des tiges secondaires apparaîtront.

Géranium Regal · Géranium odorant · Impatience de Nouvelle-Guinée (*Impatiens* New Guinea hybrid) · Gazania · Fuchsia · Pensée · Lupin · Tabac (*Nicotiana* × *sanderae*) · Cuphea (*Cuphea hyssopifolia*)

TV GUIDE

CDMA
Canadian
Direct
Marketing
Association

000308999-L6B1A3-BR01

TV GUIDE
PO BOX 30005 STN BRM B
TORONTO ON M7Y 7A7

MAIL ⇒ POSTE

Canada Post Corporation / Société canadienne des postes

Postage paid   Port payé
if mailed in Canada   si posté au Canada

Business   Réponse
Reply   d'affaires

000308999   01

Special Offer!

FOR CURRENT SUBSCRIBERS ONLY

RENEW NOW & SAVE!

YES! I want to renew my TV Guide subscription with this special savings offer. Send me 52 issues of TV Guide for just $39.98 – I save over $27.00 off the cover price.

Account Number: TVG

(located on your mailing label)

Name _____

(please print)

Address _____ Apt. _____

City _____ Prov. _____ Postal Code _____

☐ Bill me later   ☐ Payment enclosed ($39.98 + GST = $42.78)

☐ Please check here if you get any of the following pay TV channels: Family Channel, The Movie Network, SuperChannel, Viewer's Choice Canada.

For subscriptions in QC, NB, NS, NFLD please send $45.98 (incl. taxes).
Minimum annual newsstand price: $67.08 + GST.

J937B   Recyclable

(Ensete sp.), avec ses rubans de feuilles longues et épaisses, ou le datura en arbre *(Brugmansia arborea)*, qui possède des feuilles ovales et d'énormes fleurs pendantes très parfumées.

Compositions saisonnières

Si vous désirez faire évoluer votre composition tout au long de l'année, plantez au centre d'un grand pot un arbuste ou une belle vivace ; vous l'entourerez d'annuelles plus basses, que vous changerez au fil des saisons. Pour adoucir la rigueur des bords, laissez retomber des rampantes comme le lierre.

Optez éventuellement pour l'unité de couleur. Jouez sur les blancs, par exemple, en remplaçant les jacinthes et les narcisses du printemps par des impatiences, des lupins, des géraniums et des pétunias en été, puis par des chrysanthèmes et des asters en automne.

Vous pouvez, au contraire, personnaliser chaque saison en faisant ressortir ses couleurs traditionnelles. Dans ce cas, cherchez les combinaisons permettant de créer des harmonies de jaunes et de bleus au printemps, de roses et de rouges en été, de mauves et de gris-vert en automne et en hiver.

PLANTATIONS DE PRINTEMPS

Au printemps, ce vaste pot en terre cuite est garni de narcisses au pied desquels poussent des pensées, elles-mêmes entourées de lierre.
Si les narcisses sont de grande taille, il faudra peut-être les tuteurer.
Des petites tiges de bambou conviendront très bien.

Narcisse 'Cheerfulness'

Pensée

UNE AUTRE COMPOSITION

Laissez le lierre se développer sur les bords du pot, mais remplacez les narcisses par des tulipes. Les variétés à fleurs de lis ou perroquet, de forme exotique, sont assez hautes. Pour garder la même harmonie de jaune et de blanc, fraîche et printanière, songez à la tulipe à fleurs de lis 'White Triumphator', aux pétales bien dessinés, d'un blanc éclatant. À la place des pensées, plantez une couronne de primevères tout autour du pot.

Lierre panaché
(Hedera helix)

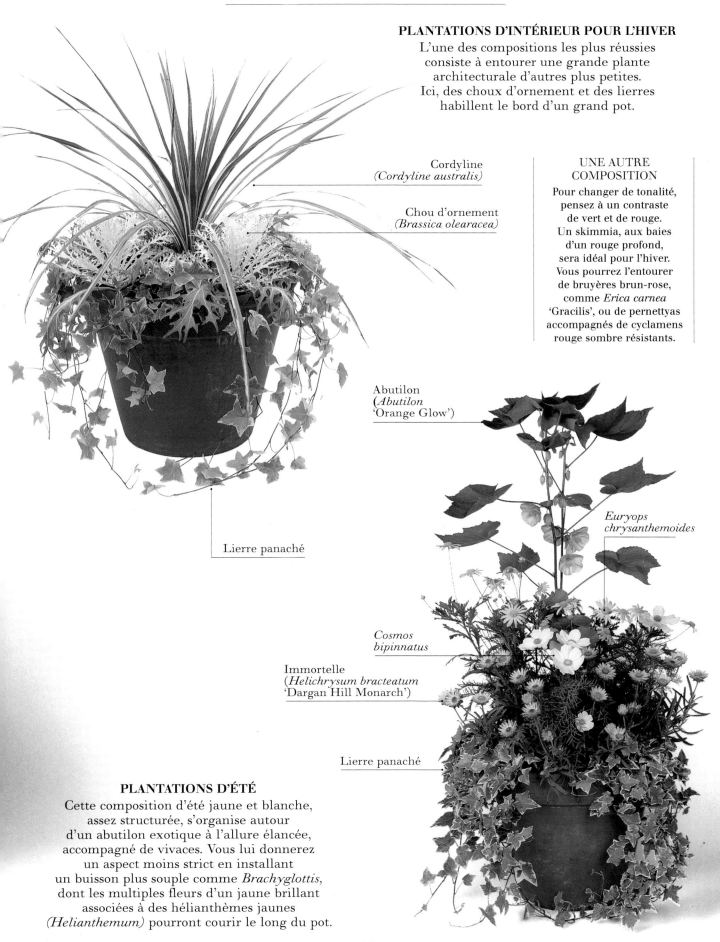

PLANTATIONS D'INTÉRIEUR POUR L'HIVER

L'une des compositions les plus réussies consiste à entourer une grande plante architecturale d'autres plus petites. Ici, des choux d'ornement et des lierres habillent le bord d'un grand pot.

Cordyline
(*Cordyline australis*)

Chou d'ornement
(*Brassica olearacea*)

UNE AUTRE COMPOSITION

Pour changer de tonalité, pensez à un contraste de vert et de rouge. Un skimmia, aux baies d'un rouge profond, sera idéal pour l'hiver. Vous pourrez l'entourer de bruyères brun-rose, comme *Erica carnea* 'Gracilis', ou de pernettyas accompagnés de cyclamens rouge sombre résistants.

Lierre panaché

Abutilon
(*Abutilon* 'Orange Glow')

Euryops chrysanthemoides

Cosmos bipinnatus

Immortelle
(*Helichrysum bracteatum* 'Dargan Hill Monarch')

Lierre panaché

PLANTATIONS D'ÉTÉ

Cette composition d'été jaune et blanche, assez structurée, s'organise autour d'un abutilon exotique à l'allure élancée, accompagné de vivaces. Vous lui donnerez un aspect moins strict en installant un buisson plus souple comme *Brachyglottis*, dont les multiples fleurs d'un jaune brillant associées à des hélianthèmes jaunes (*Helianthemum*) pourront courir le long du pot.

41

Les pots de petite taille

Les petits pots sont généralement destinés à ne recevoir qu'une seule plante. En les regroupant, vous créerez des effets d'ensemble tout aussi réussis que ceux obtenus dans un espace plus vaste. Plus le pot est petit, plus il fait ressortir les caractéristiques d'une plante ; vous obtiendrez donc les meilleurs résultats en n'y mettant qu'une seule espèce à la fois. Ainsi, quatre pots garnis uniquement de pensées ou de petits buis *(Buxus sempervirens)* taillés bien nettement en boule remplacent avantageusement une jardinière accrochée au rebord d'une fenêtre.

Pour mettre ces pots en valeur, choisissez soigneusement l'endroit où vous les disposerez. Si vous en mettez plusieurs, tous pareils, sur les marches d'un perron, celui-ci aura l'air tout de suite plus accueillant. On utilise souvent ainsi les géraniums rouges,

d'une simplicité spectaculaire. Si vous préférez marier deux couleurs, alternez par exemple dans une allée le noir des pensées avec le blanc des bacopas.

Les petites plantes alpines sont toujours très agréables. Elles possèdent un charme délicat et leurs fleurs sont merveilleusement dessinées et colorées. Elles permettent de charmants arrangements dans des pots peu profonds. Prenez soin, cependant, de choisir de bons partenaires. Tenez compte du rôle essentiel du feuillage, et pensez à jouer sur les formes en mélangeant des plantes en boule et d'autres moins structurées. Dès lors, les petits pots deviendront des bijoux charmants, auxquels il suffira de donner un écrin en les plaçant devant une grande jardinière ou sur une volée de marches. Parmi les espèces les plus intéressantes, il faut noter les saxifrages, les orpins et les œillets nains.

DES PLANTES À TRÈS BELLE FLORAISON
Les plantes présentées ci-dessous méritent d'être installées isolément dans de petits pots qui mettront en valeur leurs fleurs raffinées. Placez-les dans un endroit suffisamment en vue, elles feront l'admiration de tous.

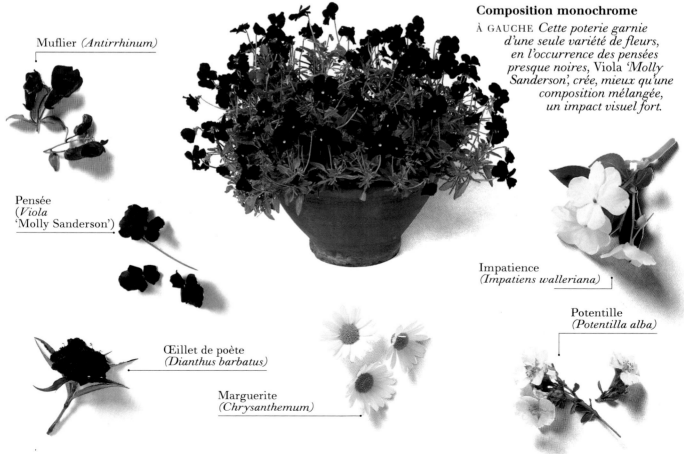

Muflier *(Antirrhinum)*

Composition monochrome
À GAUCHE *Cette poterie garnie d'une seule variété de fleurs, en l'occurrence des pensées presque noires,* Viola 'Molly Sanderson', *crée, mieux qu'une composition mélangée, un impact visuel fort.*

Pensée
(Viola 'Molly Sanderson')

Impatience
(Impatiens walleriana)

Potentille
(Potentilla alba)

Œillet de poète
(Dianthus barbatus)

Marguerite
(Chrysanthemum)

En général, les alpines ont besoin d'un sol renfermant des graviers ou du sable grossier, qui assurent un bon drainage : l'humidité que retient toujours un terreau ordinaire risquerait de les faire pourrir. Pour se développer, elles doivent disposer de leurs conditions de vie naturelle, c'est-à-dire bénéficier d'un sol pauvre et bien drainé. Elles préfèrent souvent la lumière à l'ombre et se plairont sur une terrasse ouverte et ensoleillée.

La plupart des bulbes de printemps s'acclimatent très bien dans les petits pots. C'est le cas des variétés naines de jonquille ou de tulipe, comme *Tulipa clusiana*, aux fleurs ouvertes en étoile. Elles sont plus jolies quand elles sont cultivées seules et, avec des pots jumeaux, vous obtiendrez un magnifique résultat. Pensez également aux iris nains. Il leur faut généralement un sol bien drainé et beaucoup de soleil, mais le minuscule *Iris pumila*, aux fleurs bleu lilas, supporte une ombre légère.

Recherchez, comme toujours, une harmonie entre le contenant et son contenu : les plantes que nous évoquons ici n'échappent pas à cette règle. Avec elles aussi, il reste essentiel qu'un détail accroche le regard, que ce soit une forme, une couleur ou un contour. Déclinez un thème autour d'une même teinte ou privilégiez des volumes presque architecturaux. Vous pouvez patiner ou transformer des pots en les peignant (voir pp. 36-37) afin de mieux les intégrer dans leur environnement.

N'hésitez pas à créer des compositions originales en laissant seules des plantes qui font habituellement partie de parterres mélangés. La modeste lobélia, notamment sous sa forme bleu foncé, habille joliment un petit pot, tout comme le timide bacopa ou les pâquerettes toutes simples, *Bellis perennis*. Cultivées isolément, elles attirent toute l'attention sur leurs qualités propres, qui sont trop souvent négligées. Même une alysse très ordinaire peut offrir un joli bouquet de fleurs qui retombent en cascade.

En automne, plantez des chrysanthèmes nains ou des crocus à floraison tardive. Les cyclamens apportent en hiver une touche de couleur avec leurs fleurs

Plantes à petites fleurs

À GAUCHE *Les plantes qui poussent en boule, comme ici* Bacopa *'Snow-flake', sont idéales pour les petits pots. Vous les mettrez à l'abri en fin de floraison ou vous les remplacerez par des variétés plus tardives (voir pp. 44-45).*

PETITS POTS

Voici d'autres exemples de plantes bien adaptées aux pots de petite taille :

Rose et rouge
Pois de senteur nain (*Lathyrus odoratus*)
Impatience de Nouvelle-Guinée (*Impatiens* New Guinea hybrid)
Thlaspi (*Iberis umbellata*)
Schizanthus
Giroflée (*Matthiola*)

Blanc
Souci pluvial (*Dimorphotheca pluvialis*)
Gypsophyle (*Gypsophila elegans*)
Lavatère (*Lavatera trimestris* 'Mont Blanc')

Jaune
Limnanthes douglasii
Tagetes
Coreopsis tinctoria

Bleu et mauve
Brachycome (*Brachycome iberidifolia*)
Felicia amelloides
Buglosse (*Anchusa azurea*)
Lobélia (*Lobelia erinus* 'Crystal Palace')
Liseron (*Convolvulus tricolor*)

recourbées blanches, roses ou rouges, et leurs feuilles diaprées d'un vert profond. La bruyère rose vif, *Erica carnea* 'Gracilis', elle, forme un joli buisson. Les petites boules ou les pyramides de buis (*Buxus sempervirens*) constitueront une agréable toile de fond pour une composition hivernale. Le buis pousse lentement et peut rester longtemps dans le même pot ; il est en outre facile de le multiplier par bouturage.

N'oubliez pas les herbes aromatiques, notamment celles qui restent basses, comme le thym et le persil. De petits pots de santoline souligneront avec élégance une allée ou un escalier.

Taille et forme des pots

Les petits pots peuvent être étroits et profonds ou larges et plats ; choisissez vos plantes en fonction de ces données. Les premiers conviennent aux végétaux assez structurés, par exemple des arbustes à feuilles persistantes comme *Coprosma × kirkii*. Les seconds sont mieux adaptés aux rampantes telles que le diascia, la verveine ou le brachycome, dont les fleurs délicates ornent des tiges plus souples. Les joubarbes, au dessin net, se plaisent également dans des pots assez plats.

Petites fleurs printanières

À GAUCHE

Ces petits crocus mauves et blancs placés dans des pots identiques forment un ensemble élégant. Recouvrez toujours la terre de mousse, non seulement pour agrémenter la composition, mais aussi pour que les oiseaux ne s'attaquent pas aux bulbes.

Plantations saisonnières

De tels pots sont parfaits pour accueillir des bulbes au printemps, des annuelles en été et des vivaces à petites fleurs en hiver. Vous obtiendrez un effet original en garnissant plusieurs petits pots de la même façon et en les alignant au bord d'un patio, le long d'une allée ou devant une fenêtre.

PLANTATIONS D'INTÉRIEUR POUR L'HIVER

Dans cette poterie d'environ 23 cm de diamètre et de 15 cm de haut,
on a planté des primevères de deux couleurs fleurissant en hiver.
La bruyère, par sa discrétion, fait parfaitement ressortir
les teintes vives des primevères.

UNE AUTRE COMPOSITION

En hiver, le choix est toujours plus restreint. Pensez toutefois aux cyclamens et aux bruyères. Choisissez éventuellement une tonalité de rose ou de blanc, en combinant les deux espèces. Plantez la bruyère au centre et entourez-la de petits cyclamens et de pousses de lierre débordant librement. Le pernettya, avec ses baies brillantes rose vif, est également intéressant, tout comme le chou d'ornement (*Brassica olearacea*) dont les feuilles sont teintées de blanc ou de rose.

Bruyère
(*Erica carnea* 'Gracilis')

Primevères

PLANTATIONS DE PRINTEMPS

Dans un petit pot, il vaut toujours mieux ne planter qu'une seule espèce
– ici, *Cardamine trifolia* –, surtout si vous souhaitez en changer dans l'année.
Dans le cas de cette vivace à tiges rampantes, c'est une bonne solution, car
elle devient envahissante lorsqu'elle est laissée à elle-même dans une bordure.

Cardamine
*(Cardamine
trifolia)*

D'AUTRES COMPOSITIONS

Au printemps, vous pouvez planter
les espèces suivantes, seules ou
mélangées, en groupant muscaris
et narcisses par exemple.
Séparez de préférence les crocus
et les perce-neige, car leurs fleurs
sont très délicates.

Muscari.
Perce-neige
*(Galanthus
nivalis)*
Scille *(Scilla)*
Crocus
Tulipes naines
(comme *Tulipa
clusiana)*

Iris nains
(comme *Iris
pumila)*
Narcisses
nains
(comme
'Tête-à-Tête'
ou 'Bridal
Veil')

PLANTATIONS DE PRINTEMPS

Parmi les plantes à fleurs, celles qui appartiennent au genre *Mimulus* offrent des floraisons
d'été à la fois très abondantes et décoratives. Il vaut mieux les planter seules, car
elles aiment l'humidité, contrairement à la majorité des annuelles fleurissant en été,
qui préfèrent un sol plus sec. Les *Mimulus* série Malibu, des vivaces cultivées
en annuelles, donnent des fleurs en entonnoir jaunes, rouges ou orangées.

Mimulus

D'AUTRES COMPOSITIONS

Plantées seules, les espèces citées
ci-dessous donnent de très jolis
résultats. *Brachycome* a des allures
de buisson dont les fleurs rappellent
les pâquerettes ; *Lewisia* est
une vivace aux fines fleurs en coupe.

Lewisia
Saxifrage
(Saxifraga)
Orpin *(Sedum)*
Gentiane
(Gentiana)

Brachycome
Vergerette
*(Erigeron
karvinskianus)*

Les paniers suspendus

Un panier suspendu attire plus l'attention que la plupart des compositions végétales, ce qui présente des avantages — il se suffit presque à lui-même, et éclipse l'environnement —, mais aussi quelques inconvénients : toute erreur ou imperfection saute aux yeux.

Il existe une vaste gamme de paniers à suspendre. La plupart sont en fil de fer galvanisé, en rotin ou en plastique (voir pp. 34-35). Les plus beaux — souvent les plus discrets — sont ceux qui mettent en valeur leur contenu.

Évitez les couleurs trop vives, qui risquent de fatiguer le regard. Les plus jolis arrangements exploitent une gamme limitée de teintes et d'astucieux contrastes de texture, jouant sur la forme et la couleur des feuilles, mais aussi sur l'éclat des fleurs.

Pour sortir des sentiers battus, créez un panier suspendu composé uniquement de feuillages. Les fougères, par exemple, se disposent naturellement d'une façon symétrique et sont agréables à regarder sous tous les angles. Elles aiment l'ombre et sont donc parfaitement adaptées aux patios ou aux passages étroits peu ensoleillés.

Contrairement aux autres pots, qui peuvent être mis en valeur toute l'année, les paniers suspendus sont plutôt destinés à l'été. Pour cacher leur armature, il faut en effet un feuillage abondant, et il pousse moins facilement en hiver. Il est cependant tout à fait envisageable de réaliser des compositions hivernales avec, par exemple, diverses variétés de lierres et des pensées. En été, de nombreuses plantes retombantes s'adaptent parfaitement aux paniers suspendus (voir p. 49) ; vous créerez ainsi un luxuriant décor de fleurs et de feuillages. Les supports plus discrets, en matériau naturel, tels les paniers en corde, dont la base a moins besoin d'être cachée, pourront accueillir des plantations tout au long de l'année.

Composition architecturale

CI-DESSUS *Pour les fougères (ici* Polypodium vulgare *'Cornubiense'), choisissez un joli modèle de panier, car elles ne sont pas assez retombantes pour en dissimuler la base.*

Mélange pastel

À DROITE *Les couleurs douces de ce panier suspendu ont été choisies avec soin pour mettre en valeur la façade ocre de la maison. Bégonias, lobélias et immortelles y jouent le rôle principal.*

GARNIR UN PANIER SUSPENDU

Pour obtenir un panier bien rond, posez-le sur un seau ou tout autre récipient adapté à sa taille avant de le garnir. Vous aurez besoin de sphaigne pour boucher le fond, d'un sac en plastique noir pour en tapisser l'intérieur et de suffisamment de terreau pour le remplir.

1 *Tapissez le fond du panier avec la sphaigne en la faisant remonter sur les bords.*

2 *Recouvrez la mousse d'un film plastique noir. Percez le fond pour que l'eau s'égoutte. Pratiquez trois incisions sur les côtés et glissez-y des plantes.*

3 *Remplissez le centre d'une couche de terreau et disposez d'autres plantes tout autour. Veillez à ce que les racines soient bien recouvertes de terre.*

4 *Terminez par la partie centrale, qui doit former un léger dôme. Vérifiez que l'ensemble est correctement équilibré.*

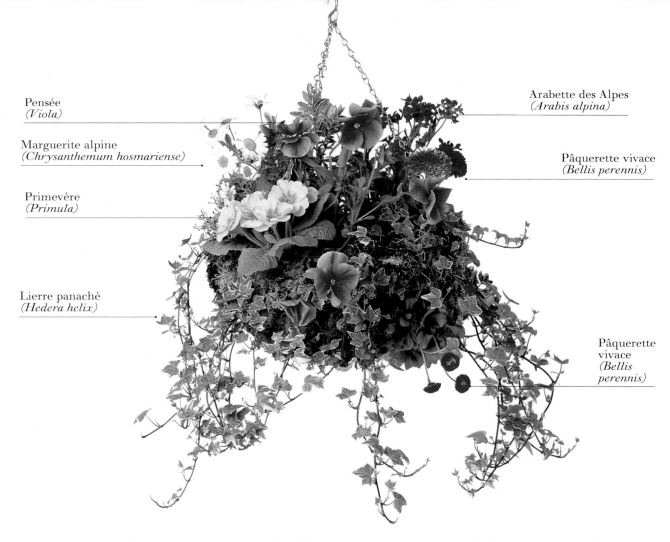

Pensée
(Viola)

Marguerite alpine
(Chrysanthemum hosmariense)

Primevère
(Primula)

Lierre panaché
(Hedera helix)

Arabette des Alpes
(Arabis alpina)

Pâquerette vivace
(Bellis perennis)

Pâquerette
vivace
*(Bellis
perennis)*

PLANTATIONS DU PRINTEMPS

Cette composition printanière s'organise autour de pensées, de bulbes
de printemps et de lierres, avec une dominante mauve et jaune.
Les primevères, les pensées, les petits narcisses et les muscaris
se plantent en début de saison. À l'approche de l'été, les bulbes
seront remplacés par des fleurs comme les pâquerettes.
Cet arrangement peut évoluer avec le temps, les plantes se succcédant
pour garder au panier sa luxuriance. Le lierre est ici idéal
pour en dissimuler les bords (voir p. 65).

UNE AUTRE COMPOSITION
Si vous préférez le bleu et le rose,
plantez des scilles, des primevères
et des pensées roses ou bleues,
mais gardez le même feuillage

Plantations

Comme une partie au moins de la base d'un panier suspendu est toujours visible, les plantes doivent masquer au mieux sa structure. Il serait dommage d'avoir des fleurs colorées sur le dessus et une mousse brunâtre et triste sur les côtés et en dessous.

Pour tapisser le plus complètement possible une suspension, garnissez-la non seulement en haut mais aussi sur les côtés. Les plantes cultivées en godets de tourbe sont particulièrement adaptées à ce mode de plantation, car on peut les placer directement dans le panier, à l'endroit souhaité, sans avoir à les dépoter au préalable.

Si les jeunes plantes poussent rapidement et remplissent vite leur nacelle, il est cependant bon de laisser l'ensemble, avant de le suspendre, prendre de l'ampleur au sol en le posant deux semaines environ au-dessus d'un seau. Un panier standard, de quelque 30 cm de diamètre, peut recevoir six ou sept plantes, qui l'habilleront en trois ou quatre semaines.

Dans la plupart des cas, on ne saurait se passer des rampantes (voir quelques suggestions p. 51), qui retombent le long des bords en les dissimulant à merveille. De nombreuses espèces conviennent à ces compositions aériennes : verveine, capucine, immortelle, diascia, pensée et bégonia, fuchsia, lobélia et géranium.

Les différentes variétés de lierres *(Hedera)*, les immortelles petiolatum *(Helichrysum petiolatum)* et *Tolmeia menziesii* offrent également un feuillage rampant très utile.

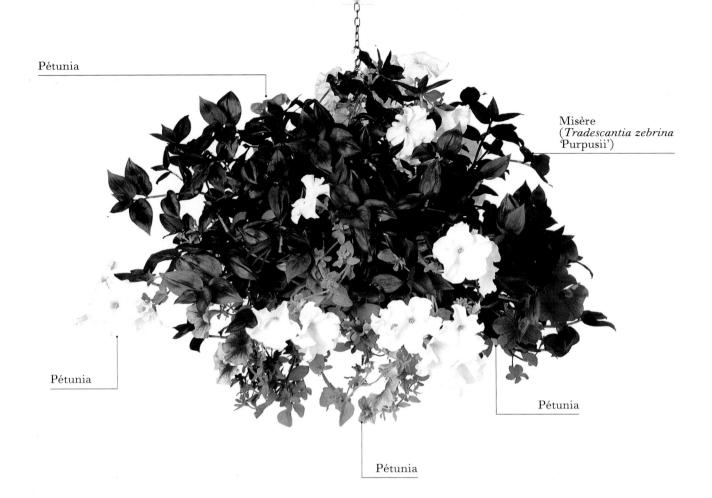

Pétunia

Pétunia

Pétunia

Pétunia

Misère
(*Tradescantia zebrina* 'Purpusii')

PLANTATIONS D'ÉTÉ

Dans cette composition, l'accent a été mis sur le contraste de couleurs. Les belles feuilles sombres de la misère *(Tradescantia)* constituent un magnifique écrin pour les pétunias à grandes fleurs roses et blanches. Placées à la fois sur le dessus et sur les côtés du panier, les plantes lui donnent une belle forme ronde. On aurait également pu utiliser la lobélia. En été, pensez à des plantes d'intérieur plus fragiles, comme *Kalanchoe*. Les lierres, les immortelles et les tolméias fournissent aussi d'excellents feuillages.

UNE AUTRE COMPOSITION

Les plantes estivales offrent le choix le plus vaste, notamment parce que la plupart des retombantes, si bien adaptées aux paniers suspendus, fleurissent en été. Parmi les plus intéressantes, retenez le géranium-lierre, la capucine, l'agathea, la diascia, la verveine et le fuchsia.

L'entretien des paniers suspendus

Un panier suspendu se trouvant par nature très exposé, il se dessèche rapidement. En plein soleil, il a besoin d'eau deux fois par jour. Or, comme il est en général installé en hauteur, cet arrosage peut poser un problème. Procurez-vous un embout spécial, que vous trouverez dans les magasins spécialisés, et fixez-le à l'extrémité d'un arrosoir ou d'un tuyau (voir p. 89). Un panier suspendu bien rempli peut devenir très lourd, il doit donc être fixé très solidement.

Pour que les plantes prospèrent, nourrissez-les tous les quinze jours avec un engrais polyvalent. Comptez deux à trois semaines environ avant que le panier soit parfaitement épanoui. S'il s'éclaircissait trop, vous pouvez facilement ajouter de nouvelles plantes (voir ci-contre).

COMBLER LES MANQUES

Pour garder un panier suspendu harmonieux et équilibré, achetez quelques plantes fleuries en godets de tourbe compressée, que vous rajouterez par la suite à la composition pour corriger les manques.

Pratiquez une petite incision en forme de croix dans le film plastique noir tapissant le panier et enfoncez-y le pot de tourbe.

Les jardinières de fenêtre

La forme rectangulaire de la plupart des jardinières impose des limites aux compositions végétales, et vous devrez en outre tenir compte de l'élément architectural qu'elles agrémentent. Il en existe aujourd'hui un très grand choix, mais celles qui sont faites à la main, en terre cuite, conviennent à toutes les situations (voir pp. 32-33) et méritent une mention spéciale. Vous pouvez également peindre ou modifier des modèles moins élégants pour mieux les harmoniser avec le style de la maison (voir pp. 36-37).

Quand vous garnissez une jardinière, tenez compte des couleurs de la pièce dont elle va orner la fenêtre. Une touffe de pétunias pourpres trancherait désagréablement sur la douceur d'un salon pastel. De même, le style et la taille de vos jardinières seront fonction de l'architecture extérieure. Trop petites, elles paraîtront étriquées ; garnies de plantes trop hautes, elles formeront un écran qui assombrira l'intérieur de la pièce.

Vous opterez pour une composition assez sobre, organisée autour d'une seule couleur, ou au contraire pour une cascade un peu folle d'herbes ou de petites fleurs des champs, annuelles ou non. Ce type de plantation étant saisonnier, n'hésitez pas à en changer le type et les teintes dominantes au fil des mois.

Une autre solution intéressante consiste à conserver comme élément de base quelques plantes à feuillage persistant assez structurées, tels les lierres, qui dissimuleront agréablement les bords, ou les petites véroniques, qui serviront de toile de fond. N'oubliez pas cependant les cyclamens en hiver, les pensées et les plantes à bulbe au printemps, ainsi que les géraniums et les pétunias en été.

La plupart des plantes répertoriées dans le chapitre consacré aux pots de petite taille s'adaptent également très bien aux jardinières. Il vaut cependant mieux les associer à des rampantes comme le lierre pour obtenir un effet plus atténué. Quelques exemples vous sont proposés page de droite. Comme d'habitude, tenez compte de la forme et de la couleur du feuillage. Sa teinte doit en effet s'harmoniser avec celle des fleurs choisies : le bleu brillant des pensées ou des scilles se marie agréablement avec des feuillages gris argenté, alors que l'orange et le jaune ressortent mieux sur le vert sombre du lierre.

Le vert et le blanc s'accordent plutôt bien, mais paraissent un peu fades sur un fond blanc. Dans ce cas, vous aurez intérêt à mêler des nuances de vert et de jaune ou des teintes pastel. Réservez les géraniums rouges pour la brique ou la pierre blonde ;

Contraste de couleurs

À GAUCHE *Une cascade de fleurs d'été, dont* Osteospermum, *sur un fond de feuilles de coléus superbement panachées, entourées de glycine mauve pâle, de roses d'une douce couleur pêche et de fleurs d'agapanthe lilas.*

Harmonie bicolore

À DROITE *La couleur sombre de la jardinière rappelle celle des volets, ce qui fait ressortir les plantes – géraniums, pétunias et lierre terrestre – dans des tons de rose et de blanc. La largeur de la jardinière et son exubérance égaient le caractère un peu strict des couleurs choisies.*

Diascia vigilis

Sutera diffusa

Ballota acetabulosa

Sphaeralcea sp.

Lierre terrestre panaché (*Glechoma hederacea* 'Variegata')

PLANTES RAMPANTES

Pour adoucir le rebord d'une fenêtre, les rampantes font merveille. Celles qui sont présentées ci-dessus ne sont que des exemples. Pensez aussi aux campanules tapissantes, aux columneas, à la misère (*Tradescantia zebrina*), aux capucines (*Tropaeolum*) et à l'herbe aux écus (*Lysimachia nummularia*).

sur du blanc, ils créent un contraste trop violent, sauf dans les régions où l'intensité du soleil et le bleu éclatant du ciel l'atténuent.

L'entretien des jardinières

On oublie trop souvent d'arroser et de nourrir les plantes d'une jardinière. Rien n'est plus triste que des tiges jaunies et desséchées, surtout quand elles sont placées bien en vue. Donnez-leur beaucoup d'eau, surtout par temps de canicule : l'évaporation est alors très importante et, dans une jardinière, les racines ne sont jamais profondes. Nourrissez-les régulièrement (une fois tous les quinze jours en moyenne) durant la période de croissance, avec un engrais liquide polyvalent. Si vous habitez en ville, nettoyez les feuilles avec de l'eau quand il fait très sec. Vos jardinières seront alors au mieux de leur forme et n'offriront pas aux regards l'aspect désolant d'un feuillage terne et poussiéreux.

La fixation des jardinières

Tout pot placé en hauteur doit être très solidement fixé. N'oubliez pas que vous êtes responsable des accidents matériels ou corporels causés par leur chute. On utilise généralement des pattes métalliques qui retiennent les jardinières au dormant

PIEDS SURÉLÉVATEURS POUR JARDINIÈRES

Placés sous la jardinière, généralement aux quatre coins, ils la surélèvent légèrement.

Ce système empêche l'eau de stagner sous le conteneur, ce qui risquerait de faire pourrir les racines, et facilite la circulation de l'air, réduisant ainsi les risques de maladie.

de la fenêtre. Si vous les fabriquez vous-même, choisissez des planches de 2 cm d'épaisseur au minimum et percez dans le fond des trous d'écoulement pour l'eau.

Vous souhaiterez peut-être placer des jardinières à l'extérieur d'un balcon. Vous créerez ainsi une note de couleur qui animera une façade sans empiéter sur l'espace au sol. Dans ce cas aussi, prenez soin de les fixer solidement.

Si vous vivez en appartement et ne disposez d'aucun jardin, ne vous interdisez pas pour autant de faire pousser quelques plantes comestibles. Les herbes aromatiques s'adaptent bien aux jardinières, à condition d'être plantées dans une terre aérée (mélangée à un peu de sable) et de bénéficier d'une exposition ensoleillée. Vous découvrirez alors le plaisir d'avoir à portée de main, en pleine ville, quelques feuilles de thym, de basilic, d'estragon, de marjolaine ou de menthe pour parfumer vos plats ! Vous pouvez même cultiver quelques légumes : certaines variétés récentes de salade, comme la feuille de chêne ou la « lollo rossa », sont décoratives et poussent relativement bien dans un endroit assez ensoleillé si elles sont régulièrement arrosées et nourries. Des radis ou des petites carottes compléteront, à votre gré, ce potager urbain.

PLANTATIONS DE PRINTEMPS

Cette composition changera du traditionnel mariage de bulbes de printemps,
surtout si vous aimez l'association du rouge et du rose, difficile à obtenir avec des plantes à bulbe.
Mettez dans votre jardinière différentes espèces d'anémones, de primevères et de cinéraires
(encore que ces deux dernières soient assez fragiles).

Primevère malacoïde
(*Primula malacoides*)

Primevère obconique
(*Primula obconica*)

Cineraria pericallis

Primevère
(*Primula*)

Anémone
(*Anemone blanda*
'White Splendour')

ASSURER LA FIXATION DES JARDINIÈRES

Si vos fenêtres n'ont pas un rebord suffisamment large, fabriquez vous-même votre support
avec des chaînes et des équerres métalliques. Prenez des vis assez résistantes pour supporter le poids
des conteneurs et fixez-les solidement à l'aide de chevilles dans le mur de soutien.

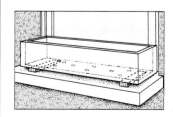

À GAUCHE *Pour faciliter le drainage, placez deux cales en bois sous la jardinière, ou glissez aux quatre coins des pieds en céramique, ce qui empêchera l'eau de stagner.*

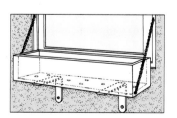

À GAUCHE *Si vos fenêtres n'ont pas de rebord, posez vos jardinières sur de robustes équerres métalliques solidement chevillées et vissées. Renforcez le tout avec des chaînes de sûreté.*

PLANTATIONS D'ÉTÉ

Cette composition spectaculaire de roses profonds
est assez simple à réaliser. Elle mêle verveine,
géranium, oxalis et lierre retombant
sur les parois de la jardinière. Les verveines
et les géraniums existant dans d'innombrables
couleurs, du blanc jusqu'au mauve, vous pourrez
en choisir la teinte selon vos goûts.

Géranium
(*Pelargonium* 'Angel')

Verveine
(*Verbena* × *hybrida*)

Hypoestes phyllostachya

Oxalis (*Oxalis articulata*)

Lierre (*Hedera helix*)

PLANTATIONS D'INTÉRIEUR POUR L'HIVER

Cette composition offre l'avantage d'être parfumée. Les feuilles
de *Sarcococca hookeriana* répandent une délicieuse odeur de fleur
d'oranger. Bruyère et *Gaultheria* apportent une note de couleur,
tandis que le lierre reste l'élément de base.

*Sarcococca
hookeriana*

*Gaultheria
(Pernettya) mucronata*

Lierre (*Hedera helix*)

Bruyère
(*Erica carnea* 'Gracilis')

53

Des pots insolites

En dehors des pots traditionnels en terre cuite ou en bois, bien d'autres objets sont susceptibles d'accueillir des plantations. Cela va de la brouette à la passoire transformée en panier suspendu, du tonneau scié en deux, qui fera un excellent petit jardin d'eau, aux abreuvoirs en pierre réformés. Recycler ainsi les objets est à la fois économique et très satisfaisant.

Vous trouverez votre bonheur à un prix parfois intéressant chez les brocanteurs ou les récupérateurs de matériaux de construction. Méfiez-vous, cependant, des « merveilles » un peu trop travaillées. Vous pouvez avoir un coup de foudre pour une vieille botte en terre cuite garnie de fleurs, mais vous risquez de vous en lasser rapidement.

La recherche de motifs décoratifs originaux représente aussi une piste à suivre. Vous aurez peut-être la chance de découvrir de beaux modèles moulés, qui ont d'ailleurs parfois une grande valeur. Si vous trouvez, au cours des travaux de rénovation d'une maison ou d'une grange par exemple, un objet susceptible de décorer joliment un jardin, telle une urne ancienne, faites-le expertiser et assurer.

Notions pratiques

Pour tous ces objets plus ou moins insolites, vérifiez d'abord qu'ils sont susceptibles de contenir des plantes, qu'ils résisteront aux intempéries et que l'eau s'en écoulera facilement. Il faut aussi disposer d'un endroit où ils seront mis en valeur tout en s'intégrant au décor. Accessoirement, on peut chercher à renforcer leur caractère insolite ou vouloir, au contraire, le masquer. En d'autres termes, efforcez-vous de faire ressortir leurs qualités et de dissimuler leurs défauts. Trois ou quatre vieux bidons de tailles différentes, peints et patinés en vert-de-gris,

Jardin d'eau

À DROITE *Ce demi-tonneau accueille un jardin d'eau composé de plantes aux feuillages et aux formes variés. Ici, des pontédéries à feuilles en cœur* (Pontederia cordata), *des acores* (Acorus gramineus 'Variegatus') *et des benoîtes des ruisseaux* (Geum rivale).

D'AUTRES COMPOSITIONS

Pour un jardin d'eau plus grand, diversifiez les formes végétales afin d'obtenir un effet plus décoratif. Voici quelques plantes convenant à ce type de jardin :

Feuilles en épée
Acore (*Acorus calamus* 'Variegatus')
Jonc fleuri (*Butomus umbellatus*)
Iris :
 I. ensata
 I. pseudacorus
 I. pallida
Massette (*Typha latifolia*)
Feuilles arrondies
Calla palustris
Populage (*Caltha palustris*)

Mimulus guttatus
Sagittaria sagittifolia
Plantes aquatiques flottantes
Aponogeton distachyos
Hydrocharis morsus-ranae
Nénuphar (*Nymphaea pygmaea*)
Plantes oxygénatrices
Elodea canadensis
Lemna minor
Potamogeton crispus

Pontédérie à feuilles en cœur (*Pontederia cordata*)

Style asiatique

À DROITE *Pour obtenir un effet spectaculaire, inspirez-vous des jardins japonais en y disposant avec art divers objets. Ils offrent généralement un parfait équilibre entre les différents éléments du jardin, plantes, pierres, eau ou gravillons. Ainsi, cette grande vasque ornée de joubarbes* (Sempervivum) *est mise en valeur par une étendue de graviers et des pierres soigneusement choisies.*

Acore (*Acorus gramineus* 'Variegatus')

Benoîte des ruisseaux (*Geum rivale*)

Azolla de la Caroline (*Azolla caroliniana*)

Nénuphar (*Nymphaea*)

par exemple, s'harmoniseront fort bien, tandis qu'une poterie de cheminée ancienne, qui se suffit à elle-même, sera placée bien en vue. Ne cherchez pas forcément l'originalité à tout prix et, à moins de posséder un goût artistique très sûr, ne vous lancez pas dans une collection d'objets hétéroclites aux couleurs contrastées, qui ne seraient qu'incongrus.

Plantations

La forme du contenant détermine celle du massif qui y pousse. Une brouette, ou un autre accessoire de ferme un peu ancien, demandera des plantes souples, des herbes ou des espèces à petites fleurs qui retomberont en cascade le long des parois. N'hésitez pas à utiliser des pots de différentes tailles en simple plastique pour garnir l'intérieur : ils seront dissimulés. Et n'oubliez pas de changer certains éléments en fonction de leur période de floraison.

Plantes d'eau et de marais

Rien n'est plus original qu'un jardin d'eau pour renouveler et élargir la gamme de ses plantations. La plupart des pots étant conçus pour accueillir des plantes qui n'aiment guère l'humidité, ils sont souvent poreux et la terre y sèche plus vite que dans une plate-bande. Craignant de consacrer l'essentiel de leur temps à l'arrosage, les jardiniers amateurs ne cultivent guère les plantes de milieu humide, ce qui n'est pourtant pas difficile.

À défaut d'un récipient de grande taille, prenez un demi-tonneau, qui peut accueillir un bon nombre de plantes aquatiques, et même des formes naines de nénuphars. Faites-le préalablement tremper (voir p. 103) pour que son bois gonfle et devienne étanche. Ensuite, remplissez-le d'eau et placez-y des plantes comme le pontédérie à feuilles en cœur *(Pontederia cordata)*, aux belles fleurs bleues, des iris aimant l'eau *(Iris laevigata* ou *I. ensata)*, des nénuphars et des roseaux. Suivez cette recommandation importante : ajoutez dans le tonneau quelques plantes oxygénatrices (voir encadré p. 54) afin de régénérer l'eau.

Vous devrez utiliser des paniers spéciaux à mailles ouvertes qui laissent passer les racines à travers leur paroi. Posez-les éventuellement sur des briques afin de surélever les plantes, surtout celles qui préfèrent n'avoir que les « pieds » dans l'eau.

Auge ancienne

CI-DESSOUS *Cette douce composition, où dominent les roses profonds et les rouges sombres de la verveine 'Sissinghurst' et des pétunias, se trouve parfaitement mise en valeur dans cette ancienne auge en pierre.*

Dissimulez ceux qui sont inesthétiques sous de l'azolla, que vous planterez tout autour. Choisissez toujours une terre argileuse, que vous diposerez entre deux couches de cailloux qui la retiendront.

Les plantes de marais décorent particulièrement bien les patios ou les cours aux larges dalles et contrastent agréablement avec l'abondance des plantes à fleurs à petites feuilles, que l'on fait généralement pousser dans ces endroits. De larges feuilles vertes donnent une impression de luxuriance inhabituelle et, comme elles appartiennent pour la plupart à des plantes qui aiment l'ombre, elles seront idéales dans les courettes privées de soleil par de hauts murs mitoyens. Les plantes de ce genre, telles que les ligulaires et les rodgersias, qui possèdent de magnifiques feuilles gigantesques, ont besoin de beaucoup d'humidité.

Vous pouvez également créer un jardin de marais dans un fût. Tapissez-le toutefois au préalable d'un film plastique et n'oubliez pas de percer des trous dans le fond pour assurer drainage et aération. Remplissez-le ensuite d'un bon terreau organique, qui devra rester humide en permanence. Le cas échéant, installez un système de goutte-à-goutte qui maintiendra une humidité constante.

Plantes alpines

Un vieil évier en céramique est un conteneur parfait pour une composition alpine. Badigeonnez-le entièrement de colle forte et enduisez-le à l'aide

UN JARDIN SUR UNE TUILE
Si vous souhaitez installer des alpines sur un support presque plat, assurez-vous tout d'abord que le terreau et le fond laisseront l'eau s'écouler facilement. Les plantes utilisées ci-dessous — œillets, sédums et joubarbes — aiment les mêmes types de sol.

Œillet 'Little Jock'

Orpin (*Sedum spathulifolium* 'Purpureum')

Joubarbe (*Sempervivum* 'Alpha')

Orpin (*Sedum spathulifolium* 'Capo Blanco')

Saxifrage (*Saxifraga oppositifolia ssp. latina*)

1 *Étalez au centre de la tuile un mélange composé pour moitié de terreau et de sable grossier.*

2 *Placez une plante (ici, un orpin), en manipulant délicatement les racines pour ne pas les briser.*

3 *Disposez les autres plantes. Versez tout autour un peu de gravier fin ou de sable grossier pour favoriser le drainage.*

4 *Ajoutez les dernières plantes, recouvrez la terre de gravier fin ou de sable grossier et arrosez abondamment.*

d'une truelle d'un épais mélange de tourbe, de sable et de ciment. Couvrez-le d'une grosse toile humide et gardez le tout à l'abri de la pluie pendant quelques jours.

La forme large et basse de ces éviers un peu frustes fera parfaitement ressortir l'éclat des petites alpines. Veillez à ce que le terreau contienne une bonne proportion de sable grossier afin de faciliter le drainage, car les racines de ces plantes risquent de pourrir dans un sol trop humide.

À une échelle plus réduite, une vieille tuile romaine bien patinée deviendra elle aussi un excellent support pour ce type de plantes (voir p. 57). La plupart d'entre elles étant à croissance lente, n'hésitez pas à les serrer les unes contre les autres.

« Objets trouvés »

Une vieille souche de forme intéressante (voir ci-dessous et en page de droite) peut aussi accueillir une collection de petites alpines si elle possède un creux apte à recevoir du terreau. Pour qu'elle reste fleurie toute l'année, changez les plantes au fil des saisons. Mettez-y des cyclamens en hiver, des scilles et des narcisses nains au printemps, des anémones dès le début de l'été, puis des pâquerettes et enfin des chrysanthèmes nains en automne.

Si vous souhaitez récupérer de grands bidons de peinture ou d'huile, commencez, avant de les peindre, par les nettoyer très soigneusement. Pensez toujours à pratiquer des trous pour l'écoulement de l'eau. Pour percer le plastique dur, utilisez, à défaut de perceuse, une pointe de brochette chauffée au rouge (isolez bien la poignée).

Ustensiles ménagers

Une simple passoire — elle a déjà les trous qui faciliteront l'écoulement de l'eau — se transforme facilement en panier suspendu. Pour renforcer l'aspect inhabituel de ce type d'ustensile, choisissez un thème unique, des lierres terrestres panachés (*Glechoma hederacea* 'Variegata'), par exemple, ou des capucines rouge sombre. Peignez éventuellement la passoire en bleu ou en vert profond. D'autres ustensiles hors d'usage, une vieille marmite en fonte ou un ancien baquet à lessive, enduits d'une légère couche de peinture, peuvent également accueillir des plantes. Des fleurs aux teintes claires y feront merveille.

PLANTATIONS DE PRINTEMPS

Cette souche contient peu de terre et ne convient donc qu'à des plantes à racines courtes.
Les fleurs de sous-bois s'accommodent mieux de ce genre de conteneur que les alpines très colorées,
même si ces dernières possèdent le même type d'enracinement.

Anémone (*Anemone blanda*)

Mousse

Lierre à petites feuilles (*Hedera*)

PLANTATIONS D'ÉTÉ

Pour l'été, voici une combinaison de petites fleurs délicates
et de feuillages panachés dans des teintes dorées et vertes.
Les vergerettes karvinskianus (*Erigeron karvinskianus*), aux fleurs
roses et blanches, ou les petites campanules aux tons bleus comme
C. portenschlagiana, seraient également tout à fait adaptées.

Vergerette
(*Erigeron* 'aurantiacus')

Pellaea falcata

Lamier
(*Lamium maculatum*
'Aureum')

Lierre
(*Hedera helix*)

Polystic (*Polystichum*,
variété naine)

PLANTATIONS D'INTÉRIEUR POUR L'HIVER

Choisissez des pensées et de préférence les variétés à petites fleurs
comme 'Molly Sanderson', très foncées (voir p. 42),
ou des cyclamens. Les cultivars de lierre et de fougère
à petites feuilles font parfaitement ressortir les fleurs étincelantes.

Mousse

Lierre à petites feuilles
(*Hedera helix*)

Cyclamen
(*Cyclamen coum*)

LES COMPOSITIONS
DE FEUILLAGES
ET DE FLEURS

Ce chapitre propose des conseils et des idées pour réunir et harmoniser les feuillages et les fleurs dans des créations aussi diverses qu'originales.

Beaucoup de feuillages se prêtent à de merveilleux arrangements. Encore faut-il savoir faire ressortir leurs qualités propres, qui permettent soit de les utiliser seuls, soit de s'en servir comme toile de fond pour des plantes à fleurs plus colorées. Les techniques de la topiaire et du tuteurage seront également abordées.

Si personne ne peut nier l'attrait des fleurs, tout le monde, en revanche, ne sait pas forcément marier les couleurs des plantes en pots afin d'obtenir des effets homogènes ou, au contraire, contrastés. De nombreuses suggestions vous aideront à mettre en valeur avec succès les plantes à fleurs, en déclinant des thèmes autour d'une teinte dominante ou, à l'inverse, en opposant couleurs douces ou vives.

À GAUCHE *Les feuilles roux sombre de* Pelargonium *'Vancouver Centennial' sont bordées d'un mince filet vert vif.*

CI-DESSUS *Les feuilles en épée vert argent d'*Astelia chathamika *forment un superbe bouquet dans une élégante urne en pierre.*

Le théâtre
des plantes à feuillage

Combien de jardiniers, avant tout séduits par les effets multicolores des fleurs, n'accordent qu'un intérêt limité aux feuillages ? Ils oublient que l'œil, lorsqu'il est trop sollicité, finit par se lasser. Un décor relativement neutre est alors reposant. L'une des raisons qui nous fait aimer les plantes est liée à l'attrait que représente la tapisserie colorée et mouvante des feuillages. Mais lorsque nous jardinons, il nous faut souvent beaucoup de temps avant de prendre en compte cette réalité.

Si vous observez attentivement les photographies qui illustrent les ouvrages de jardinage, vous constaterez que la forme et la couleur des feuilles jouent un rôle aussi important que celles des fleurs, d'autant plus que la nature et les horticulteurs nous en proposent une gamme extraordinaire : feuilles géantes aux superbes nervures de certains hostas, feuillage découpé de l'oranger du Mexique *(Choisya ternata)*, ou encore feuilles argentées et finement dentelées de diverses armoises *(Artemisia)*.

Les feuillages sont beaucoup plus qu'un arrière-plan décoratif ; leur forme, leur texture et leur couleur jouent un rôle déterminant dans toutes les compositions végétales. Des plantes aux superbes formes naturelles, comme l'hosta *H. sieboldiana* var. *elegans*, avec ses très larges feuilles bleu-vert, ou un

petit buis *(Buxus sempervirens)*, taillé géométriquement, vous convaincront de cette évidence.

Les grimpantes comptent parmi les meilleures plantes à feuillage. Elles sont particulièrement appréciées de tous les amateurs du jardinage en pots. Les feuilles, vertes ou panachées, en forme de cœur, d'*Actinidia kolomikta* fournissent une verdure abondante et très décorative, tout comme celles d'*Aristolochia macrophylla*, qui sont également découpées en cœur.

Les vignes, comme *Vitis coignetiae*, prennent souvent une belle teinte rouge rubis qui apporte une irremplaçable note chaude et colorée à une composition d'automne. Quant aux lierres, également très utilisés, ils offrent une vaste gamme allant des grosses feuilles tachées de blanc de *Hedera colchica* 'Sulphur's Heart' aux minuscules feuilles en flèche bien nettes de *Hedera helix* 'Sagittifolia'.

Haies et écrans

De nombreuses plantes au feuillage bien fourni peuvent, une fois mises en pots, servir de haie. Elles sont très utiles pour protéger un balcon ou une terrasse exposés, ou pour abriter des espèces plus fragiles. Parmi les arbustes à petites feuilles persistantes, le buis, l'if et le troène répondent parfaite-

FEUILLAGES SOMBRES

Diverses plantes à feuillage sombre – certains sont même d'un bordeaux profond – poussent très bien en pots. Outre celles qui sont présentées ci-dessous, pensez à certains cultivars de *Cotinus* et de *Berberis*, ou encore à la vivace *Heuchera* 'Palace Purple', tout à fait impressionnante.

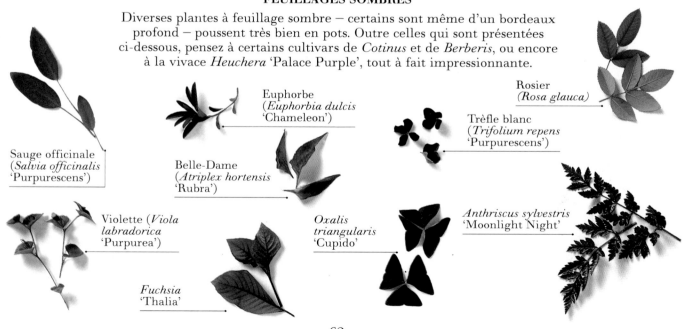

Euphorbe
(*Euphorbia dulcis*
'Chameleon')

Rosier
(*Rosa glauca*)

Trèfle blanc
(*Trifolium repens*
'Purpurescens')

Sauge officinale
(*Salvia officinalis*
'Purpurescens')

Belle-Dame
(*Atriplex hortensis*
'Rubra')

Violette (*Viola
labradorica*
'Purpurea')

Oxalis
triangularis
'Cupido'

Anthriscus sylvestris
'Moonlight Night'

Fuchsia
'Thalia'

COULEURS ET FORMES DES FEUILLES

Les feuillages sont d'une extraordinaire diversité. Aux feuilles rondes, minuscules, de moins de 1 cm, répondent celles, géantes, en forme de main, de *Gunnera manicata*, qui peuvent atteindre plus de 1,40 m de large. Certains feuillages sont composés d'une succession de toutes petites folioles, comme celles du robinier faux-acacia *(Robinia pseudoacacia)*, alors que d'autres sont longs et minces, comme ceux des iris. Les couleurs passent par toutes les nuances du vert, vont du jaune au bleu argent, peuvent être panachées (voir ci-dessous) ou présenter des pourpres profonds (en bas, à gauche). Ainsi, les plantes à feuillage se suffisent à elles-mêmes.

ment à cette attente. Le troène présente l'avantage de pousser plus vite que les deux autres, et il en existe une variété à feuilles bordées de jaune (*Ligustrum ovalifolium* 'Aureum'), très décorative. Des grimpantes au beau feuillage fourni − vigne, houblon doré, lierre, vigne vierge et aristoloche (*Aristolochia macrophylla*) −, installées sur des treillis ou des supports en bois, donneront des haies moins sévères.

Pour réaliser un écran, utilisez de grands bacs plantés de bambous. Leur croissance, assez incontrôlable, se maîtrise mieux lorsqu'ils sont en pots.

Vivante toile de fond

Les plantes à feuillage mettent parfaitement en valeur les compositions plus colorées de fleurs et assurent la cohérence d'un ensemble. Jouez sur les différences de formes, de couleurs et de tailles pour

Contraste de couleurs

CI-DESSUS *Cette composition toute simple associe les grandes feuilles bleu-gris de* Hosta *'Halcyon' et celles, dentées et jaune-vert, de* Tellima grandiflora.

FEUILLAGES PANACHÉS

Il existe de très nombreuses plantes à feuillage panaché ; la plupart préfèrent les endroits ensoleillés. Lorsque vous les cultiverez, prenez soin de couper toutes les pousses qui retrouvent une teinte unie.

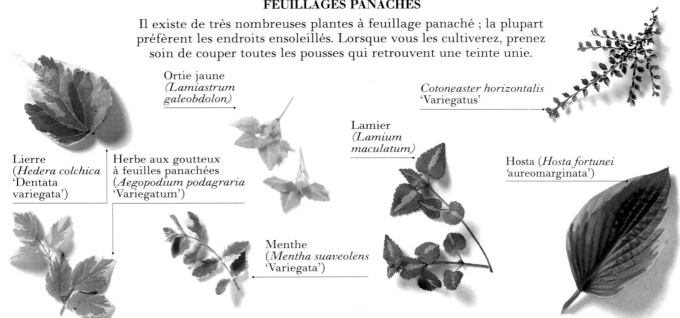

Ortie jaune
(*Lamiastrum galeobdolon*)

Cotoneaster horizontalis
'Variegatus'

Lamier
(*Lamium maculatum*)

Lierre
(*Hedera colchica* 'Dentata variegata')

Herbe aux goutteux à feuilles panachées
(*Aegopodium podagraria* 'Variegatum')

Hosta (*Hosta fortunei* 'aureomarginata')

Menthe
(*Mentha suaveolens* 'Variegata')

Feuillages mêlés

CI-DESSUS *Le houblon doré* (Humulus lupulus *'Aureus'*) *est accompagné par du persil frisé* (Petroselinum crispum) *et par un hosta panaché* (Hosta fortunei *var.* albo picta).

obtenir des effets intéressants. Hostas, fougères, dicentras, arums d'Éthiopie et clivias offrent un excellent feuillage de taille moyenne, tout comme les buis ou les troènes taillés en boules bien nettes. Parmi les plantes plus hautes, pensez à l'oranger du Mexique *(Choisya ternata)*, aux petits arbres aux formes strictes comme l'érable du Japon, aux *Rheum palmatum, Macleaya cordata*, aux palmiers, tel le palmier de Chine *(Trachycarpus fortunei)*, et aux fougères arborescentes *(Dicksonia antartica)*. Dans un style proche de ces dernières, n'oubliez pas les yuccas et les cordylines. Ces plantes ont besoin d'être assez bien protégées : les cordylines accepteront un endroit légèrement ombragé, tandis que les yuccas réclameront du soleil.

Couleur des feuillages

La plupart des feuillages sont généralement plus colorés qu'on ne l'imagine. En fait, l'éclat des fleurs écrase souvent les couleurs plus froides et plus subtiles des feuilles. Oubliez donc un peu les premières pour mieux découvrir les qualités des secondes. Dans les endroits ombragés, vous devrez utiliser largement les plantes à feuillage… et c'est là que vous commencerez à les apprécier à leur juste valeur.

Leur gamme de couleurs va du gris argenté aux pourpres profonds, et de nombreuses plantes – des vignes, des rampantes, certains érables du Japon – s'embrasent en outre en automne. S'il est extrêmement difficile de trouver des teintes discordantes

CRÉER UNE PYRAMIDE DE LIERRE

Pour réaliser cette pyramide de lierre, il vous faut une armature de soutien conique et deux ou trois plants de lierre. Ici, le pot mesure 23 cm de diamètre et l'armature en métal est haute de 60 cm.

La création d'une amusante pyramide de lierre n'exige pas un matériel très complexe.

1 *Plantez le lierre et placez l'armature dans le pot. Avec du fil de fer, formez des croisillons entre les montants.*

2 *Démêlez les pousses de lierre et fixez-les le long de l'armature de façon assez lâche avec des liens.*

La pyramide est achevée.

dans la nature, vous pouvez cependant aller encore dans ce sens en travaillant des gammes de verts que vous regrouperez par tonalités. Évitez, par exemple, de faire pâlir le gris-vert délicat et subtil d'un hosta (*H. sieboldiana* var. *elegans*) ou du séneçon 'Sunshine' (*Senecio* 'Sunshine') avec un vert gazon trop éclatant. Ne craignez pas les mélanges si, tel un peintre avec sa palette, vous en recherchez l'harmonie. Le vert est un mélange de jaune et de bleu, mais les proportions de ces deux couleurs varient énormément d'un vert à l'autre.

Texture et forme

La texture et la forme des feuilles jouent un rôle capital dans la perception des couleurs, et il faut bien sûr en tenir compte. Certaines feuilles sont brillantes – telles celles, persistantes, des camélias, des magnolias et des orangers du Mexique –, alors que d'autres ont un aspect velouté – c'est le cas des oreilles d'ours (*Stachys byzantina*) ou de la coquelourde des jardins (*Lychnis coronaria*), toutes deux gris-vert. Pour apporter une touche méditerranéenne, choisissez des plantes aux feuilles divisées ou gris argent feutré, représentatives des pays ensoleillés. Les feuilles larges, épaisses et brillantes, typiques des contrées chaudes et humides, créeront, quant à elles, une atmosphère de jungle civilisée. Évitez de marier des plantes originaires de régions aux climats très différents : esthétiquement, ces mélanges sont peu satisfaisants, et vous rencontrerez en outre des difficultés d'entretien, car leurs besoins en eau sont rarement les mêmes. Souvenez-vous que les plantes en pots supportent mal les arrosages excessifs ou insuffisants (voir pp. 88-89).

Un feuillage panaché – tacheté d'argent, de blanc, d'or ou de jaune – permet de rompre la monotonie

CRÉER UNE BOULE DE LIERRE

Remplissez une armature sphérique en fil de fer avec de la sphaigne. La plante se développera en s'accrochant à la mousse.

1 *Plantez le lierre (voir p. 64, en bas) et laissez-le monter le long de la mousse. Veillez à ce que celle-ci reste humide en permanence.*

2 *Dès que le lierre commence à coloniser son espace, coupez les pousses qui dépassent au fur et à mesure de leur apparition.*

Une boule de lierre parfaite et bien égalisée

Pour conserver une sphère parfaite, taillez souvent les pousses qui s'en échappent et tournez le pot de temps en temps. Utilisez périodiquement un engrais foliaire approprié (voir p. 86) afin d'assurer au lierre santé et croissance.

CHOISIR UN LIERRE

Le lierre (*Hedera*), dont il existe de multiples variétés, fait partie des plantes à feuillage les plus utilisées. Il habille à merveille le bord des jardinières.

H. hibernica 'Deltoidea'

H. helix 'Kolibri'

H. algeriensis

H. colchica 'Dentata Variegata'

H. helix 'Marmorata minor'

H. helix 'Adam'

d'une composition entièrement basée sur les verts et, notamment, d'éclairer et d'alléger l'effet un peu sombre produit par les feuillages persistants. Disposez deux pots de plantes à feuilles panachées grises, comme *Coprosma*, devant des troènes ou des ifs taillés ; et vous verrez combien la texture dense et sombre de ces derniers met en valeur la grâce aérienne et lumineuse des premiers. La couleur des fleurs devient inutile. Si vous vous limitez à ces palettes simples, votre œil sera immédiatement attiré par la forme et l'architecture des plantes. Un buisson sur tige (voir p. 74) est alors idéal, car il est fait pour retenir l'attention.

Feuillages saisonniers

L'un des principaux charmes des feuillages tient à leur évolution au fil des saisons. Leurs premières pousses se teintent parfois de rose ou de vert très pâle, alors qu'en automne, juste avant de mourir, certains se colorent d'or et de roux. Les feuilles palmées des érables du Japon (*Acer palmatum* var. *dissectum*) en offrent un superbe exemple. Vous trou-

Rigueur géométrique

CI-DESSUS *Des terres cuites garnies de boules et de spirales de buis bien nettes donnent un aspect très structuré à ce patio entouré de haies d'ifs taillés. La simplicité géométrique des plates-bandes est renforcée par de petites bordures de buis.*

verez des cultivars (voir p. 108) qui prennent des couleurs magnifiques en automne. Comme ils ne sont ni très grands ni très vigoureux, et que leurs branches adoptent souvent un port élégant, ils sont bien adaptés au jardinage en pots. Ils sont par exemple très utiles pour créer un pôle d'intérêt dans un coin calme de patio. En outre, l'ombre légère de leur frondaison n'interdit pas de faire pousser dessous d'autres plantes.

Il est toujours intéressant de mélanger les formes. Dans ce domaine, les grandes feuilles effilées de plantes architecturales comme les cordylines, les yuccas, les agaves et les dragonniers, ainsi que celles de vivaces de plus petite taille telles que les iris (*Iris*), montbretias (*Crocosmia*), *Crinum* × *powellii* (aux ravissantes petites fleurs roses en étoile) et *Clivia miniata*, un peu fragile mais spectaculaire, font merveille. Ces feuilles longues sont bien mises en valeur par celles, plus douces, arrondies, de certaines vivaces comme *Alchemilla mollis*, ou celles, velues, de *Tellima grandiflora*, et celles encore, en forme de spathe, de bien des hostas. De toutes les plantes à feuillage, les hostas s'adaptent particulièrement bien à la culture en pots. En outre, comme ils sont assez sensibles aux attaques des limaces, ils se trouvent ainsi mieux protégés. Avec son magnifique dôme haut de 1,20 m environ, composé d'immenses feuilles vert bleuté à nervures épaisses, *Hosta sieboldiana* 'Elegans' est le roi des plantes à feuillage.

La topiaire

L'art de tailler géométriquement les arbres et les arbustes est ancien. Il s'est répandu au XVIIᵉ siècle, atteignant sa perfection dans les jardins dessinés par André Le Nôtre. De nombreux tableaux datant de cette époque montrent des paysages ponctués de petits arbres taillés, disposés dans des bacs à orangerie (voir p. 32), que l'on associe presque spontanément au parc du château de Versailles. Leur rigueur classique s'ajoute à celle des feuillages qu'ils accueillent.

   Les plantes à petites feuilles persistantes et à croissance lente, tels le buis *(Buxus sempervirens)* ou l'if *(Taxus baccata)*, sont les mieux adaptées à la création des topiaires. Troène *(Ligustrum)*, myrthe *(Myrtus communis)* et houx *(Ilex)* — encore que ce dernier n'ait pas la densité des deux premiers — se prêtent également bien à cet art. Le buis et l'if poussant lentement, il vous faudra de la patience... Le troène répondra plus vite à votre attente. Mais il faut laisser le temps au temps et savoir que la création de ces sculptures végétales vous demandera de deux à trois ans, à condition que vous achetiez des plantes en pots déjà prospères. Les formes géométriques toutes simples peuvent être travaillées à main levée, tandis que les structures plus élaborées ont besoin d'une armature en fil de fer (voir à droite).

Spirales, cônes, sphères...

Avec un buis, comptez environ trois ans pour créer un topiaire haut de quelque 60 cm. Si vous n'avez ni la patience d'attendre ni celle de tailler vos arbustes, réalisez vos sculptures végétales avec des plantes grimpantes telles que le lierre. Procurez-vous une armature métallique et plantez plusieurs pieds dans le pot pour accélérer le processus. En dix-huit mois, le lierre aura complètement colonisé l'armature, mais vous obtiendrez un effet satisfaisant avant même que la forme définitive ne soit atteinte.

DES ARMATURES VARIÉES

Vous trouverez diverses structures métalliques dont vous habillerez de jeunes plantes — elles vous serviront de guide lorsque vous les taillerez —, ou que vous utiliserez comme support pour des grimpantes (voir pp. 64-65). Si vous souhaitez créer des formes plus libres, réalisez vous-même vos armatures, comme celle qui est photographiée p. 64 en haut, avec des rameaux jeunes et souples de bouleau.

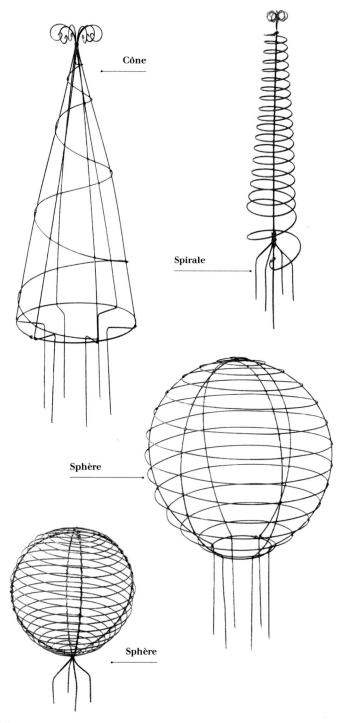

Cône

Spirale

Sphère

Sphère

Le théâtre des plantes à fleurs

De nombreux jardiniers se servent des pots, bacs et autres conteneurs aux compositions florales très colorées pour animer une façade, les murs d'un patio, le gravier d'une terrasse, les marches d'un escalier. Mais en privilégiant l'éclat écrasant des fleurs, ils en oublient parfois l'art d'harmoniser les teintes et de marier les plantes entre elles.

Rien ne vous interdit de jouer les contrastes forts ; encore faut-il qu'ils s'intègrent à un ensemble. Mieux vaut, souvent, faire chanter les couleurs vives en des endroits précis, autour d'un escalier, par exemple, ou dans des jardinières. Le joyeux désordre d'une multitude de conteneurs, des paniers suspendus aux pots en plastique moulé, garnis d'une profusion de pétunias, de géraniums et de capucines, peut séduire dans un premier temps. Mais, avec un peu de recul, vous constaterez que des compositions au charme plus subtil, aux harmonies délicates, soigneusement travaillées, sont à la fois plus équilibrées et moins lassantes.

Souvenez-vous tout d'abord que la forme et la taille des fleurs sont aussi importantes que leur couleur ; des corolles larges et éclatantes éteindront le charme discret des plus petites. Les jardins campagnards évitent généralement cet écueil, car ils réunissent de nombreuses espèces à petites fleurs qui forment une tapisserie colorée dont aucun motif ne l'emporte vraiment sur les autres ; des annuelles à grosses fleurs hybrides rompraient l'équilibre de tels parterres.

Lorsque vous préparerez le plan d'ensemble d'une plantation, n'oubliez pas que les plantes en pots doivent se compléter, s'intégrer dans leur environnement, et surtout ne pas entrer en compétition les unes avec les autres.

Les plantes à fleurs magnifiques et très bien adaptées au jardinage en pots sont innombrables ; ne dédaignez pas les espèces moins connues, même si vous êtes un inconditionnel des célébrités que sont les géraniums (*Pelargonium sp.*), les fuchsias et les pétunias. Il faut avouer que ces plantes offrent une extraordinaire diversité d'espèces, de variétés et d'hybrides, qui allient souvent le charme et la discrétion. Les géraniums-lierres odorants, par exemple, qui exhalent toutes sortes de parfums, du citron à la menthe poivrée, possèdent un attrait indéniable (voir p. 142).

Des pensées bleues

CI-DESSUS *Les teintes froides de mauve et de pourpre sombre se mêlent harmonieusement dans ce pot de pétunias et de bégonias associés à des pensées. Le choix d'une couleur dominante assure une agréable unité.*

UNE GAMME DE COULEURS DOUCES ET FROIDES

Les couleurs comportant une pointe de bleu sont plus froides que celles qui ont une touche de jaune ou de rouge. Ces fleurs roses aux reflets bleutés se marieront parfaitement, en une harmonie pastel, avec des fleurs blanches, bleues et mauves.

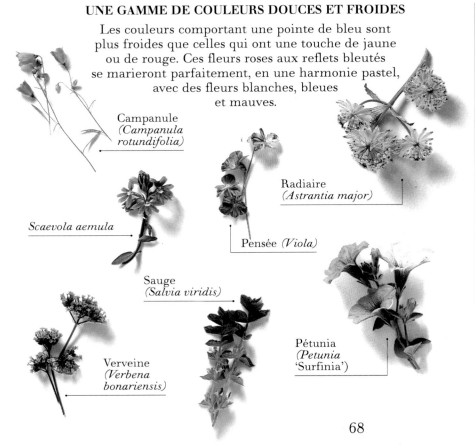

Campanule
(*Campanula rotundifolia*)

Radiaire
(*Astrantia major*)

Scaevola aemula

Pensée (*Viola*)

Sauge
(*Salvia viridis*)

Pétunia
(*Petunia* 'Surfinia')

Verveine
(*Verbena bonariensis*)

Jeux de couleurs

Cultivées en pots, les plantes à fleurs présentent l'avantage d'être faciles à déplacer. Vous pourrez donc les mettre au premier plan au moment de leur floraison, et les dissimuler un peu lorsqu'elles commenceront à décliner. En jouant sur leur taille et sur celle de leur conteneur, vous parviendrez à créer, dans un espace relativement restreint, des compositions intéressantes.

Pour exploiter au mieux ces possibilités, prenez le temps de dresser un plan précis de vos futures plantations. Comme pour une bordure, prévoyez l'agencement des divers éléments et mettez en place un décor qui servira à la fois de cadre et de toile de fond : des ifs ou des buis, ou deux bacs garnis de plantes à feuilles larges, qui mettront parfaitement les fleurs en vedette.

S'il s'agit d'une barrière ou d'un mur, tenez compte de leur teinte lorsque vous préparerez votre composition. Des plantes blanches et dorées éclaireront un mur de briques sombres, un encadrement végétal rappellera la tonalité d'une porte...

Pensez aussi à décliner les couleurs sur différents niveaux, à l'aide de grimpantes ou d'arbustes.

Subtilités en rose

À DROITE *La teinte chaude de la terre cuite rehausse la subtilité des roses de cette composition d'hellébores, de jacinthes et de primevères.*

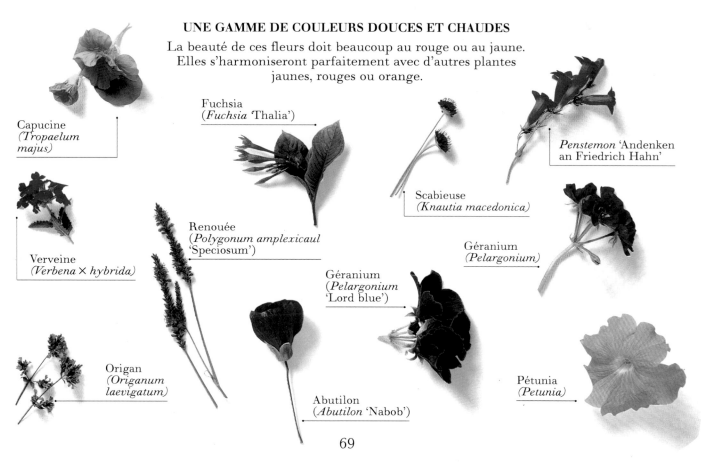

UNE GAMME DE COULEURS DOUCES ET CHAUDES

La beauté de ces fleurs doit beaucoup au rouge ou au jaune. Elles s'harmoniseront parfaitement avec d'autres plantes jaunes, rouges ou orange.

Capucine
(*Tropaelum majus*)

Fuchsia
(*Fuchsia* 'Thalia')

Penstemon 'Andenken an Friedrich Hahn'

Scabieuse
(*Knautia macedonica*)

Verveine
(*Verbena* × *hybrida*)

Renouée
(*Polygonum amplexicaul* 'Speciosum')

Géranium
(*Pelargonium*)

Géranium
(*Pelargonium* 'Lord blue')

Origan
(*Origanum laevigatum*)

Abutilon
(*Abutilon* 'Nabob')

Pétunia
(*Petunia*)

Couleurs douces

À GAUCHE *Œillets et géraniums plantés dans un même pot font écho à des roses anciennes 'Roseraie de l'Haÿ' débordant d'une jarre. La composition se détache sur un fond d'hybrides de* Verbascum phoeniceum *roses.*

Symphonie en rose

CI-DESSUS *Plus contrastés, bien que dans les mêmes couleurs douces, les géraniums Regal, Angel et à feuilles odorantes forment une composition tout aussi réussie sans être fade.*

Harmonie de couleurs

À DROITE *Une grande vasque en cuivre patinée de vert-de-gris fait ressortir les teintes de l'hortensia à tête rouge rosée, dont la forme en boule contraste avec celles des grappes à fleurs allongées du buddléia blanc.*

N'oubliez pas, cependant, que toutes ces plantes ne fleurissent qu'un certain temps. Votre composition, elle, doit rester séduisante au fil des saisons. Utilisez donc des persistantes à fleurs, notamment des camélias, avec leurs grandes feuilles brillantes et leurs fleurs spectaculaires.

Leurs nombreuses variétés vous offrent un vaste choix de couleurs, de tailles et de formes ; en revanche, elles fleurissent tôt, et leurs bourgeons risquent d'être touchés par le gel puis desséchés par le soleil : il faut donc éviter de les exposer à l'est. Comme les rhododendrons, les camélias ont besoin d'un sol acide et bien drainé. Les skimmias, les hortensias et les viornes sont de beaux arbustes à fleurs.

Skimmia japonica 'Rubella' offre en outre l'avantage d'être parfumé, ce qui est aussi le cas de certaines viornes, tel *Viburnum × bodnantense*.

Les grimpantes à fleurs les plus spectaculaires sont les roses et les clématites. D'autres sont peut-être plus originales : la bignone *(Campsis radicans)*, orange vif, *Solanum crispum* 'Glasnevin', aux ravissantes fleurs bleues, *Akebia quinata*, dont les boutons ont une curieuse couleur chocolat, ou encore *Rhodochiton atrosanguineum*, une annuelle délicate aux grandes clochettes tubulaires pourpres et aux feuilles dentées.

Certaines grimpantes à fleurs se développent sur et autour d'autres plantes, contribuant ainsi à

Variations de couleurs douces

Pour obtenir une composition d'une élégante simplicité, choisissez quelques couleurs douces dans une gamme étroite, allant par exemple du rose au rouge ou du bleu au mauve, la première étant vive et colorée, la seconde plus sereine. Les teintes douces assurent l'unité de l'ensemble, mais elles permettent aussi d'attirer l'attention sur les formes si diverses des fleurs. Choisissez celles-ci en tenant compte de ce critère : larges et épanouies pour les unes, petites et raffinées pour les autres. Au printemps, associez des narcisses à petites fleurs à des giroflées blanches et jaunes, en les disposant sur un fond de fusain et d'aucuba du Japon *(Aucuba japonica)*, aux feuilles

accroître la durée de la période de floraison. Ainsi, la capucine élégante *(Tropaeolum speciosum)*, dont les fleurs écarlates flamboient entre l'été et l'automne, se détache magnifiquement sur le vert sombre des ifs. La clématite peut elle aussi se mêler à d'autres grimpantes, notamment aux roses.

Une association parfaite est celle d'une rose rose, telle *Rosa* 'Zéphirine Drouhin', délicieusement parfumée, avec une clématite comme 'Hagley Hybrid'. La rose 'Albertine', aux abondants bouquets odorants, est également une valeur sûre, mais elle risque d'être attaquée par le mildiou lorsqu'elle est cultivée contre un mur ; donnez-lui de préférence un support indépendant.

tachetées de jaune. En été, mêlez les bleus et les mauves, en posant à même le sol des petits pots de brachycomes, de lobélias et de scabieuses, devant des hortensias bleu poudré, des euphorbes à fleurs vertes et un hosta à larges feuilles (*H. sieboldiana* var. *elegans*).

Grandes vedettes

À ces compositions mélangées vous préférez peut-être des plantes à fleurs plus exotiques et de plus grande taille qui attirent le regard vers un point précis – une terrasse ou l'entrée de la maison. Le datura *(Datura × candida* syn. *Brugmensia × candida)*, avec ses longues feuilles très élégantes et ses fleurs en cornet au parfum capiteux, est idéal, tout comme les spectaculaires lis royaux *(Lilium regale)*, eux aussi délicieusement parfumés.

Vous améliorerez encore le pouvoir attractif de certaines plantes aux très nombreuses petites fleurs en leur donnant une forme d'arbre (voir p. 74). Le fuchsia, le chèvrefeuille et la glycine se prêtent bien à ce traitement en « haute tige ». Vous obtiendrez ainsi une forme architecturale très nette, parfaite dans un jardin de ville ou un patio, tout en introduisant une touche de couleur là où vous le souhaitez.

Les plantes destinées à focaliser l'attention méritent les meilleurs soins. Pour favoriser la pousse des nouveaux boutons et aussi prolonger leur floraison, coupez les fleurs dès qu'elles commencent à se faner (voir p. 94).

Ainsi traité, un buddléia laissera éclore ses boutons secondaires, ce qui augmentera la durée de sa floraison de plusieurs semaines.

Grandes et petites

À DROITE *Les fleurs exotiques de* Lilium *'Pink Perfection' se mêlent aux petits nuages blanc rosé des minuscules « pâquerettes »* Rhodanthemum gayanum. *Le contraste entre la perfection un peu froide des lis et l'exubérance des pâquerettes, réunies par la couleur, donne à cette composition un dynamisme indéniable.*

Pyramide classique

CI-DESSUS *Cette petite pyramide de muscaris bleus adopte un contour très libre. L'effet est obtenu en empilant des bulbes en pots, en les consolidant avec un filet et en les masquant avec de la mousse.*

Pour être parfaitement mises en valeur, mais aussi pour que leur tige les supporte, les fleurs à large corolle, tels les lis et les stramoines, ont besoin d'être tuteurées. Essayez de dissimuler ces supports, qui ne sont jamais très esthétiques. Un tuteur doit remplir son rôle en restant le plus discret possible.

Les grandes corolles sont spectaculaires… quand elles sont belles ! Ôtez sans attendre les fleurs fanées ou abîmées et entretenez soigneusement le feuillage. Une fleur superbe perd tout son attrait si celui-ci est négligé.

Un léger tuteurage convient bien aussi aux plantes à fleurs en touffe telles que les chrysanthèmes et les géraniums. Utilisez de fines et discrètes baguettes de bambou. Certaines plantes plus petites encore apprécieront le soutien de quelques brindilles enfoncées près des tiges, qui permettront aux fleurs de s'épanouir généreusement (voir p. 95).

Multitude de petites fleurs

Les fleurs les plus grandes ne sont pas forcément les plus belles, et vous prendrez beaucoup de plaisir à contempler des masses de petites fleurs aux contours délicats. Les clématites à petites fleurs, dont le succès ne cesse de s'affirmer, sont un enchantement. Elles constituent une ravissante toile de fond pour d'autres fleurs précieuses, comme celles des penstemons, des diascias et des tabacs.

Les espèces anciennes, très appréciées dans les jardins campagnards, réservent aussi de belles surprises. Découvrez, ou redécouvrez, les différentes variétés de pâquerette, ou encore les fleurs en grappe dont l'impact, dans un autre style, est aussi fort que celui d'espèces plus spectaculaires. C'est le cas des pieds-d'alouette, des lupins et des giroflées, et de certaines campanules. D'une façon générale, leurs couleurs sont plus douces, moins intenses, mais elles contribuent à créer des tableaux pleins de charme, dans des teintes mauves, roses, bleues et blanches, ou encore crème, dorées, orange, rouges et pourpres. Plantez-les, mélangées, dans de grands conteneurs (voir pp. 38 à 41), ou garnissez des petits pots d'une seule espèce à la fois pour les rassembler en un parterre miniature. Cette dernière solution vous laissera davantage de latitude pour déplacer les plantes en fonction de leur floraison.

Au printemps, vous n'aurez que l'embarras du choix, avec les primevères, les pensées et les bulbes.

Rosiers en pots

Les roses font rêver bien des jardiniers. Rien ne s'oppose à leur culture en pots, à condition bien sûr de leur apporter les soins nécessaires et de leur assurer

TUTEURER DES PLANTES À GRANDES FLEURS

Il faut souvent tuteurer les plantes dont les fleurs à grande corolle reposent sur des tiges trop faibles. En plaçant les tuteurs avant la période de croissance, vous éviterez d'abîmer les racines. L'exemple qui suit vous montre comment planter et tuteurer des plantes à bulbe très hautes, en l'occurrence des lis 'Casa Blanca'.

1 *Choisissez un pot d'environ 35 cm de diamètre pouvant contenir trois bulbes. Tapissez-en le fond d'une couche de gravier ou de tessons de poterie.*

2 *Remplissez partiellement le pot de terreau, ajoutez une couche de sable grossier ou de gravier fin et plantez les bulbes à deux fois et demie leur hauteur du bord, en les espaçant bien.*

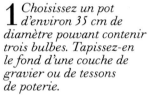

3 *Plantez quatre ou cinq tiges de bambou longues de 1,20 m (elles doivent être un peu plus courtes que la plante) tout autour du pot ; enfoncez-les bien.*

4 *Remplissez le pot de terreau jusqu'à 2,5 cm du bord. Lorsque les tiges atteignent 15 cm, attachez-les avec des liens.*

Lis 'Casa Blanca'
Ils sont ici en pleine floraison.

73

du soleil pendant la moitié de la journée au moins.

La plupart des roses anciennes dégagent un délicieux parfum, mais leur feuillage et leurs tiges manquent souvent de grâce. Ce défaut ressort encore davantage quand elles sont en pots, car la base des rosiers se trouve surélevée. En outre, à l'exception des espèces remontantes, leur période de floraison est assez courte, et il ne reste alors qu'une verdure sans grand intérêt, susceptible de gâcher la plus élaborée des compositions. Pour remédier à cet inconvénient, placez devant ces rosiers des plantes plus basses, ou faites pousser des rosiers nains (à fleurs en bouquets). Une fois leur floraison achevée, écartez-les. Ces plantes charmantes, qui portent de très nombreuses fleurs, existent dans une vaste gamme de coloris. En revanche, leurs roses sont rarement parfumées.

Si vous installez des rosiers dans des pots, assurez-vous qu'ils sont en bonne santé, sans tache noire ni mildiou ; pour qu'ils fleurissent abondamment, taillez-les régulièrement. En fait, si vous n'avez pas vraiment le temps de vous occuper de vos pots, renoncez aux rosiers. Consacrez-vous plutôt aux espèces d'entretien facile, telles que les géraniums, qui survivront à bien des négligences (épargnez-leur quand même des arrosages trop abondants et une ombre constante).

L'une des meilleures façons de cultiver des rosiers en pots est de les monter sur tige. Ainsi, la partie la moins intéressante de la plante se résume à une seule tige, tandis que la couleur se concentre massivement là où on l'attend le plus, en haut. Différentes roses se prêtent bien à cette technique, notamment 'Zéphirine Drouhin', ainsi que 'White Pet', aux abondantes petites fleurs blanches.

Vous pouvez aussi créer une composition retombante en greffant un cultivar rampant sur une racine de rosier classique. À condition de tuteurer la tige principale, vous obtiendrez des branches fleuries qui redescendront en cascade d'une hauteur de 1,50 m environ.

Clématites en pots

Deux autres plantes à fleurs sont particulièrement appréciées des jardiniers : les clématites et les fuchsias. Les premières, pour bien se développer, ont besoin d'être enracinées dans un sol frais et humide. Tenez compte de cet impératif lorsque vous choisirez l'emplacement de leur conteneur. Répandez aussi sur le terreau une couche de gros graviers qui protégera les racines des ardeurs desséchantes du soleil. Les clématites, qu'il s'agisse d'hybrides à grandes fleurs ou d'espèces à petites fleurs, vous offrent un vaste choix. Comme elles fleurissent à différentes saisons, vous aurez tout loisir de les intégrer dans des compositions qui évolueront du printemps à l'automne. Parmi les variétés précoces, celles du groupe *C. montana* sont très vigoureuses.

CRÉER UN BUISSON SUR TIGE

Certaines plantes à fleurs et à feuillage, comme ce Coprosma, *peuvent être montées sur tige.*
Il faut assurer le développement d'une tige unique,
puis aider la plante à s'épanouir.

1 *Laissez grandir la tige principale et taillez les pousses secondaires juste après la première paire de feuilles.*

2 *Taillez la pointe de la tige principale pour encourager le développement en largeur des bourgeons secondaires.*

3 *Plantez un tuteur dans le terreau auquel vous attacherez la tige, sans trop serrer, par des liens en plastique vert.*

Ce jeune Coprosma × Kirkii *'Variegata' commence à prendre une vraie forme d'arbre.*

74

D'autres, plus tardives et à grandes fleurs, ont une floraison estivale ; d'autres encore, du groupe des viticellas, fleurissent à la fin de l'été (voir p. 19).

Fuchsias en pots

Les différents cultivars de fuchsias sont eux aussi une grande source d'inspiration pour les jardiniers. Leur charme et la durée de leur floraison, qui s'étend sur l'été et une partie de l'automne, en font des plantes de choix pour les pots, bacs et jardinières, car elles leur apportent une touche délicieuse et durable. Comme les roses, les fuchsias peuvent être cultivés en tige, ce qui accentue leur effet retombant de façon spectaculaire. Pour les monter en haute tige, choisissez des espèces bien droites, de type arbustif. Soutenez la tige principale avec un tuteur et coupez toutes les pousses latérales après la première paire de feuilles jusqu'à ce que la bonne hauteur soit atteinte – environ 1 m. Lorsque deux ou trois paires de feuilles se sont formées au-dessus de la hauteur désirée, pincez les pousses et laissez la plante se développer naturellement. Vous obtiendrez ainsi un buisson de fleurs perchées sur une tige élancée (voir aussi en bas à gauche).

Les fuchsias offrent une large gamme de couleurs, du blanc (*F.* 'Annabel') au rose pâle (*F.* 'Pink Galore') et au mauve rosé (*F.* 'Leonora'), en passant par le rouge orangé profond des fleurs joliment allongées de *F.* 'Thalia'. Certains combinent aussi plusieurs couleurs ; ainsi, *F.* 'Estelle Marie' présente des fleurs blanches et mauves et *F.* 'Dollar Princess' se couvre de grandes fleurs doubles rouges et violettes.

Arbuste sur tige en fleurs

À GAUCHE *Parmi les plantes à fleurs que l'on peut monter sur tige, on compte les anthémis* (Chrysanthemum frutescens), *qui ressemblent à des marguerites. La tige principale commence par pousser sur une hauteur de 1,20 m environ, puis les fleurs s'épanouissent en touffe, selon leur tendance naturelle. Ici, l'aspect formel de la composition est renforcé par un élégant conteneur aux rayures blanches et vertes.*

CULTURE
ET
ENTRETIEN

Dans ce chapitre, vous trouverez les informations pratiques indispensables pour choisir, cultiver et entretenir vos plantes en pots, et les méthodes permettant d'identifier et de traiter leurs principales maladies. Comme les autres, les plantes en pots réclament de nombreux soins ; vous en découvrirez ici tous les aspects : techniques de mise en pots, préparation des mélanges de culture, apports d'eau et d'engrais, tuteurage, taille, multiplication par bouturage, par division ou par semis, mesures à prendre lorsque les conditions climatiques deviennent difficiles, ou lorsque vous devez vous absenter quelque temps. Quant aux récipients eux-mêmes, nous vous donnons des conseils pour les nettoyer, les réparer ou les déplacer.

Le « Répertoire des plantes en pots », pp. 106 à 155, détaille les caractéristiques et les besoins de chaque plante.

À GAUCHE *Les fleurs rose pâle d'*Osteospermum jucundum *s'épanouissent à la fin de l'été.*

CI-DESSUS *Deux bacs à orangerie sont garnis de troènes taillés en boule, de pétunias et de lierres panachés.*

S'équiper et s'installer

Avant de vous lancer dans la culture de plantes en pots, prenez en compte leurs besoins… et les vôtres ! Les jardiniers chevronnés connaissent ces informations de base, mais, si vous débutez, apprenez d'abord à choisir des plantes en bonne santé et à réunir l'équipement nécessaire à leur entretien.

Semis et boutures vous permettront d'obtenir vos propres plantules. Dans un premier temps, vous préférerez sans doute vous fournir dans des jardine-ries ou chez des pépiniéristes. Méfiez-vous cependant de l'achat « coup de cœur ». Tenez compte des contraintes de votre environnement. Le choix d'une plante est déterminé par ses conditions de vie, et notamment par la température et l'exposition qu'elle préfère. L'étiquette qui l'accompagne fournit toutes les données nécessaires. Ne prévoyez pas de faire cohabiter dans un même pot des espèces provenant de régions différentes et dont les besoins sont opposés : des immortelles aux feuilles

UN OUTILLAGE APPROPRIÉ

L'entretien des plantes en pots nécessite un outillage spécifique, maniable et peu encombrant.
Préférez les outils de bonne qualité : ils dureront plus longtemps et seront plus efficaces.

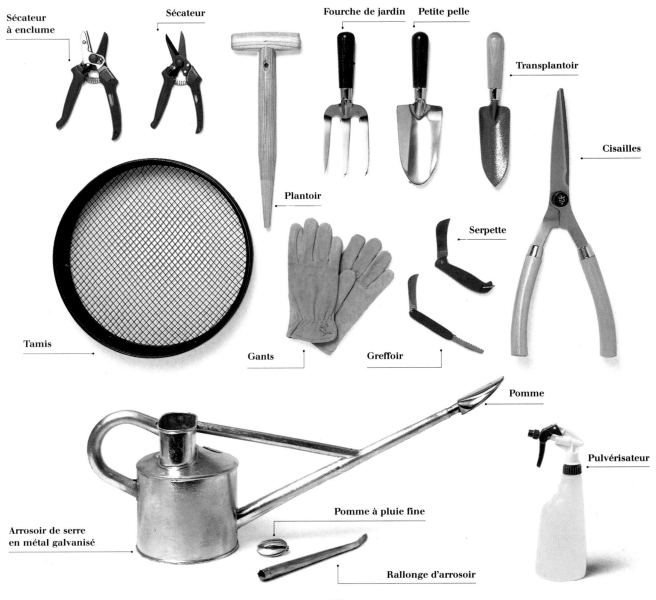

Sécateur à enclume

Sécateur

Fourche de jardin

Petite pelle

Transplantoir

Cisailles

Plantoir

Serpette

Tamis

Gants

Greffoir

Pomme

Pulvérisateur

Pomme à pluie fine

Arrosoir de serre en métal galvanisé

Rallonge d'arrosoir

argentées, qui aiment le soleil et la sécheresse, ne se plairont pas avec des plantes de marais comme l'arum d'Éthiopie. En revanche, vous pouvez parfaitement les faire pousser dans des conteneurs distincts, l'un placé au soleil et l'autre à l'ombre.

Aménager un espace de travail

La culture des plantes en pots, souvent associée à l'aménagement des terrasses et des balcons, s'accompagne fréquemment d'un manque d'espace. Elle impose donc un choix judicieux d'outils de jardinage, car, s'ils sont trop gros, vous ne saurez pas où les ranger. La sélection présentée ici constitue déjà un bon équipement. Dans la mesure du possible, rangez vos outils dans des boîtes ou des tiroirs, ou sur des étagères.

Selon l'espace que vous souhaitez aménager, il vous faudra peut-être un équipement plus spécialisé. Sur une terrasse très ensoleillée, par exemple, un système d'irrigation au goutte-à-goutte réduira la corvée d'arrosage. De même, si vous voulez multiplier vous-même vos plantes, il faudra vous ménager un endroit approprié.

ÉQUIPEMENT POUR LE TUTEURAGE

La mise en valeur des plantes en pots nécessite souvent un bon tuteurage. Toutes les plantes n'ont pas nécessairement besoin d'un support, mais il est toujours utile de garder quelques tuteurs et liens en réserve (voir p. 95 pour plus de détails).

Tuteurs

Tiges de bambou

Ficelle de jardinier huilée

Lien de jardinage vert

Liens en plastique

Étiquettes en aluminium

Étiquettes en plastique

Fil de fer

CHOISIR UNE PLANTE SAINE

Dans les jardineries et les pépinières, les plantes ne reçoivent pas toujours tous les soins nécessaires. Avant un achat, faites le tour du sujet et suivez les quelques conseils que nous vous donnons ci-dessous.

Tiges

Les tiges de la plante — et surtout la tige principale — doivent être solides et saines, sans traces de maladie. Vérifiez qu'elles ne sont ni meurtries ni endommagées.

Feuilles

Vérifiez qu'elles ne portent aucune trace laissée par les ravageurs ni aucun symptôme de maladie (voir pp. 104-105). Les feuilles ne doivent pas être décolorées ni se détacher. Retournez-les pour repérer d'éventuels parasites.

Base

Les racines de toutes les plantes en pots sont par définition cachées. Si la plante à l'air un peu faible, retournez le pot. Lorsque ses racines passent à travers les trous de drainage, c'est sans doute qu'elle se trouve trop à l'étroit et qu'il faut la changer de récipient (voir pp. 82 à 84).

NETTOYER LES FEUILLES

Dans les zones très polluées, il faut parfois nettoyer les feuilles pour les débarrasser des salissures. Essuyez-les avec un chiffon ou une éponge humides.

La culture en pots

L'origine géographique et donc les conditions de vie de la plupart des plantes cultivées en pots sont extrêmement variables. En milieu naturel, certaines sont exposées à une chaleur et à une luminosité intenses, tandis que d'autres sont protégées par leur environnement ou se développent à l'ombre des arbres ; d'autres encore aiment la fraîcheur des marais. Chaque espèce a donc des besoins qui lui sont propres. Certaines, il est vrai, particulièrement résistantes, supportent un changement de milieu. La plupart, cependant, demandent,

pour croître harmonieusement, un type d'ensoleillement, un niveau de température, un apport nutritionnel, un degré d'humidité et même un temps de repos spécifiques.

La lumière

Tous les végétaux ont besoin de lumière. Lorsque celle-ci est insuffisante, les feuilles s'étiolent et se décolorent, la croissance se ralentit. La santé d'une plante est liée au processus de photosynthèse : ses parties vertes absorbent l'énergie lumineuse pour

COMMENT POUSSE UNE PLANTE

Les racines, les feuilles, les tiges et le substrat jouent un rôle dans la croissance et la santé d'une plante, au même titre que les facteurs externes que sont la lumière et la température. Le succès d'une culture dépend de l'équilibre entre tous ces éléments.

Tiges

Les nutriments synthétisés par les feuilles ou puisés par les racines sont transportés par les tiges vers tous les organes de la plante. Le phloème, tissu conducteur de la sève, est essentiellement constitué d'eau. En cas de sécheresse, son activité cesse. L'arrosage est donc très important, car les plantes en pots se dessèchent plus vite que celles qui poussent en pleine terre (voir pp. 88-89).

Substrat

Un terreau de qualité est indispensable à la bonne santé des plantes. Or l'eau et les éléments nutritifs s'échappent rapidement des pots ; il faut donc veiller à les maintenir à un niveau constant (voir pp. 85-89).

Racines

Les racines jouent plusieurs rôles : elles ancrent la plante dans le substrat, absorbent l'eau et diffusent les sels minéraux qui servent à la fabrication des éléments nutritifs. Le réseau des racines les plus fines accède aux nutriments et à l'eau, tandis que les racines plus épaisses et plus âgées les transportent. Lorsque la croissance des racines est entravée, toute la plante souffre.

Feuilles

Lorsqu'il fait jour, les pores (stomates) situés sous les feuilles capturent le dioxyde de carbone de l'air. Le pigment vert (chlorophylle) des feuilles absorbe une petite quantité d'énergie lumineuse, qui est utilisée pour briser les molécules d'eau en atomes d'hydrogène et d'oxygène. L'hydrogène se combine au dioxyde de carbone pour donner des hydrates de carbone qui nourrissent la plante.

STOMATES

Chaque feuille, comme la peau humaine, est constellée de milliers de pores minuscules, les stomates. Ils laissent passer la lumière et l'eau et permettent au processus de photosynthèse de se produire.

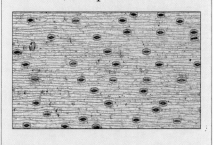

transformer l'eau et le dioxyde de carbone en hydrates de carbone et en oxygène. La floraison, elle aussi, dépend de la luminosité : chez de nombreuses plantes, elle repose sur la quantité de lumière reçue. Les plantes de jours longs ont besoin d'un minimum de douze heures d'ensoleillement par jour pour fleurir, alors que les plantes de jours courts ne fleurissent que lorsque l'ensoleillement est inférieur à douze heures par jour.

Le raccourcissement du jour est le phénomène déterminant de la chute des feuilles des plantes à feuilles caduques ; c'est pourquoi elle se produit à l'automne. C'est aussi la lumière qui déclenche un phénomène appelé phototropisme, qui voit la plante grandir en se tournant vers le soleil.

L'eau

Une plante est constituée de plus de 90 % d'eau. Une grande partie de celle-ci s'évapore par ses feuilles. Chaque jour d'été, une salade arrivée à maturité et privée d'eau perd ainsi environ la moitié de son poids. Une insuffisance d'arrosage réduit la croissance des végétaux, car c'est l'eau qui transporte les éléments nutritifs indispensables à leurs différents organes. Ce flux nourricier doit être permanent ; qu'il soit interrompu, et la plante ne se développe plus.

Le pot

Contrairement aux racines des plantes installées en pleine terre, celles des espèces cultivées en pots ne disposent que d'un espace limité. Le conteneur doit être assez vaste pour qu'elles respirent et croissent, assurant ainsi la santé et la survie de la plante. Respectez un bon rapport entre la taille du pot et celle de la motte (voir ci-dessous).

La température

Tous les végétaux ont besoin, pour vivre et croître, d'une température spécifique. La majorité des plantes en pots cultivées à l'extérieur sont originaires de régions tempérées ou subtropicales où les variations thermiques se situent entre 10 et 18 °C. Elles supportent cependant des écarts supérieurs à condition que ceux-ci ne durent pas trop longtemps. Les effets du froid et, pire, ceux du gel altèrent toujours les racines. Dans ce domaine, les plantes en pots sont particulièrement vulnérables, car leur substrat se refroidit plus rapidement que la pleine terre. Leurs racines sont sensibles à d'autres phénomènes, notamment lorsqu'une période de basses températures coïncide avec un moment de fragilisation de la plante.

Températures auxquelles les racines des plantes en pots ne résistent pas lorsqu'elles passent l'hiver à l'extérieur.

de 0 à -5 °C	de -5 à -10 °C	de -10 à -15 °C
Buis commun	Cornouiller à fleurs	*Juniperus*
Daphne cneorum	Érable palmatum	*Leucothoë*
Mahonia bealei	'Atropurpureum'	*fontenesiana*
Millepertuis	Magnolia étoilé	*Mahonia aquifolium*
Pyracantha	*Pieris japonica*	*Pieris floribunda*
coccinea	*Viburnum carlesii*	

LE BON RAPPORT DE TAILLE ENTRE LA MOTTE ET LE POT

Les plantes doivent être installées dans des pots dont le diamètre est supérieur de 5 cm environ à celui de leur motte. Au fur et à mesure de leur croissance, il faudra les changer de conteneur, à moins que vous ne souhaitiez limiter leur croissance : dans ce cas, vous devrez tailler les racines (voir p. 84).

Une plante de taille moyenne, comme cette lavande parvenue à maturité et dont la motte mesure environ 15 cm de diamètre, sera plantée dans un pot de 20 cm de diamètre.

Une petite plante, tel ce jeune géranium dont la motte mesure environ 10 cm de diamètre, sera plantée dans un pot de 15 cm de diamètre.

Une grande plante, comme cet hosta adulte dont la motte mesure 20 cm de diamètre, sera plantée dans un pot de 25 cm de diamètre.

Empoter et rempoter

La mise en pot d'une plante est aussi importante pour son développement futur que la façon dont elle est nourrie, arrosée ou taillée. Il convient, avant d'aborder ce sujet, de se mettre d'accord sur les mots. Nous parlerons d'« empoter » lorsque nous mettrons dans un pot de jeunes plants, des bulbes ou des tubercules. Nous dirons « rempoter » lorsque nous changerons et rafraîchirons le terreau d'un pot existant, et « changer de pot » lorsque nous déplacerons une plante en cours de croissance vers un conteneur plus grand.

Empoter

Le diamètre d'un pot doit être supérieur de 5 cm à celui de la motte de la plante qu'il accueille (voir p. 81). Tout conteneur doit aussi disposer de trous pour le drainage. Afin d'améliorer celui-ci, recouvrez le fond d'une couche de cailloux ou de tessons de poterie. Ajoutez ensuite un peu de terreau avant de déposer la plante dans son conteneur (voir, à gauche, l'empotage de bulbes et, à droite, celui d'un arbuste ou d'un arbre).

Rempoter

Les plantes se développent plus ou moins vite, mais dans la plupart des cas leur terreau doit être renouvelé tous les deux ans et en suivant les instructions qui figurent dans l'encadré ci-contre à droite. Procédez comme pour l'empotage, en choisissant un conteneur de même taille.

Remplissez-le d'un peu plus de terreau – 1,5 cm environ –, car il va se tasser. Vous pouvez aussi ne changer que les quelques centimètres de la couche supérieure et ajouter un engrais. Le substrat des arbres ou des arbustes vigoureux n'a besoin d'être rafraîchi que tous les ans. Cependant, si vous constatez que la plante s'affaiblit, assurez-vous que ses racines ne sont pas trop à l'étroit (voir p. 84) et suivez la démarche proposée.

METTRE DES BULBES EN POTS

Plantez les bulbes de printemps six mois avant la date de floraison, et ceux d'été trois mois avant.

1 *Dans un mélange composé à parts égales de tourbe et de vermiculite, disposez les bulbes, racines vers le bas.*

2 *Recouvrez d'une couche de terreau d'une épaisseur équivalente à trois fois la hauteur des bulbes (voir tableau ci-dessous).*

3 *Arrosez et maintenez l'humidité six semaines encore après la floraison. Ensuite, déterrez les bulbes et conservez-les au sec.*

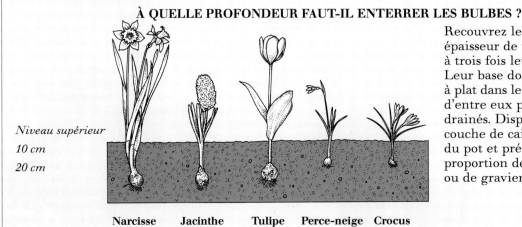

À QUELLE PROFONDEUR FAUT-IL ENTERRER LES BULBES ?

Recouvrez les bulbes d'une épaisseur de terre correspondant à trois fois leur hauteur. Leur base doit reposer bien à plat dans le substrat. La plupart d'entre eux préfèrent les sols drainés. Disposez donc une couche de cailloux au fond du pot et prévoyez une bonne proportion de sable grossier ou de gravier.

Niveau supérieur
10 cm
20 cm

Narcisse   Jacinthe   Tulipe   Perce-neige   Crocus

Changer de pot

Les plantes qui ne sont pas encore parvenues à maturité doivent être régulièrement mises dans des pots plus grands, selon une fréquence qui dépend de leur rythme de croissance et de leurs conditions de vie. Placez-les alors dans un conteneur d'un diamètre légèrement supérieur (environ 5 cm). Ne les mettez pas dans un pot trop grand, car vous créeriez un déséquilibre entre leurs parties souterraines, longtemps comprimées, et leurs parties aériennes. Les racines des plantes à croissance lente, tels les conifères nains, n'auraient pas le temps de s'étaler dans le terreau. Quant aux espèces vigoureuses, leurs feuilles se développeraient au détriment de la floraison. (Voir p. 84 comment accélérer la croissance d'une plante.)

Contrôler la croissance d'une plante

Pour ralentir la croissance trop rapide d'un végétal, vous pouvez tailler sa racine. En effet, si vous n'intervenez pas, une plante vigoureuse se trouvera vite comprimée dans son pot. Les racines risquent alors

EMPOTER UN GROS ARBUSTE OU UN ARBRE

Les gros arbustes ou les arbres, comme les autres plantes, doivent être mis dans des pots dont le diamètre est supérieur d'environ 5 cm à celui de leur motte. Pour les soutenir et éviter qu'ils ne soient couchés par le vent, enfoncez profondément dans le substrat un tuteur solide et attachez-y la plante à l'aide de liens (voir le tuteurage d'une plante à tige unique p. 95).

1 *Couvrez le fond du pot avec une fine couche de cailloux ou de tessons de poterie. Ajoutez suffisamment de terreau pour que le haut de la motte arrive à 2,5 cm du bord du pot.*

2 *Disposez la plante soigneusement, en prenant soin de ne pas endommager la motte. Au besoin, étalez délicatement les racines.*

3 *Entourez complètement la motte de terreau, en vous assurant que la plante est bien centrée. Enfoncez éventuellement un tuteur et attachez-y la plante de façon assez lâche.*

4 *Ajoutez du terreau jusqu'à 2,5 cm du bord et tassez-le bien avec les mains. Arrosez généreusement pour que les racines disposent de toute l'eau nécessaire.*

Le pommier est planté.

de s'enchevêtrer, par manque de place, et de ne plus pouvoir absorber l'eau et les éléments nutritifs, ce qui entraînera des maladies. Lorsqu'une plante est trop à l'étroit, certains signes ne trompent pas : le pot se dessèche plus vite ; la plante s'étiole faute de nutriments et perd prématurément ses feuilles ; enfin, elle s'affaiblit, se fane et meurt.

Veillez cependant à ne pas effectuer de coupe trop sévère, car la plante aurait alors du mal à se rétablir, et certaines de ses parties risqueraient de se faner.

QUAND EMPOTER, REMPOTER OU CHANGER DE POT

La période d'empotage ou de rempotage dépend essentiellement de la date de floraison des plantes. Celles qui poussent vite seront rempotées plus fréquemment que celles qui ont une croissance lente. Une plante qui semble dépérir doit être changée de pot aux périodes indiquées ci-dessous.

Type de plante	Période de mise en pots
Plantes aquatiques	fin du printemps
Arbustes à feuilles persistantes	
(floraison printanière)	automne
(floraison automnale et hivernale)	printemps
Bulbes	
(floraison printanière)	automne
(floraison estivale)	hiver/printemps
Conifères	automne/printemps
Arbres et arbustes à feuilles caduques	
(floraison printanière/estivale	
et hivernale)	automne
(floraison automnale)	printemps
Herbacées vivaces	automne/printemps
Bisannuelles rustiques	
(floraison printanière/estivale)	automne
Plantes annuelles à repiquer	printemps (après les
en été	dernières gelées)

ACCÉLÉRER LA CROISSANCE

Les plantes en début de croissance ou celles qui étouffent dans leur pot doivent être changées de conteneur pour atteindre leur taille maximale.

1 *Renversez le pot sur un côté et tapotez-le pour que la motte se détache des parois. Retirez la plante du pot.*

2 *Démêlez délicatement avec les doigts les racines en prenant soin de ne pas abîmer ou déchirer les plus fines, celles qui permettent à la plante de se nourrir.*

3 *Mettez la plante dans un pot plus large (d'un diamètre supérieur d'environ 5 cm à celui de la motte) et entourez-la de terreau frais (voir p. 83).*

RÉDUIRE LA CROISSANCE

Il faut parfois limiter le développement un peu trop rapide de certaines plantes en pots. Dans ce cas, il convient de tailler les racines, car c'est leur croissance qui détermine celle de la plante.

1 *Retirez la plante de son pot. Secouez la motte pour ôter l'excès de terre, puis écartez les racines pour les faire apparaître.*

2 *Commencez par couper un tiers environ de la racine principale à l'aide d'un sécateur bien aiguisé.*

3 *Une fois les racines taillées, replacez la plante dans un pot de taille identique et entourez la motte de terreau frais (voir p. 83).*

Les mélanges de culture

L e terreau utilisé pour la mise en pots doit être friable, retenir l'humidité tout en permettant un bon drainage, contenir des éléments organiques et minéraux dans des proportions correctes et avoir le degré d'acidité adapté.

Les mélanges de culture pour les plantes en pots peuvent se classer en deux catégories : les terreaux tous usages, composés de terre argileuse et de tourbe, et le terreau horticole, dans lequel la tourbe est parfois remplacée par du compost. Des engrais à action rapide ou lente sont souvent associés à ces préparations. Les terreaux les plus vendus sont à base de tourbe (ou de ses substituts), de gravier ou de sable et d'engrais à effet retard. Ils ont cependant tendance à s'assécher, et donc à s'appauvrir rapidement. Les mélanges à base de compost, plus riches, sont aussi plus lourds et plus salissants.

Si vous faites votre propre mélange, retenez les proportions suivantes : 1 part de terre stérile, 1 part de compost de jardin stérile et 1 part de gravier ou de sable. Pour 5 litres de ce mélange, ajoutez 1 cuillerée à soupe de chaux, 1 cuillerée à soupe de poudre d'os et 1/4 de tasse de fumier déshydraté. Pour stériliser votre préparation, passez-la au four à 100 °C. Si vous cultivez des plantes qui aiment les sols acides, ajoutez de la tourbe et ne mettez pas de chaux.

Le caractère acide, neutre ou alcalin de la terre est un facteur important. Il est défini par son pH (potentiel hydrogène), mesuré sur une échelle allant de 0 à 14.

Un sol légèrement acide, convenant à la plupart des plantes, a un pH de 6,5. Il est possible de mesurer le pH d'un substrat à l'aide de réactifs que l'on trouve dans le commerce. Vous corrigerez l'acidité du terreau et le rendrez plus alcalin (vous augmenterez alors son pH) en ajoutant du calcaire, ou au contraire plus acide (vous diminuerez son pH) en ajoutant de la tourbe.

MÉLANGES À BASE DE TOURBE

Ils sont constitués de trois éléments principaux : tourbe (ou un substitut), fertilisant et gravier ou sable grossier. Ces trois éléments et le mélange final sont photographiés ci-dessous.

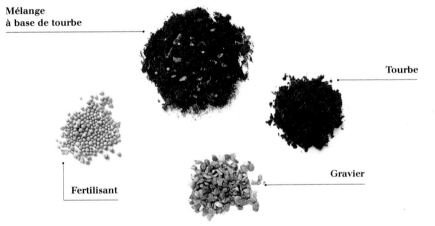

Mélange à base de tourbe

Tourbe

Gravier

Fertilisant

TESTER LE PH DU SOL

Les petits appareils qui permettent de mesurer le pH du sol comprennent un tube dans lequel on dépose un peu de terre, et un réactif que l'on verse dessus. Après avoir agité le tube, laissez-le reposer avant de noter le résultat.

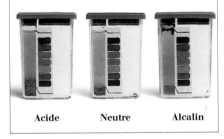

Acide **Neutre** **Alcalin**

LA TOURBE ET SES SUBSTITUTS

Les tourbières ont été tellement surexploitées dans certaines régions que de nombreux jardiniers préfèrent utiliser des matières qui respectent l'environnement. Ces illustrations présentent divers substituts pouvant servir à préparer des mélanges à base de tourbe.

Vermiculite   **Mica (gros)**   **Fèves de cacao concassées**   **Fibre de coco**   **Petits morceaux d'écorce**   **Tourbe**

Nourrir les plantes

Dans la nature, les plantes puisent leur nourriture dans le sol. Le cycle de vie même des végétaux, qui croissent puis meurent, fournit tous les minéraux et autres éléments nécessaires à leur développement. Le jardinage, et plus particulièrement le jardinage en pots, rompt cet équilibre. Il est donc indispensable d'apporter régulièrement des nutriments au substrat de vos cultures, puisque ce dernier n'est pas enrichi par le processus de décomposition.

Les différents types d'engrais

Les engrais pour plantes peuvent se regrouper en deux types principaux : les uns, organiques, sont d'origine animale ou végétale, et les autres, d'origine minérale. L'action des premiers est généralement plus lente et plus durable. Les mélanges à base de sang desséché, de poisson et de poudre d'os appartiennent à cette catégorie. Plus ou moins solubles dans l'eau, mais aussi plus ou moins concentrés, leurs composants sont libérés assez vite (diffusion rapide) ou plus tardivement (diffusion lente) dans le substrat. Leur rapidité d'action varie également en fonction de l'activité des organismes présents dans le sol.

Pour favoriser une croissance équilibrée, utilisez toujours un substrat dont vous connaissez la composition (voir p. 85) ; les mélanges déjà préparés contiennent une quantité précise d'engrais à diffusion lente. Si vous souhaitez les enrichir, choisissez un engrais à diffusion rapide. N'oubliez pas qu'un

tiers au moins des éléments nutritifs disparaît avec l'eau qui s'écoule du pot.

Temps de réponse aux engrais

Type d'engrais	Réponse de la plante
Diffusion lente	14 à 21 jours
Diffusion rapide	7 à 10 jours
Engrais liquide	5 à 7 jours
Engrais foliaire	3 à 4 jours

L'azote (N), le phosphore (P) et le potassium (K) sont les principaux éléments nutritifs entrant dans la composition de la plupart des engrais. Les préparations commercialisées sont généralement adaptées à la majorité des végétaux, mais sachez que les espèces à feuillage ont besoin de davantage d'azote

ENGRAIS LIQUIDES

Lorsque vous diluez un engrais liquide, suivez attentivement les instructions portées sur l'emballage.

Diluer un engrais liquide

Versez l'engrais liquide concentré dans un arrosoir et diluez-le avec de l'eau en respectant les proportions recommandées par le fabricant. Mélangez la solution avec un bâton propre.

Engrais foliaires

Il faut éventuellement diluer l'engrais dans de l'eau (voir ci-dessus).

ENGRAIS SOLIDES

Plusieurs types d'engrais secs sont présentés ci-dessous. Souvent très concentrés, ils nécessitent un dosage soigneux.

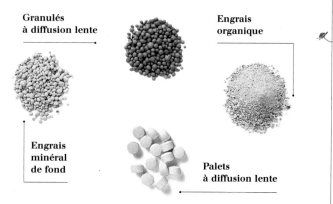

Granulés à diffusion lente

Engrais organique

Engrais minéral de fond

Palets à diffusion lente

Pulvérisez toutes les feuilles de façon homogène, de préférence un jour où le ciel est couvert. Le soleil risque en effet d'entraîner des brûlures.

et que les plantes à fleurs réclament plus de potasse et d'azote. En règle générale, il est préférable de choisir un terreau déjà enrichi d'un engrais équilibré et d'augmenter la dose d'éléments nutritifs avec des engrais liquides.

Les sols à base de compost contiennent normalement suffisamment d'oligoéléments pour assurer la croissance de la plante, alors que les autres, souvent composés de tourbe, en sont dépourvus. Il faut donc leur en apporter.

Les différentes formes d'engrais

Les engrais se présentent sous deux formes principales : solide et liquide. Les premiers (voir p. 86, en bas) sont directement mélangés au substrat ou interviennent lors de la saison de croissance, comme engrais de fond, pour les plantes parvenues à maturité. Vous pouvez également donner un engrais minéral de fond à diffusion rapide à certains arbustes ou à des plantes exigeantes, comme les chrysanthèmes.

Les engrais liquides se présentent soit en solution concentrée, soit en granulés ou en poudre à dissoudre dans de l'eau (voir à gauche). Ils conviennent parfaitement pour les plantes en pots, car on les verse avec un arrosoir.

Les engrais foliaires apportent rapidement une quantité précise d'éléments nutritifs et corrigent le cas échéant une carence.

UNE RÉSERVE DE NOURRITURE

Les plantes à bulbe, à rhizome et à tubercule mettent en réserve leur nourriture dans la partie renflée de leur racine ou de leur tige ; les autres espèces retirent les nutriments du sol au fur et à mesure de leurs besoins. Pour refleurir l'année suivante, les bulbes doivent pouvoir stocker les nutriments ; il faut donc les nourrir après chaque floraison.

Tige florifère
Le bourgeon principal donne naissance aux feuilles et à la fleur de la jonquille.

Bulbe
Cet organe souterrain, rempli de réserves nutritives, donne naissance à une nouvelle pousse, qui succède à celle de l'année précédente.

Racines
Elles puisent les éléments nutritifs dans le sol et les transmettent au bulbe, qui les met en réserve. Elles servent aussi à fixer la plante dans le sol.

LES CARENCES EN ÉLÉMENTS NUTRITIFS LES PLUS COURANTES

Les carences évoquées ci-dessous sont parmi les plus fréquentes. Il faut d'abord en identifier la cause avant d'appliquer un traitement adéquat.

Azote
Symptômes La croissance générale est ralentie. La plante s'étiole. Les feuilles virent au vert-jaune pâle et sont parfois tachées de points jaunes ou roses.
Cause La culture se fait dans un environnement dont le sol est pauvre.
Traitement Donnez un engrais fortement azoté, comme l'ammonitrate ou du sang desséché.

Phosphate
Symptômes La croissance générale est ralentie. Les jeunes pousses sont jaunes ou ternes.
Cause Les phosphates sont filtrés par les terrains acides. Les plantes comme les azalées, qui aiment ce type de sol, sont plus facilement touchées.
Traitement Donnez de la poudre d'os ou du superphosphate.

Potassium
Symptômes Le feuillage devient pourpre, jaune ou bleu, et une décoloration brunâtre (nécrose) apparaît sous forme de taches ou sur les tiges et le pourtour des feuilles. La croissance générale est parfois ralentie et la plante ne produit que peu de fruits ou de fleurs.
Cause Le terreau est trop léger, ou trop alcalin, ou à trop forte teneur en tourbe.
Traitement Aspergez de sulfate de potasse ou d'engrais à forte teneur en potasse. Cet apport favorisera la formation et l'éclosion de boutons, intensifiera la couleur des fleurs et fortifiera les tissus.

Magnésium
Symptômes Des taches très nettes de décoloration, généralement jaunes ou rouge brunâtre, se développent entre les nervures des feuilles les plus âgées ; celles-ci peuvent alors tomber prématurément.
Cause Une culture en milieu très acide ou un excès d'eau ont tendance à épuiser le magnésium ; une trop forte proportion de potassium bloque parfois l'action du magnésium et le rend inutilisable par la plante.
Traitement À l'automne, donnez aux plantes et à leur substrat des sels d'Epsom en les ajoutant tels quels au substrat ou en les utilisant comme un engrais foliaire, additionnés d'un agent mouillant (un savon doux par exemple).

Manganèse et fer
Symptômes Les feuilles jaunissent et brunissent sur les bords puis entre les nervures.
Cause Le terreau est inadapté ; les plantes aimant les milieux acides sont incapables d'absorber les oligoéléments se trouvant dans des solutions dont le pH est élevé.
Traitement Utilisez de l'eau de pluie. Acidifiez le terreau et ajoutez des oligoéléments, dont du fer.

Arroser les plantes

C'est principalement par leurs racines que les plantes absorbent l'eau et les nutriments, même si leurs feuilles en captent également une petite partie. Les racines des plantes en pots disposant de peu d'espace pour assurer cette alimentation, le jardinier doit en tenir compte. Sachez, par exemple, qu'un pot de 1 m de diamètre garni de plantes peut perdre jusqu'à 6 litres d'eau par une chaude journée ensoleillée et venteuse ; dans ces conditions, le terreau se dessèche rapidement. La plante perd de l'eau en transpirant (voir p. 81), mais le pot aussi, par évaporation. Ces quelques données permettent de comprendre pourquoi un arrosage efficace joue un rôle capital dans la santé des plantes.

Comment arroser

Ne vous contentez pas d'un arrosage rapide, car il est essentiel que l'eau s'infiltre jusqu'aux racines. Dans la plupart des cas, il est préférable de remplir le pot d'eau à ras bord et de laisser l'eau pénétrer lentement dans le terreau. Le surplus s'évacuera naturellement. Vous obtiendrez aussi une bonne irrigation en plongeant le pot dans un récipient rempli d'eau. Dans un terreau humidifié superficiellement, les racines se développent en surface, et la plante devient plus sensible à la sécheresse. En outre, un terreau insuffisamment arrosé se dessèche en se rétractant ; l'eau s'écoulera alors le long des parois du pot sans

FORME DES POTS

Le terreau sèche plus ou moins rapidement selon la forme des pots
(voir «Forme et nature des pots», p. 89).

Les pots à large ouverture ont tendance à se dessécher rapidement.

Les pots à col plus étroit retiennent mieux l'humidité.

avoir le temps d'imbiber tout le milieu. Dans ce cas, pratiquez des trous profonds dans le substrat avec une tige en bambou (voir ci-dessous). Vous pouvez aussi ajouter une goutte de détergent dans une dizaine de litres d'eau ; cette dernière pénétrera mieux et restera dans le pot plus longtemps. Les petits pots gagnent à être baignés : posez-les sur un mince fond d'eau et laissez les plantes s'en imprégner peu à peu.

Les dangers d'un arrosage excessif ou insuffisant

Si vous n'arrosez pas vos plantes régulièrement, vous les exposez à une sécheresse qui ne peut que les abîmer et ralentir leur croissance.

PROBLÈMES D'ARROSAGE

*L'excès ou l'insuffisance d'arrosage mettent souvent en péril les plantes en pots.
Ces conseils vous aideront à rétablir une situation compromise.*

En inclinant sur le côté une plante trop arrosée, vous faciliterez l'écoulement du surplus d'eau.

Une plante insuffisamment arrosée se flétrit. Plongez-la dans un seau d'eau jusqu'à ce qu'il n'y ait plus de bulles d'air remontant à la surface.

Dans un substrat trop sec, l'eau aura du mal à pénétrer jusqu'aux racines. Avant d'arroser, pratiquez des trous à l'aide d'une tige en bambou.

ASSURER UNE HUMIDITÉ CONSTANTE

*Lorsque vous devez vous absenter, diverses techniques vous permettent
de limiter les pertes en eau de vos plantes. Enfermez les petits pots,
bien arrosés, dans des sacs en polyéthylène, ou assurez-leur
une irrigation par capillarité (voir à droite).
Pour les grands conteneurs, improvisez un système
de goutte-à-goutte à l'aide d'un récipient
rempli d'eau, placé en hauteur, et d'une mèche
(cordelette à fort pouvoir d'absorption par exemple)
qui en descend et qui humidifie le substrat.*

*Placez les plantes dans un endroit frais et ombragé,
après avoir recouvert leur substrat d'une couche
de petits cailloux pour réduire l'évaporation.*

*Une autre méthode consiste à poser le pot dans un plat
creux rempli d'eau et tapissé d'une fine couche de
cailloux afin que sa base ne soit pas noyée.*

Si vous les arrosez trop souvent, elles s'épuisent à combattre un excès d'humidité.

Systèmes d'arrosage

Le matériel destiné à l'arrosage ne cesse de se développer et de se perfectionner. Il existe aujourd'hui des systèmes beaucoup plus sophistiqués que les arrosoirs et tuyaux traditionnels. L'arrosage automatique fait appel soit à des équipements qui délivrent de l'eau par le biais d'arroseurs surélevés, soit à des installations plus basses qui irriguent directement les plantes.

Ces deux systèmes sont assez coûteux. Cependant, ils vous feront indéniablement gagner du temps si vous avez de nombreux pots, et surtout s'ils sont groupés. Les installations au sol fonctionnent par goutte-à-goutte, ce qui permet de doser la quantité d'eau destinée à chaque plante, ou par capillarité ; dans ce dernier cas, plutôt réservé aux pots peu profonds, l'eau irrigue la base du terreau grâce à un tuyau percé de trous minuscules.

Forme et nature des pots

La rapidité avec laquelle le terreau se dessèche dépend pour une large part de la forme et du matériau du conteneur. Dans les récipients poreux, en terre cuite par exemple, le substrat perd plus vite son humidité que dans ceux qui sont imperméables. Dans les récipients à large ouverture, le terreau, plus exposé aux éléments extérieurs, subit une dessiccation plus rapide. Sous les climats chauds, il vaut donc mieux réserver ce type de pots aux endroits ombragés.

Fréquence d'arrosage

Elle dépend surtout de la forme des végétaux et de leur origine géographique. Les plantes méditerranéennes, adaptées à la sécheresse, ont besoin de beaucoup moins d'eau que les plantes des marais des régions tempérées. Pendant les journées ensoleillées et très chaudes, la plupart des plantes doivent être arrosées au moins une fois. Il vaut toujours mieux le faire en fin de journée ou tôt le matin. En pleine chaleur, l'eau s'évaporera avant d'avoir pu imbiber le substrat. N'oubliez pas que le vent est également un agent desséchant.

PANIERS SUSPENDUS

Très exposés, les paniers suspendus se dessèchent particulièrement vite. En outre, leur position souvent élevée ne facilite pas l'arrosage. Vous vous simplifierez la vie en fixant avec des liens une tige de bambou au tuyau afin de le rendre plus rigide (voir ci-dessous).

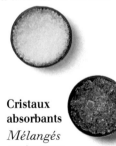

Cristaux absorbants
Mélangés au terreau, ils absorbent une grande quantité d'eau et la restituent aux racines.

Tailler les plantes

Pour être au mieux de leur forme, de nombreuses plantes en pots doivent être taillées et palissées régulièrement. Beaucoup d'entre elles ont besoin d'un support, ce qui explique pourquoi le tuteurage et la taille sont si souvent liés, notamment lorsqu'il s'agit de grimpantes ou d'arbustes poussant le long des murs. Les vivaces, qu'il faut parfois soutenir (voir p. 95), ne réclament aucune taille.

L'intérêt de la taille

La taille a d'abord pour but de satisfaire votre attente. Elle permet en effet de contrôler la croissance, d'accroître la floraison ou, dans le cas des arbres fruitiers, la récolte. Les techniques de base sont toujours plus ou moins identiques, même si les plantes sont différentes et réclament des soins spécifiques.

Tailler, c'est enlever certaines pousses à l'aide d'un sécateur bien aiguisé afin de favoriser le développement des bourgeons situés en deçà de la coupe. Il est très important de choisir la bonne méthode et la meilleure période pour intervenir. Habituellement, on coupe juste au-dessus d'un bourgeon extérieur, afin que la nouvelle pousse s'écarte de la tige principale. Vous éviterez ainsi les

TECHNIQUES DE BASE

La taille est indispensable pour trois raisons principales. D'abord, il est bon de tailler les jeunes plantes afin de leur donner l'aspect désiré : c'est la taille de formation. Ensuite, il faut maintenir cette forme, contrôler la croissance et contrer les attaques des insectes et des maladies : c'est la taille d'entretien. Enfin, il convient de corriger certains défauts en retirant les bois morts ou malades ou les tiges malformées : c'est le rabattage.

Taille de formation

Taillez les jeunes plantes en ne laissant que quelques pousses saines portant deux bourgeons chacune. Vous les encouragerez à se développer dans la direction souhaitée et vous réduirez leur croissance désordonnée. À la saison suivante, vous pourrez fixer les grimpantes à leur support, puis les tailler et les palisser (voir p. 91).

Taille d'entretien

Les arbustes poussent naturellement vers le haut et se développent surtout en bout de tige. Raccourcissez celle-ci à la hauteur souhaitée. Laissez toujours deux paires de bourgeons sur chaque rejet et coupez au-dessus d'un bourgeon externe (voir encadré à gauche).

Rabattage

Il consiste à ôter le bois mort, abîmé ou malade, mais aussi toutes les tiges mal formées ou mal situées. Coupez aussi les pousses des espèces panachées lorsqu'elles redeviennent unicolores.

TAILLE

Il est essentiel de tailler les plantes avec un sécateur bien aiguisé, afin que la coupe soit nette, et sans déchirure, pour éviter le développement de foyers de maladies. Le sens de la taille est déterminé par les bourgeons, qui peuvent être alternés (ci-dessous à gauche) ou opposés (ci-dessous à droite).

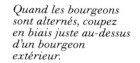

Quand les bourgeons sont alternés, coupez en biais juste au-dessus d'un bourgeon extérieur.

Quand les bourgeons sont opposés, pratiquez une coupe droite juste au-dessus des bourgeons.

problèmes d'enchevêtrement et de torsion des tiges. Les plantes ont un système de contrôle qui permet aux bourgeons secondaires de se développer lorsque le bourgeon principal (ou apical) disparaît. Cette particularité est une aubaine pour les jardiniers. En coupant les bourgeons apicaux des chrysanthèmes, par exemple, ils verront se développer de nombreuses petites fleurs au lieu d'une seule grosse.

La taille doit se faire à un moment précis, car les végétaux, comme tous les êtres vivants, ont leur rythme propre. Si vous retirez au printemps tous les bourgeons d'une plante fleurissant en été, il est clair qu'elle ne donnera rien cette année-là. Assurez-vous donc de la période de floraison du sujet que vous allez tailler. En cas de doute, attendez la fin de la floraison, lorsque les pousses à fleurs sont évidentes. Au printemps, il vous faut savoir si la plante fleurit sur le bois de l'année ou sur celui de l'année précédente afin d'éviter de couper les bourgeons à fleurs. Vous trouverez d'autres informations sur les époques de taille dans les articles du « Répertoire des plantes en pots » (pp. 106 à 155).

La taille a plusieurs effets : elle améliore la silhouette de la plante, stimule sa croissance et favorise le développement des fleurs secondaires (rendant ainsi la floraison plus abondante) ; elle permet également de maîtriser la croissance parfois anarchique de vos compositions.

Plantes grimpantes et arbustes

Les véritables grimpantes s'ancrent toutes seules et seront très à leur aise si vous les installez le long d'un mur ou d'un treillage. Pour la plupart d'entre

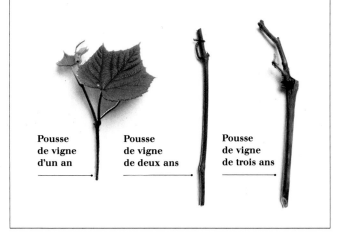

RECONNAÎTRE L'ÂGE D'UNE POUSSE

La couleur de l'écorce vous aidera à déterminer si une pousse a un ou deux ans. La première année, les pousses sont généralement douces et souples, vertes ou gris-brun pâle ; la deuxième année, elles sont souvent grises ou brunes, et plus épaisses. Par la suite, elles deviennent plus dures, ligneuses et noueuses, et leur écorce est foncée.

Pousse de vigne d'un an   Pousse de vigne de deux ans   Pousse de vigne de trois ans

elles, le palissage et la taille vont de pair et dépendent en partie de la façon dont elles s'accrochent (voir p. 17). Comme les autres, ces plantes doivent être taillées selon les trois techniques de base.

Taille de formation et palissage

Lorsque vous installez une jeune plante grimpante, procurez-lui d'abord un support adapté, puis contrôlez sa croissance en orientant chaque pousse nouvelle dans la direction souhaitée. Le palissage

TAILLE DE FORMATION ET PALISSAGE DES PLANTES GRIMPANTES

Les grimpantes doivent être palissées le plus tôt possible pour couvrir l'espace que vous leur réservez. Il faut répartir et attacher les pousses les plus vigoureuses afin d'obtenir la composition recherchée. Fixez les pousses les plus jeunes de façon assez lâche à l'aide de liens en plastique ou de ficelle de jardinier.

1 *Juste après la mise en terre, rabattez la tige principale au niveau de la première paire de bourgeons sains. En grandissant, ces bourgeons vont déterminer la forme générale de la plante ; ils devront être attachés avec des liens en plastique ou de la ficelle de jardinier.*

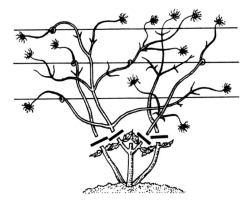

2 *La deuxième année, rabattez les tiges pour ne laisser qu'une paire de bourgeons sur chacune d'elles. Les nouvelles pousses partiront des bourgeons extérieurs. Utilisez également des liens en plastique ou de la ficelle de jardinier pour les attacher à leur support.*

TAILLER LA GLYCINE

Lorsque vous taillez une grimpante aussi vigoureuse que la glycine, pensez à la direction que vous voulez lui voir adopter et à sa croissance générale. La taille doit aussi favoriser une floraison abondante.

La glycine, comme les autres grimpantes fleurissant au printemps, doit être taillée de préférence en été, juste après la floraison. Cette intervention encourage la croissance des nouvelles pousses, qui donneront des fleurs au printemps suivant.

doit être effectué lorsque les rameaux sont encore assez souples pour être courbés sans inconvénient.

Taille d'entretien

Lorsque la plante grimpante est bien établie, il faut maîtriser son développement en prenant garde de ne pas couper les tiges à fleurs. Cette entreprise n'est pas toujours simple. Chez certaines espèces, les fleurs se développent sur des pousses nouvelles et d'autres sur le bois de l'année précédente. Lors de la période de croissance, attachez les nouveaux rameaux les plus robustes en les répartissant harmonieusement sur leur support.

Ne serrez pas trop les liens afin de ne pas les gêner, mais assurez-vous qu'ils les maintiendront en cas de coup de vent. Desserrez-les lorsque les tiges s'épaississent.

Rabattage

Les grimpantes qui ne sont pas taillées régulièrement finissent par former un amas végétal inextricable. Pour les rajeunir, rabattez-les au niveau du sol ; faites-le sur une seule saison ou sur deux ans (selon leur état général). Sachez cependant que cette taille vigoureuse supprimera la floraison de l'année. Certaines grimpantes doivent être détachées de leur support et couchées sur le sol pour que de nouvelles pousses latérales se développent. Lorsque celles-ci atteignent 15 cm, rattachez les tiges principales au support. Les bignones, la plupart des clématites, presque tous les chèvrefeuilles, les passiflores, les vignes ornementales sont des grimpantes que l'on peut rabattre jusqu'à la base.

Arbustes

Pour les arbustes, la taille est essentielle, car elle détermine leur aspect et leur santé. Elle dépend de leur nature : arbustes persistants à grandes feuilles

RABATTRE DES PLANTES

Lorsque vous taillez des arbustes ou des grimpantes qui poussent le long d'un mur, vous devez prévoir le développement des pousses qui portent les fleurs, mais aussi celui des tiges principales qui constituent leur armature. Si les fleurs apparaissent sur le bois de l'année, taillez la plante en hiver ou au début du printemps. Si elles s'épanouissent sur le bois de l'année précédente, faites-le après la floraison.

Coupez toutes les branches en ne laissant que deux bourgeons sur chaque tige principale puis, lorsque les nouvelles pousses atteignent 15 cm, attachez-les au support. Cette méthode fait perdre une saison de fleurs, mais la suivante sera prolifique.

et à croissance lente ; persistants à petites feuilles ; espèces qui fleurissent au printemps ou au début de l'été ; variétés dont la floraison est estivale (voir l'encadré en bas à droite).

Pour les persistants à grandes feuilles, supprimez simplement les fleurs fanées (voir p. 94) et retirez les fruits ou les graines. Coupez les pousses anarchiques ou malformées. Ne taillez pas trop, sous peine de ne pas avoir de fleurs à la saison suivante.

Pour les persistants à petites feuilles, chez lesquels les fleurs s'épanouissent juste au-dessus du feuillage, veillez surtout à bien égaliser ce dernier. Vous renforcerez ainsi également la vigueur de la plante et empêcherez la formation des graines au profit de la floraison. Taillez légèrement le buisson avec un sécateur une fois la floraison achevée. (Voir aussi l'encadré ci-dessous.)

Pour les arbustes fleurissant au printemps ou au début de l'été, coupez les pousses qui ont fleuri jusqu'au niveau des tiges principales les plus importantes ; ne touchez pas aux jeunes pousses sans fleurs. Profitez-en pour éliminer les rameaux fragiles, mal orientés ou entrecroisés.

Pour les arbustes dont les fleurs se développent en été sur de nouvelles pousses, comme certaines des clématites à grandes fleurs, n'intervenez pas à la fin du printemps, sous peine de supprimer toute floraison. Rabattez-les plutôt juste après celle-ci et ne gardez que les branches principales. Si vous devez absolument tailler au printemps parce que vous avez laissé passer trop de temps, faites-le avant que les nouvelles pousses ne soient sorties.

Les arbustes à feuilles caduques dont les fleurs se développent sur le bois de l'année précédente n'ont pratiquement pas besoin d'être taillés. Contentez-vous de couper de temps en temps le bois mort ou malade, les branches mal formées, et d'éclaircir au besoin le feuillage.

ENTRETENIR UN TOPIAIRE

Les arbustes à petites feuilles persistantes et à croissance lente se modèlent facilement en formes structurées ; c'est ce que l'on appelle des topiaires (voir p. 67). Leur taille, légère, permet de conserver leur silhouette et d'ôter les branches abîmées ou malades.

1 *Attendez que la plante mesure au moins 30 cm de haut avant de la tailler. Au début, la base doit être plus large que le sommet pour éviter que les feuilles inférieures ne dépérissent faute de lumière.*

2 *Lorsque vous avez obtenu la forme souhaitée, taillez la plante deux fois par an au maximum – au début de la période de croissance, puis à la fin de l'été. Utilisez un sécateur pour couper les tiges, et des cisailles à main pour le feuillage.*

CLASSEMENT DES PLANTES ET TYPES DE TAILLE

Les plantes à grandes et à petites feuilles persistantes seront rafraîchies et raccourcies de temps en temps. Les plantes qui fleurissent au printemps et celles dont les fleurs poussent sur du bois ancien seront taillées en été. Celles qui fleurissent en été sur des pousses nouvelles peuvent être taillées au printemps. Les plantes très vigoureuses seront éventuellement bien rabattues jusqu'à la base.

Persistantes à grandes feuilles :
Aucuba
Berberis (variétés persistantes)
Camellia
Choisya
Escallonia
Euonymus
Photinia
Pieris
Rhododendron
Sarcococca
Viburnum tinus

Persistantes à petites feuilles :
Artemisia
Buxus sempervirens
Calluna
Cistus
Erica
Helianthemum
Helichrysum
Hypericum
Lavandula
Santolina

Plantes fleurissant au printemps :
Chaenomeles
Forsythia
Kerria
Magnolia
Philadelphus
Prunus triloba
Ribes
Skimmia
Syringa
Weigelia

Plantes fleurissant en été :
Bougainvillea
Caryopteris
Cornus alba
Deutzia
Fuchsia
Hydrangea
Hypericum
Kolkwitzia
Rosa
Sambucus

Plantes fleurissant sur du bois ancien :
Amelanchier
Buddleia globosa
Caragana
Cercis
Chimonanthus
Daphne
Enkianthus
Eucryphia
Hamamelis
Viburnum (variétés caduques)
Weigela

Plantes pouvant être rabattues sévèrement :
Choisya ternata
Cornus alba
Corylus avellana
Cotinus coggyria
Eucalyptus
Euonymus fortunei
Ilex aquifolium
Rhododendron ponticum
Santolina

RABATTAGE DES ARBUSTES

Les plantes sont parfois victimes de maladies ou de ravageurs. Examinez périodiquement feuilles et tiges pour déceler une éventuelle anomalie. Un traitement rapide – suppression de la tige abîmée, action contre l'infection ou l'insecte – permet souvent de régler le problème.

Cette branche de cotonéaster a retrouvé le vert uni de l'espèce. Avec un sécateur, coupez toutes les pousses de ce type, mais également celles qui sont malades ou abîmées, ou dont l'écorce ou la tige sont endommagées.

Rabattage

Il faut parfois tailler sévèrement les arbustes anciens, enchevêtrés ou trop développés, afin de leur donner une seconde jeunesse. Tous, cependant, ne supportent pas un tel traitement. En cas de doute, étalez cette vigoureuse intervention dans le temps, sur une année ou deux, en ne coupant à chaque fois qu'une partie de la plante.

Pour favoriser une nouvelle croissance, commencez par supprimer toutes les tiges entrecroisées, faibles,

---

TAILLE DES ROSIERS ET DES CLÉMATITES

Les jardiniers sont souvent déroutés quand vient le moment de tailler les rosiers et les clématites, car ces deux genres rassemblent des espèces et des variétés aux caractéristiques très différentes. Il existe, par exemple, des rosiers grimpants ou arbustifs, de même que de nombreux hybrides de clématites, qui fleurissent tout au long de l'année. La taille dépend essentiellement de la période de floraison de la plante. Taillez les clématites de printemps après la floraison, et celles qui fleurissent en été, au début du printemps. Dans le cas des rosiers, procédez comme nous l'avons décrit pour les arbustes ou les grimpantes. Pour éviter que les rosiers grimpants vigoureux ne deviennent inextricables au cours du temps, rabattez chaque année quelques tiges principales jusqu'à la base. Vous favoriserez la floraison suivante en coupant les fleurs dès qu'elles se fanent, à moins que vous ne souhaitiez conserver les fruits dans un souci décoratif.

SUPPRIMER LES FLEURS FANÉES

Pour prolonger la floraison de vos plantes ou améliorer leur aspect, retirez les fleurs dès qu'elles se fanent.

1 *Lorsque les pétales commencent à tomber, pincez les fleurs fanées et retirez-les délicatement de l'inflorescence.*

2 *Une fois que l'inflorescence est toute fanée, détachez la tige porteuse à la base sans abîmer les autres tiges.*

et par rabattre les tiges principales à 30 ou 45 cm du sol. À la saison de reprise suivante, vous devriez voir apparaître une profusion de pousses sur les tiges principales, juste sous la coupe. Gardez les trois ou quatre rejets les plus robustes et enlevez les autres. Pour les persistantes, ôtez les pousses inutiles au printemps, après la floraison. Pour les plantes à feuilles caduques, opérez en hiver, pendant leur période de sommeil. À la saison suivante, si certaines pousses réapparaissent, coupez-les.

Supprimer les fleurs fanées

Les fleurs ont une fonction essentielle : la production de graines. Chez la plupart des annuelles et des vivaces, lorsque ce processus est engagé, la floraison s'interrompt ; la plante utilise alors toute son énergie pour la maturation des graines.

En retirant les fleurs fanées, le jardinier l'incite au contraire à consacrer ses forces à l'éclosion de nouvelles fleurs. Ce traitement permet d'allonger sensiblement la période de floraison de bien des plantes à repiquer et de certains arbustes comme le buddléia.

Entretien général

À l'approche de l'hiver, coupez les tiges florales mortes et les pousses supérieures des vivaces de moitié environ. Ce que vous aurez laissé protégera le reste de la plante du gel hivernal. À la fin du printemps, supprimez les pousses mortes afin de faciliter le redémarrage et la croissance de la plante.

Tuteurer les plantes

Comme elles sont souvent mises en vedette, il faut veiller tout particulièrement à l'apparence des plantes en pots. Leur forme, leur vigueur et leur santé ont donc une grande importance. Lorsque des annuelles ou des vivaces ont tendance à se développer d'une façon un peu anarchique, vous améliorerez leur tenue en soutenant discrètement leurs tiges. En palissant les arbustes et les grimpantes, mais aussi en coupant leurs fleurs quand elles sont fanées, vous leur donnerez meilleur aspect et leur assurerez une nouvelle floraison (voir pp. 90 à 94). Grâce au tuteurage, vos compositions seront plus soignées.

Tuteurer une plante permet aussi de la préserver des coups de vent, susceptibles d'abîmer ou de briser ses tiges, voire de la déraciner. Pour éviter ces accidents, il faut soutenir les plantes de grande taille et les petits arbres à l'aide d'un support assez robuste, profondément et solidement enfoncé dans le substrat dès la mise en pots.

Il existe plusieurs méthodes de tuteurage, et vous trouverez tout le matériel nécessaire dans le commerce (voir p. 79 pour les tuteurs et les liens les plus classiques, et ci-dessous pour les supports plus élaborés). Chaque technique correspond à un style de

PLANTES À TIGE UNIQUE

Un arbuste formé sur tige a besoin d'être maintenu par un support approprié.

Après la mise en pots, arrosez le terreau pour le ramollir. Enfoncez bien profondément le tuteur à 1 ou 2 cm de distance de la tige. Attachez-y la plante à l'aide de liens.

composition et de plante. Les cannes de bambou attachées à la tige par des liens en plastique constituent le modèle de base. Ces tuteurs tout simples conviennent dans la plupart des cas, notamment pour les plantes moyennes. Il est sage d'en avoir en réserve. Normalement, une canne doit avoir les deux tiers de la hauteur finale de la plante.

La méthode de tuteurage dépend aussi beaucoup du nombre de tiges que possède la plante.

PLANTES À TIGES MULTIPLES

Le choix du support dépend du type de plante et de l'effet recherché.
L'idéal, c'est qu'il soit invisible lorsque la plante est arrivée à maturité.

Tuteurs souples
Les tuteurs fins, liés entre eux, sont parfaits pour les vivaces à tige souple.

Pyramide de bambou
Les annuelles grimpantes se développeront le long de ces cannes de bambou.

Treillage
Les treillages sont parfaits pour les grimpantes volubiles.

Branchages
Ils soutiennent de façon très naturelle les vivaces à tige délicate.

Multiplier les plantes

En multipliant vous-même vos plantes, si vous en avez le temps, vous ferez sans doute des économies. Vous découvrirez aussi le plaisir d'obtenir plusieurs exemplaires d'une plante que vous aimez particulièrement. Diverses méthodes permettent d'atteindre ce but. Vous procéderez soit par boutures (à partir de pousses, de feuilles ou de racines prélevées sur un sujet parvenu à maturité), soit par semis, soit par division des racines, ou encore par greffe d'une tige sur la tige d'une autre plante. Cette dernière technique, complexe, est surtout pratiquée par les horticulteurs professionnels pour améliorer certaines espèces. Nous n'en parlerons pas ici. Les autres, en revanche, sont assez faciles à mettre en œuvre.

Bouturage

Le bouturage est la technique de multiplication la plus simple et la plus répandue pour les arbustes. Les boutures de tige produisent des racines directement sur la tige ou sur le tissu très fin correspondant à la cicatrisation (le cal) qui se forme à sa base. Sur les boutures de feuilles, les racines se développent à l'endroit où les nervures ont été coupées. On peut aussi utiliser comme boutures de jeunes racines vigoureuses.

Les techniques de multiplication par bouturage varient sensiblement d'une plante à l'autre. Elles sont systématiquement rappelées dans le « Répertoire des plantes en pots » (pp. 106 à 155).

EXEMPLES DE BOUTURES

Trois organes peuvent être utilisés pour la multiplication des plantes : les racines, les feuilles et la tige. Certaines plantes réclament un type de bouturage particulier. Ces informations figurent dans le « Répertoire des plantes en pots ».

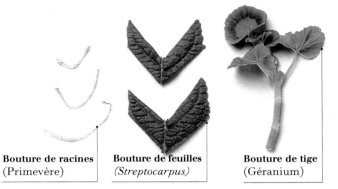

Bouture de racines (Primevère) | **Bouture de feuilles** (*Streptocarpus*) | **Bouture de tige** (Géranium)

Boutures sur bois tendre

Le prélèvement des boutures se fait différemment selon l'âge de la tige et la période de l'année. Il y a trois types principaux de boutures, sur bois tendre, semi-ligneuses ou ligneuses.

On prélève les premières au printemps sur les pousses nouvelles (voir ci-dessous). Utilisez l'extrémité des tiges. Ces rameaux étant souples, les racines se forment plus facilement que sur les boutures réalisées à partir de pousses plus anciennes. Cette technique est notamment efficace pour les

BOUTURES DE BOIS TENDRE

Cette méthode est utilisée pour les arbustes et les herbacées vivaces au printemps, juste après la formation de nouvelles pousses. Ces images illustrent la multiplication d'un géranium. Il prend racine facilement, donnant en peu de temps de nouveaux plants.

1 *Choisissez une pousse secondaire sur un pied bien sain, d'environ 8 cm de long et portant trois ou quatre feuilles.*

2 *Détachez la pousse de sa tige, en en conservant un fragment (le talon), ce qui favorisera la formation des racines.*

3 *Placez la pousse dans un godet de terreau approprié. Arrosez-la régulièrement jusqu'à la formation des racines.*

La bouture avec ses racines

BOUTURES SEMI-LIGNEUSES

Elles sont prélevées à la fin de l'été sur les pousses de l'année.
Ce type de bouture convient à de nombreux arbustes, arbrisseaux et sous-arbrisseaux,
comme le romarin, la lavande et la sauge. Ici, il s'agit d'un camélia.

1 *Détachez une pousse portant deux paires de feuilles. Plongez la plaie dans une poudre à base d'hormones d'enracinement, puis plantez la pousse dans un terreau approprié.*

2 *Arrosez généreusement et recouvrez le pot d'un sac en polyéthylène, qui maintiendra une atmosphère humide.*

La bouture de camélia avec le cal (à gauche) et les nouvelles racines (à droite).

végétaux qu'il est difficile de multiplier à partir de bois dur, tels que les fuchsias.

Prenez grand soin des boutures, car elles se flétrissent rapidement si elles ne sont pas conservées dans une atmosphère humide. Retirez les feuilles fanées avant qu'elles ne pourrissent et vaporisez un fongicide toutes les semaines. Une fois les racines formées, transplantez les boutures dans des godets individuels et endurcissez-les : en d'autres termes, acclimatez-les peu à peu au froid.

Boutures semi-ligneuses

On les prélève à la fin de l'été sur les pousses de l'année. Moins sujettes au flétrissement que les précédentes, elles développent des racines plus lentement, mais leur taux de réussite est plus élevé. Certaines d'entre elles prendront mieux si vous les prélevez avec un petit fragment (un « talon ») de la tige mère.

Lorsque les racines sortent, placez aussitôt les boutures dans un pot de terreau tous usages et endurcissez-les sous châssis froid ou sur un rebord de fenêtre. Plantez-les définitivement au printemps suivant.

Boutures ligneuses

On les prélève en automne ou au début de l'hiver sur des pousses qui ont achevé leur première année de croissance. Pour les aider à faire des racines, plongez la plaie dans une poudre à base d'hormones d'enracinement. Ne perdez pas patience et ne les

BOUTURES LIGNEUSES

Elles sont prélevées sur des pousses de l'année précédente. Vous pouvez détailler une tige en plusieurs boutures, mais en prenant toujours soin de marquer le haut et le bas. Faites une coupe horizontale à la base et en biais en haut.

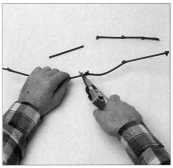

1 *Coupez la tige avec un sécateur bien aiguisé, selon un plan horizontal à la base et oblique à l'autre extrémité, juste au-dessus d'un bourgeon.*

2 *Plantez la base de la bouture dans un pot de terreau approprié et arrosez généreusement. Ces boutures de vigne ont pris racine au bout de trois mois environ.*

La bouture de vigne (à droite) et la même, avec des racines et des pousses nouvelles (à l'extrême droite).

déterrez en aucun cas, car le processus serait irrémédiablement enrayé. Les racines apparaissent généralement au cours du printemps de l'année suivante. Mettez alors les jeunes plantes dans le pot qui leur est destiné, avec un terreau tous usages.

Division

Cette méthode convient aux plantes qui forment des touffes ou dont la masse racinaire est très développée. La division permet non seulement de multiplier les plants, mais aussi de les rendre robustes et

sains. De nombreuses herbacées vivaces meurent au centre et se développent à la périphérie : en leur appliquant ce traitement, vous recentrerez leur floraison. Vous diviserez facilement diverses vivaces en séparant simplement certaines touffes à la main. Pour les vivaces plus grandes, aux racines plus profondes, comme le « soleil » (*Helianthus*), deux petites fourches placées dos à dos vous aideront à scinder les racines. D'autres plantes, telle la rhubarbe ornementale *(Rheum)*, ont des racines charnues qu'il faut sectionner avec un outil bien aiguisé.

La plupart des plantes doivent être divisées pendant la période de dormance, entre la fin de l'automne et le début du printemps, si les conditions météorologiques le permettent. N'entreprenez pas de le faire par temps très humide ou très froid, ou encore très sec, car la plante aurait du mal à repartir. Ne touchez pas aux vivaces à racines charnues avant le début du printemps. Les nouvelles pousses sortent en effet à cette époque, et vous pourrez alors identifier les plus vigoureuses. Lorsque vous divisez une plante, nettoyez-la de sa terre avant de la couper. Vous préserverez ainsi le tranchant de vos outils et, surtout, vous verrez mieux ce que vous faites.

Suivez la démarche présentée ci-dessous. Si vous ne replantez pas les touffes dans les deux heures qui suivent la division, plongez-les, pour qu'elles ne se dessèchent pas, dans de l'eau et conservez-les dans un sac en polyéthylène fermé, placé au frais, jusqu'à leur mise en pots.

Certaines grosses plantes refleurissent l'année même de leur division, malgré leurs tiges encore un peu courtes. Placez les autres dans des petits pots pendant une saison, elles repartiront mieux.

DIVISION PAR CAÏEUX

Les bulbes présentent souvent des rejetons, les caïeux, attachés aux parents. Vous pouvez les utiliser pour multiplier vos plantes.

1 *Enlevez les caïeux le plus près possible de la base, en faisant tourner le bulbe afin de les retirer de façon régulière. Procédez par couches successives pour atteindre le centre. Il s'agit ici d'un bulbe de lis.*

2 *Mettez les caïeux dans un sac rempli de terreau ; conservez-les à l'abri du gel jusqu'à ce que les bulbilles se développent.*

DIVISER UNE RACINE

Parmi toutes les plantes dont on peut diviser la racine, l'iris est certainement l'une des plus faciles à multiplier. Les racines charnues seront éventuellement coupées plus tard pour donner de nouveaux plants, à condition que chaque partie ait une pousse.

L'iris avant sa division, avec de nombreuses pousses.

1 *Déterrez la racine avec précaution et passez-la sous l'eau. Plantez deux petites fourches dos à dos dans la racine.*

2 *Exercez une pression vers le bas et sur les côtés afin de briser la racine.*

3 *Vérifiez que tous les fragments ont une pousse. Plantez-les dans des petits pots jusqu'à ce qu'ils soient bien partis.*

Marcottage aérien

La multiplication des plantes à tiges rampantes ou flexibles se pratique souvent par marcottage, en incisant les tiges et en les enterrant dans le sol jusqu'à l'apparition des racines. Cette opération est assez délicate à réaliser dans un pot. Le marcottage aérien est plus adapté.

Au printemps, choisissez une tige âgée d'un an, robuste, et retirez toutes les pousses secondaires et les feuilles sur une bonne longueur en-deçà de sa pointe. Suivez ensuite les étapes présentées ci-contre. Au printemps suivant, ouvrez le manchon. Si les racines ne sont pas, ou trop peu, apparues, refermez le sac et attendez encore deux mois. En revanche, en cas de succès, coupez la pousse juste sous l'endroit où se sont développées les racines. Taillez la tige principale au niveau du bourgeon extérieur le plus proche. Placez la nouvelle plante dans du terreau tous usages et mettez-la dans une serre fraîche, jusqu'à ce qu'elle soit bien partie.

Semis

La plupart des plantes ornementales proviennent de semis pratiqués à l'abri, dans des serres. Dès que les conditions sont favorables, ils sont repiqués à l'extérieur. La température est un élément essentiel pour la germination des graines : lorsqu'elles se trouvent dans un milieu trop froid, elles ne sortent pas de leur période de dormance. D'autre part, les graines doivent être maintenues à un degré d'humidité constant et équilibré : la sécheresse les empêche de germer, tandis qu'un excès d'eau risque de les faire pourrir.

PLANTULES DES ESPÈCES STOLONIFÈRES

Certaines plantes se multiplient toutes seules : elles émettent des filets, ou stolons, qui prennent racine naturellement, formant de nouveaux sujets.

1 *Ce* Tolmiea *commence à produire de nouvelles plantules. Recherchez les filets, ou stolons, à la base des feuilles.*

2 *Placez les plantules dans du terreau approprié, jusqu'à ce qu'elles s'enracinent bien. Arrosez abondamment.*

MARCOTTAGE AÉRIEN

La technique du marcottage aérien peut être pratiquée sur de nombreux arbustes et sur quelques arbres. L'incision n'étant pas exposée à la lumière, la tige devient moins épaisse et produit des racines plus facilement.

1 *Au printemps ou en été, sélectionnez une tige, et faites coulisser dessus un manchon en polyéthylène en vous arrêtant juste après l'endroit où vous allez l'inciser.*

2 *Dégagez la tige de toutes ses feuilles et pousses sur cette partie. Pratiquez une incision en biais jusqu'au milieu de la tige. Insérez une petite fiche, un bâtonnet d'allumette par exemple, pour que la plaie reste ouverte.*

3 *Fermez le bas du manchon à l'aide d'un lien en plastique. Serrez suffisamment pour qu'il reste en place, mais sans excès pour ne pas asphyxier la tige.*

4 *Remplissez le manchon de sphaigne humide, en la tassant bien autour de l'incision. Fermez l'autre extrémité en procédant de la même façon.*

5 *Laissez le manchon empli de mousse sur la plante jusqu'à la formation des racines. Au bout de six mois, ouvrez le sac avec précaution pour voir si les racines se développent. Refermez-le s'il n'y en a pas.*

Les graines sont capables de conserver leur patrimoine génétique pendant des décennies. Il est préférable, cependant, de ne pas les garder trop longtemps. Elles germeront plus facilement si elles sont fraîches, car leurs chances de réussite diminuent quand même avec le temps. Si vous devez les conserver un peu, déposez-les dans une boîte hermétique placée à 3-5 °C, avec un sachet de cristaux de silice (vendus chez les fleuristes) ou quelques grains de riz, qui absorberont l'humidité.

Une fois qu'elles sont en terre, pour leur assurer un degré d'hygrométrie constant, couvrez les semis avec une plaque de verre ou une feuille de plastique, qui conserveront aussi la chaleur. Arrosez-les au besoin. Ne les exposez pas au soleil, car elles se dessécheraient en même temps que leur substrat. Couvrez le verre ou le plastique avec des feuilles de papier journal, que vous retirerez une fois la germination commencée : les semis auront alors besoin de lumière pour ne pas s'étioler. Ce danger les guette aussi lorsqu'ils sont trop serrés, et c'est pourquoi il est important de semer aussi peu dense que possible (voir ci-dessous l'étape 4).

Les graines très fines sont généralement semées à la volée, c'est-à-dire saupoudrées régulièrement sur toute la surface du terreau, et humidifiées par-dessous (si vous les arrosez, elles risquent de s'évacuer avec l'eau). Cette méthode présente en outre l'avantage de fortifier les racines, qui se développeront naturellement vers le bas pour aller chercher l'humidité. D'autant plus que, lors d'un arrosage classique, l'eau ne s'infiltre pas toujours jusqu'à la base du terreau.

Semez les graines moins fines dans des pots individuels — les godets de tourbe compressée sont parfaits ; vos semis seront plus faciles à manipuler lors du repiquage.

N'enfoncez pas trop les graines, sous peine de bloquer leur germination. Chacune d'elles dispose d'un stock de nourriture qui permet à la pousse nouvelle de grandir jusqu'à ce qu'elle atteigne la lumière et commence alors à fabriquer elle-même ce dont elle a besoin. Des graines trop enterrées épuisent leurs nutriments avant que les pousses ne soient parvenues en surface. Plus elles sont petites, plus leurs réserves sont limitées et moins elles doivent être enfouies.

SEMER DES GRAINES FINES

Les graines fines se sèment à la volée, c'est-à-dire en saupoudrant toute la surface d'une caissette remplie de terreau spécial pour semis et placée à 15-18 °C. Les graines doivent rester humides, mais surtout ne pas baigner dans l'eau. Si elles sont plus grosses, passez à l'étape 3.

1 *Remplissez la caissette de terreau. Lissez la surface et retirez l'excédent à l'aide d'une spatule.*

2 *Tassez le terreau avec une planchette. Un morceau de bois bien plan fera l'affaire.*

3 *Recouvrez ensuite d'une fine couche de terreau passé au tamis fin, puis tassez de nouveau.*

4 *Semez les graines à la volée en les prenant dans la paume de votre main et en les répartissant le plus régulièrement possible sur la surface.*

5 *Humidifiez le semis en le plaçant dans un récipient rempli d'un fond d'eau.*

Les graines semées à la volée ou dans des sillons peu profonds doivent être éclaircies et replantées (c'est le repiquage) afin que les plantules disposent d'un espace suffisant pour se développer.

REPIQUAGE

Lorsque les plantules sont assez grandes pour être manipulées, remplissez une caissette de terreau, humectez-le régulièrement et préparez des petits trous. Laissez un espace de 4 à 5 cm entre chaque plantule.

TAILLE DES GRAINES

Les graines ont des calibres très variables. Semez les plus petites à la volée, les moyennes dans des sillons et les plus grosses dans des godets individuels. La méthode et la profondeur sont indiquées sur les paquets.

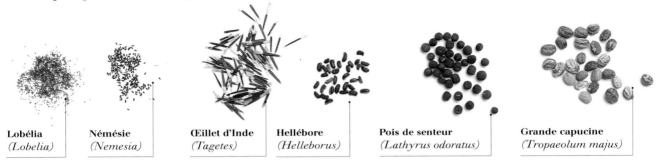

Lobélia
(Lobelia)

Némésie
(Nemesia)

Œillet d'Inde
(Tagetes)

Hellébore
(Helleborus)

Pois de senteur
(Lathyrus odoratus)

Grande capucine
(Tropaeolum majus)

Caissettes et terreau de semis

On trouve aujourd'hui une grande variété de conteneurs pour les semis, des plateaux peu profonds aux godets individuels. Il est aussi possible de les fabriquer soi-même, en récupérant par exemple des caissettes d'emballage en polystyrène ou des pots de yaourt. Pensez à percer dans le fond des trous de drainage. Pour les grosses graines, les godets en tourbe compressée sont très utiles (voir ci-dessous).

Le terreau de semis doit être léger et riche en éléments nutritifs. Les mélanges de culture prêts à l'emploi se composent généralement de 50 % de tourbe (ou d'un substitut) et de 50 % de vermiculite. Ce type de substrat séchant assez vite, humidifiez-le régulièrement avec un arrosoir à pomme très fine (à moins que les graines ne soient toute petites et que leur terreau doive être baigné par-dessous ; voir, à gauche, « Semer des graines fines », étape 5).

Repiquer et transplanter

Quand les semis ont suffisamment levé pour être manipulés, il faut les éclaircir (s'ils ont été semés à la volée) et les repiquer (les replanter en les espaçant davantage dans un terreau plus épais). Dès que les semis de graines plus grosses (en godets individuels) ont atteint environ 10 cm, plantez-les à l'endroit que vous leur destinez.

Les semis élevés à l'intérieur, et donc à la chaleur, auront peut-être besoin d'être endurcis dans un châssis froid ; ils s'accoutumeront peu à peu à des températures plus fraîches, avant d'être transplantés à l'extérieur.

GROSSES GRAINES

Faciles à manipuler, les grosses graines se sèment bien dans des godets individuels, ce qui réduit les risques pour les jeunes plants, que vous replanterez directement là où vous le souhaitez.

1 *Si l'enveloppe de la graine est dure, incisez-la. La germination en sera facilitée.*

2 *Remplissez les godets de terreau spécial semis, tassez-le et faites des petits trous profonds de 2,5 cm. Glissez-y les graines et recouvrez de terreau.*

3 *Quand les plantules ont suffisamment grandi pour être manipulées, et après les avoir éventuellement endurcies, plantez-les à l'endroit qui leur est destiné.*

GODETS EN TOURBE COMPRESSÉE

Ces godets, biodégradables, vous permettent de réaliser des semis qui pourront être mis directement dans le terreau. Ils sont en tourbe compressée, gonflent lorsqu'ils sont arrosés, et sont prêts à être plantés. Ils sont très utiles pour les paniers suspendus.

Godet en tourbe compressée sec

Godet en tourbe compressée humide

Plantule développée

Entretenir les pots

Fabriqués dans toutes sortes de matériaux (voir pp. 30 à 35), certains pots sont naturellement plus résistants que d'autres. Si vous choisissez des terres cuites, vérifiez qu'elles ne sont pas sensibles au gel ; sinon, il vous faudra les rentrer en hiver afin qu'elles ne se fendent pas. Choisissez des conteneurs en bois de très bonne qualité. S'ils sont en bois tendre, traitez-les avec un apprêt protecteur sans danger pour les plantes.

Drainage

Le fond de tous les pots, à l'exception des tonneaux utilisés pour les jardins d'eau (voir p. 54), doit être percé de trous permettant l'écoulement de l'eau. Si ce n'est pas le cas, le terreau risque d'être saturé d'humidité et les plantes en souffriront. Si vous fabriquez vous-même vos conteneurs ou si vous recyclez un objet récupéré, percez-en le fond.

Aération

Afin que le terreau ne soit pas emporté par l'eau d'arrosage et pour améliorer le drainage et l'aération de vos pots, tapissez-en le fond avec des tessons de poterie ou des cailloux.

Nettoyage

Tout ce qui a déjà servi pour une plante (pot, mais aussi tuteur ou treillage) doit être impérativement nettoyé avant de servir à nouveau. Vous préserverez ainsi vos nouvelles plantations des ravageurs ou des

---

NETTOYER UN VIEUX POT

Avant de réutiliser un pot qui a déjà contenu une plante, nettoyez-le soigneusement pour éviter la transmission de maladies ou l'invasion de ravageurs.

1 *Frottez l'intérieur et l'extérieur du pot avec une brosse dure afin de le débarrasser de toute trace de terre ou de débris végétaux.*

2 *Nettoyez complètement le pot dans une bassine contenant de l'eau et un détergent ; rincez-le abondamment avant de remettre du terreau.*

---

maladies (voir ci-dessus). Faites tremper les pots très sales toute une nuit dans un seau d'eau, puis frottez-les énergiquement. Si cette corvée de nettoyage vous rebute, tapissez l'intérieur des pots avec un sac poubelle en plastique ; percez-en le fond avant de mettre le terreau.

Accroître la durée de vie d'un pot

Des pots légèrement surélevés se conservent plus longtemps et leur drainage est meilleur. Il existe des pieds surélévateurs en terre cuite (voir p. 51), mais il est encore plus simple de glisser des cales en bois ou des briques plates sous chaque extrémité du conteneur. Sous les jardinières, disposez des plateaux d'égouttage. Les conteneurs en bois risquent de pourrir si vous n'assurez pas une bonne circulation d'air en les surélevant. N'hésitez pas à tapisser d'un film plastique les bacs en cuivre, en fer ou en fonte avant de les remplir ; vous préserverez ainsi le substrat des minéraux qu'ils contiennent.

Déplacer des pots

Les grands pots remplis de terre humide sont très lourds. Transportez-les, vides, à l'endroit que vous leur destinez, et ne commencez à les remplir que lorsque vous êtes satisfait de leur emplacement. L'encadré ci-contre vous propose une bonne technique pour faire glisser des pots sans effort inutile.

DÉPLACER DES POTS

Plusieurs méthodes permettent de déplacer des pots assez lourds ; elles dépendent de leur taille, du terrain et du matériel dont vous disposez.

Ici, des petits tubes en métal transforment une solide planche en chariot improvisé. Sur une surface plane et lisse, vous pouvez aussi glisser un sac très résistant sous le pot et déplacer celui-ci en tirant sur un coin du sac.

102

Pour faire descendre un conteneur par un escalier, placez-le sur des planches et entourez-le d'une corde. Faites-le glisser sur les planches en le retenant avec la corde. Vous trouverez dans le commerce des chariots conçus pour déplacer les grands pots, mais il faudra quand même les hisser dessus.

Lorsque vous soulevez un objet très lourd, gardez le dos bien droit et pliez les genoux plutôt que de vous pencher en avant.

Si vous devez faire parcourir une certaine distance à un pot garni de plantes, entourez-le d'un sac protecteur.

Protection hivernale des bacs dans l'est du Canada

Il est possible de cultiver dans des bacs, de façon permanente, des végétaux comme vivaces, arbustes et plantes grimpantes.

Une condition de réussite : votre bac doit être isolé. Idéalement, vous le construirez vous-même, en bois traité. Lors de sa fabrication, placez un isolant à la mousse polystyrène de 5 cm d'épaisseur sur les quatre côtés intérieurs. Dans le fond, étendez une membrane agrotextile sur les trous de drainage. Recouvrez cette membrane de 8 à 10 cm de billes de polystyrène. Étendez une autre membrane sur les billes avant de remplir de votre terreau de culture.

Autre condition de réussite : choisir des plantes qui sont d'au moins une zone de rusticité plus basse que la vôtre. Par exemple, si vous vivez en zone 4, optez pour des plantes de zone 3 et moins. De plus, pour limiter les risques de gel aux racines, enveloppez vos bacs de membrane agrotextile pour l'hiver.

TONNEAUX EN BOIS

Avant d'utiliser un tonneau en bois pour y mettre des plantes aquatiques, faites-le tremper afin de le rendre étanche (voir les étapes 1 et 2). Si vous avez l'intention de le remplir de terreau, tapissez-le d'un film plastique percé de trous.

1 *Les joints d'un tonneau sec ne sont pas étanches ; il faut donc le faire tremper avant de l'utiliser.*

2 *Remplissez le tonneau d'eau et laissez le bois gonfler pendant deux heures au moins.*

3 *Tapissez le tonneau d'un film plastique. Pratiquez des incisions dans le fond, pour le drainage.*

4 *Remplissez de terreau, puis découpez le film plastique qui dépasse au-dessus du substrat.*

PROTECTION HIVERNALE EN RÉGION TEMPÉRÉE

Dans les régions comme la Colombie-Britannique, les pots qui contiennent des plantes sensibles au gel peuvent être protégés en hiver de la façon illustrée ci-dessous. Généralement, on entoure la base de la plante d'un sac ou d'une toile. Le plastique alvéolé est aussi efficace lorsqu'il est correctement fixé.

Renforcer un pot en terre

Les pots en terre cuite risquent de se fendre par temps froid. Entourez le col du pot avec du fil de fer et serrez-le en tordant les extrémités.

Isoler un pot

Pour protéger du gel les plantes inufisamment résistantes, enveloppez leur pot dans un sac ou une grosse toile.

Le pot en terre cuite renforcé prêt à l'utilisation

Le pot emballé

103

Maladies et ravageurs

Les plantes bien entretenues ne sont pas pour autant à l'abri des maladies ou des ravageurs. Vous réduirez bien sûr les risques en prenant toutes les précautions d'hygiène nécessaires : utilisation de pots et de mélanges stériles, recherche régulière des maladies ou parasites afin de les traiter lorsqu'il en est encore temps... Ne négligez pas cependant pour autant les soins de base, indispensables à la santé de vos plantes. Évitez, par exemple, de les laisser se dessécher puis de les arroser trop abondamment, au risque de les fragiliser et de les rendre plus vulnérables.

Pour lutter contre les méfaits des ravageurs et les atteintes des maladies, vous avez à votre disposition des traitements chimiques ou organiques. Certains jardiniers n'aiment pas les premiers, mais ils n'ont pas les mêmes contraintes que les professionnels.

Si vous utilisez des produits chimiques, appliquez-les un jour sans vent, après le coucher du soleil, lorsque les insectes pollinisateurs, et notamment les abeilles, à l'action si bénéfique, sont au repos. Respectez scrupuleusement les précautions d'emploi indiquées par le fabricant et tenez à l'écart les enfants et les animaux domestiques.

MALADIES

Les maladies qui touchent les plantes sont souvent classées en trois catégories, selon qu'elles sont dues à des bactéries, à des champignons ou à des virus. Certains symptômes prêtent parfois à confusion. L'hygiène reste la meilleure prévention contre les bactéries, dont il est difficile de se débarrasser, bien qu'elles soient moins répandues que les champignons ou les virus.

Chancre Des tumeurs apparaissent sur l'écorce des arbres, qui cloque et s'écaille. En grossissant, elles mettent à nu la branche, qui finit par mourir.
Traitement Coupez les branches atteintes immédiatement.

Charbon Des renflements vert pâle ou crème se développent sur les feuilles ou les pétioles et finissent par éclater, laissant apparaître des spores poudreuses noires.
Traitement Brûler les plantes touchées sans attendre, car l'infection peut en gagner d'autres.

Feu bactérien Les feuilles virent au brun noirâtre, se dessèchent et meurent, mais elles restent généralement attachées aux tiges. Le feu bactérien peut causer la mort de toute une tige ou de la plante entière.
Traitement Rabattez à la base les tiges atteintes.

Fonte des semis Les plantules pourrissent au ras du sol, se flétrissent et meurent. Leurs besoins en chaleur et en humidité les rendent particulièrement vulnérables.
Traitement Aucun. À titre préventif, utilisez un matériel parfaitement nettoyé et du terreau désinfecté.

Maladies fongiques L'humidité est propice au développement des spores de champignons. Toutes sortes de moisissures, de mildious, de pourritures et de flétrissures formant parfois des amas poudreux sur les feuilles, les fleurs ou les fruits, ou de cloques brunes, jaunes ou orange sur les feuilles.
Traitement Retirez les parties atteintes et pulvérisez du bénomyl.

Mildiou Un duvet blanc recouvre le dessous des feuilles, des taches jaunes ou brunes marquent leur surface. La croissance est enrayée et une infection secondaire risque de se développer.
Traitement Retirez les feuilles atteintes et améliorez les conditions d'aération et de drainage. Si l'atteinte est importante, pulvérisez un fongicide spécifique (mancozèbe).

Oïdium Des amas poudreux blancs apparaissent en général sur les feuilles, mais aussi dessous. Celles-ci jaunissent et tombent prématurément.
Traitement Retirez immédiatement les parties atteintes. Si le problème persiste, pulvérisez un fongicide.

Pourriture bactérienne des racines La bactérie qui cause cette maladie se développe sur les tissus abîmés. La racine pourrit, le feuillage se décolore et la plante finit par mourir.
Traitement Aucun. Brûlez la plante touchée sans attendre.

Rouilles Des pustules brun-rouge se développent essentiellement sur les feuilles. Elles libèrent dans l'air des spores poudreuses orange ou jaunes qui véhiculent la maladie.
Traitement Pulvérisez un produit à base de zinèbe, manèbe...

Taches foliaires bactériennes Des taches, souvent bordées de jaune, apparaissent sur les feuilles, entraînant leur mort.
Traitement Évitez de mouiller les feuilles des plantes susceptibles d'être touchées. Retirez les parties atteintes et pulvérisez du bénomyl.

Taches foliaires causées par des champignons Des taches discrètes, le plus souvent brunes ou gris sombre, forment des cercles concentriques sur les feuilles, qui tombent bientôt.
Traitement Retirez les parties atteintes et brûlez-les. Pulvérisez un fongicide à base de cuivre ou de bénomyl.

Taches noires du rosier ou marsonia De petites taches noires, circulaires, qui s'agrandissent, caractérisent cette maladie du rosier, causée par un champignon. Les feuilles tombent.
Traitement Pulvérisez régulièrement du bénomyl ou un autre fongicide.

Viroses Elles ne sont pas traitables. Seule la prévention est efficace. Elles se manifestent habituellement par un ralentissement de la croissance et l'apparition de marbrures sur les feuilles et les fleurs, qui parfois se tordent. Ces maladies peuvent se transmettre d'une génération à l'autre par le bouturage.
Traitement Aucun. Détruisez les plantes suspectes et brûlez-les.

RAVAGEURS

Certains se nourrissent en rongeant le feuillage et l'abandonnent en lambeaux ou plein de trous ; d'autres laissent des empreintes ou des marques spécifiques, telles les traces luisantes des limaces et des escargots. Divers insectes aspirent la sève et sécrètent un produit collant (miellat) sur lequel se développent des fumagines. La plante est fragilisée, sa croissance se ralentit, elle devient plus sensible aux infections virales.

Aleurodes (mouches blanches) Au stade de larve, ces petits insectes déposent sur les feuilles, les tiges et les fruits un miellat sur lequel se développe la fumagine. Les mouches blanches sont visibles à l'œil nu. Les plantes touchées s'affaiblissent et leur croissance se ralentit.
Traitement Pulvérisez régulièrement un insecticide à base de perméthrine.

Anguillules Ces vers minuscules envahissent les feuilles, les tiges et les racines de nombreuses plantes, notamment par temps humide. Les pousses deviennent faibles, se déforment et se recroquevillent.
Traitement Brûlez immédiatement les plantes touchées et stérilisez les conteneurs. Jetez le terreau du pot.

Chenilles Elles se montrent parfois extrêmement voraces et s'attaquent aux boutons, aux feuilles et aux pousses.
Traitement Pulvérisez des insecticides spécifiques.

Fourmis Elles se nourrissent du miellat fabriqué par les pucerons, qu'elles élèvent comme du bétail, en les changeant de pâture de temps en temps. Il est donc difficile de combattre les seuls pucerons. Il faut se débarrasser des deux espèces. En outre, les tunnels que creusent les fourmis autour des racines entraînent parfois des dégâts plus qu'importants.

Traitement Saupoudrez d'insecticide spécial fourmis.

Hannetons Ces coléoptères s'attaquent surtout aux fleurs au printemps et en été. Plus dangereuses, leurs larves se nourrissent des racines dans lesquelles elles creusent de larges cavités.
Traitement Ôtez les insectes à la main.

Limaces et escargots Ils posent problème dans de nombreux jardins, et même les plantes en pots ne sont pas à l'abri de leurs ravages. Les hostas y sont particulièrement sensibles, tout comme les feuilles et les pousses tendres de la plupart des plantes.
Traitement Répandez du sable autour des pots, ce qui rend l'accès à la plante difficile pour ces gastropodes. Vous pouvez aussi les piéger (voir à gauche).

Otiorhynques Ces charançons nocturnes, plus actifs en automne et au début du printemps, dévorent les feuilles des plantes, qu'ils laissent trouées et échancrées sur les côtés. Les larves se nourrissent des racines : la croissance est altérée, la plante se flétrit et finit par mourir.
Traitement Respectez une bonne hygiène et retirez tous les débris pour limiter les attaques. Si le problème est sérieux, utilisez un insecticide.

Perce-oreilles Ces insectes rapides sont particulièrement friands de chrysanthèmes, de clématites ou de dahlias. Ils se nourrissent la nuit, et sont donc difficiles à détecter.
Traitement Confectionnez un piège à perce-oreilles (voir à droite).

Pucerons Certaines plantes sont particulièrement sensibles à leurs attaques. Si vous n'agissez pas, les pucerons formeront bientôt d'immenses colonies sur les jeunes pousses tendres et pleines de sève de divers végétaux. La fumagine qui se développe sur le miellat collant qu'ils laissent derrière eux empêche la lumière d'atteindre les feuilles, ce qui fragilise la plante. Les pucerons déforment les boutons, ralentissent la croissance et véhiculent des virus. Les engrais fortement azotés augmentent la production de sève, ce qui les attire encore plus.

Traitement Pulvérisez un insecticide spécifique (pirimicarbe).

Punaises Les feuilles nouvelles et l'extrémité des pousses sont très sujettes à leurs attaques. Elles se couvrent de petits trous, mais aussi de points décolorés, puis se déforment et se dessèchent.
Traitement Pulvérisez un insecticide à base de pyréthrinoïde.

PIÈGE À PERCE-OREILLES

Retournez un petit pot à fleurs rempli de paille sur une canne de bambou placée à proximité de la plante. Les perce-oreilles gagneront le pot, et vous les retirerez chaque matin.

Un pot rempli de paille attire les perce-oreilles.

PIÈGE À LIMACES

Enfoncez dans le sol un récipient creux contenant une boisson à forte teneur en sucre, comme les colas. Les ravageurs, attirés par le liquide, y tomberont et s'y noieront.

Une coupelle remplie de cola attire les limaces.

RÉPERTOIRE
DES PLANTES
EN POTS

Voici, dans l'ordre alphabétique de leur nom latin, une sélection des plantes les plus intéressantes pour la culture en pots. La lettre H indique la hauteur, la lettre E, l'envergure. Les arbustes et les plantes vivaces ont leur zone de rusticité. Les vivaces peuvent être cultivées en conteneur tout l'été ; pour limiter le risque de gel de leurs racines, elles seront transplantées au jardin, dans une plate-bande, au début de l'automne, puis remises en pot au printemps. Il en est de même pour les arbustes, à moins que leur zone de rusticité ne soit assez basse et que les conteneurs ne soient isolés (voir p. 103). Les plantes non rustiques peuvent être considérées comme plantes d'intérieur en hiver et être sorties à l'extérieur pour l'été. **Arroser peu** s'applique aux plantes qui doivent être bien arrosées tous les sept à dix jours ; **arroser normalement,** à celles qui demandent un arrosage tous les trois ou quatre jours ; **arroser fréquemment,** à celles qui exigent de l'eau tous les jours.

À GAUCHE : *Le magenta et le blanc des fleurs de* Pericallis.

CI-DESSUS : *Un bouquet champêtre composé d'annuelles à floraison estivale.*

107

Abutilon megapotamicum

ABUTILON
MALVACÉES

H Plus de 2 m. E 3-3,50 m

L'abutilon est originaire d'Amérique du Sud (notamment du Brésil). C'est un arbrisseau peu branchu, semi-pleureur. D'autres espèces plus fragiles, comme *A. pictum* 'Thomsonii', aux feuilles vertes mouchetées de jaune, entrent fréquemment dans les compositions estivales. Leurs feuilles sont souvent vert clair et trilobées, comme des feuilles de vigne miniatures. L'abutilon porte des fleurs en clochette de 4 cm de long, du début de l'été à la mi-automne.

Culture Non rustique ; plein soleil/ mi-ombre ; arroser fréquemment ; ses ennemis sont la cochenille, la mouche blanche et l'aleurode ; se multiplie par bouturage durant tout l'été.

Besoins particuliers Cette plante prospère dans un lieu abrité, au sol bien drainé. Pas de fumure spéciale ; trop d'azote réduit la floraison et risque de faire perdre aux feuilles leur panachure. À l'automne, *A. megapotamicum* et *A. pictum* doivent être rentrés. On peut aussi faire hiverner à l'intérieur les boutures racinées pour les replanter au printemps suivant.

Idée d'utilisation *A. pictum* est un excellent élément central de composition, mais ses feuilles inférieures ont tendance à sécher, laissant le pied dénudé (voir p. 41).

Acer palmatum

ÉRABLE DU JAPON
ACÉRACÉES

H 1 à 2 m. E 1 à 2 m

Ce solide arbuste à croissance lente, connu sous le nom d'érable du Japon, est originaire de Chine et du Japon. Il est cultivé à la fois pour son superbe port étalé et pour ses feuilles délicates, dont les couleurs varient du vert pâle au pourpre foncé en passant par le jaune doré. En automne, la plupart des variétés prennent d'éclatantes nuances de rouge, de jaune et d'orange. Certains, comme *A. palmatum* 'Sen-saki', possèdent une écorce vivement colorée ; d'autres ont des feuilles fine-ment découpées, tel *A. palmatum* 'Dissectum Atropurpureum'. *A. pal-matum* 'Heptalobum', c'est-à-dire aux feuilles à sept lobes, est une variété remarquable dont les jeunes feuilles d'un vert tendre ont des reflets oran-

Acer palmatum 'Beni-Tsukasa'

gés et prennent une belle teinte rouge-orangé à l'automne. Autre variété magnifique : *A. palmatum* 'Beni Tsukasa'.

Culture Peu rustique (zone 5 b) ; plein soleil/ mi-ombre ; arroser peu, mais ne pas laisser les racines s'assécher ; apporter de la matière organique au printemps ; éliminer le bois mort à la même saison ; sensible à la maladie du corail ; se multiplie par semis à l'extérieur au début du printemps ou, pour certaines variétés, à partir de boutures de bois tendre en plein été.

Besoins particuliers L'érable du Japon pousse dans un sol bien drainé et non calcaire (terre de bruyère). Arroser avec de l'eau de pluie dans les régions où l'eau est très calcaire. Protéger des vents forts.

Idées d'utilisation Le feuillage léger des différentes variétés de l'érable du Japon ne donnant que peu d'ombre, on peut installer d'autres plantes sous leur couronne ou les utiliser en guise de parasol pour une terrasse ou un patio.

Actinidia

ACTINIDIA
ACTINIDIACÉES

H jusqu'à 8 m. E 2 m

Cet arbuste grimpant, rustique, à feuilles caduques, aux tiges volubiles, est originaire d'Asie. Plus connu sous les noms de kiwi ou de souris végétale, *A. deliciosa* (syn. *A. chinensis*) a des feuilles vert foncé en forme de cœur et des tiges velues. Non rustique dans l'est du Canada, on lui préférera *A. arguta*, à croissance très rapide (peut

Acer palmatum 'Dissectum Atropurpureum'

atteindre 5 m la première année). Ses feuilles cordées, vert foncé, peuvent mesurer jusqu'à 13 cm de diamètre. Fleurs blanches, odorantes, en juin-juillet, suivies de fruits comestibles vert-jaune. Tiges volubiles demandant un support. *A. kolomikta* possède un feuillage attrayant ; il peut atteindre 3 m de hauteur.

Culture Rustique (zone 4 b) ; plein soleil ; arroser fréquemment ; apporter de l'engrais au printemps, et donner un engrais liquide du milieu à la fin de l'été ; supprimer le feuillage inutile et pincer les rameaux les plus vigou-reux au début du printemps ; se multi-plie par boutures semi-aoûtées, du milieu à la fin de l'été.

Besoins particuliers *Actinidia* pré-fère un sol neutre, bien drainé, et une exposition abritée du vent.

Idées d'utilisation Cette plante vigou-reuse pousse très bien contre un mur ou sur un montant de pergola, qui assurera de l'ombre en été.

Adiantum capillus-veneris

CAPILLAIRE
POLYPODIACÉES

H 25 cm. E 25 cm

Cette fougère possède des feuilles tri-angulaires vert clair aux coriaces pédoncules noirs. Considérée comme plante d'intérieur dans l'est du Canada, on peut la remplacer par une fougère rustique comme l'adiante du Canada (*Adiantum pedatum*).

Culture Non rustique ; ombre ; arroser fréquemment ; engraisser légèrement à la poudre d'os au printemps ; l'anguillule (voir p. 105) parasite parfois les feuilles, qui présentent alors de grandes taches noires ; les cloportes peuvent entraîner un flétrissement et nuire à la croissance ; se multiplie par division des rhizomes ou par semis des spores au printemps.

Besoins particuliers Le capillaire préfère un sol tourbeux à haute teneur en fibres. Ne jamais le laisser sécher, ni se détremper. Éviter une exposition directe au soleil, qui l'assécherait et brûlerait ses feuilles. Le laisser hiverner à l'intérieur et ne le sortir qu'à la fin du printemps ; ne pas le sortir de son pot lorsqu'on le met en jardinière.

Idée d'utilisation Cette plante est idéale pour donner de la vie à un petit coin humide et sombre.

Agapanthus campanulatus

AGAPANTHE
LILIACÉES

H jusqu'à 60 cm. E 75 cm

Cette plante à développement en touffes est originaire d'Afrique du Sud. Ses feuilles, des rubans vert foncé longs de 60 cm, et ses grosses ombelles de fleurs blanches ou bleues – chaque inflorescence peut atteindre 7,5 cm – s'épanouissent, à partir du milieu de l'été, au sommet d'une tige de 75 cm. Les variétés comme l'hybride 'Headbourne', aux fleurs bleu foncé, sont souvent très appréciées.

Culture Non rustique ; bulbe annuel que l'on plante en mars pour obtenir une floraison en août ; plein soleil ; arroser fréquemment ; fumer légèrement afin de favoriser la floraison. À l'automne, rentrer pots ou bacs dans un endroit frais (sans risques de gel) ; arroser de temps en temps pour éviter l'assèchement complet du terreau. Possible de conserver les plantes dans les mêmes pots pendant 2 ans.

Agave americana 'Marginata'

Besoins particuliers Gourmand, l'agapanthe réclame un sol riche en matières organiques. Couper les fleurs fanées pour empêcher la formation de graines et favoriser la floraison de l'année suivante. Diviser les touffes, tôt au printemps, tous les deux ou trois ans pour éviter le surpeuplement et accroître sensiblement la floraison.

Idées d'utilisation Cette plante séduisante est mieux mise en valeur quand elle est seule. Ses ombelles séchées font d'intéressantes décorations hivernales ou des bouquets secs (voir p. 20).

Agave americana

AGAVE
AGAVACÉES

H Rosette pouvant atteindre plus de 1 m. E 1,20 m

Cette succulente originaire du Mexique a des feuilles gris-vert étroites, épaisses et charnues, se terminant par une épine dure et acérée. Lors de la floraison, l'agave offre le spectacle de fleurs jaune crème en forme de cloche campées sur des hampes de 3 à 5 m. La rosette qui porte des fleurs meurt généralement lorsque celles-ci se fanent. Il existe un type panaché, *Agave americana* 'Marginata', dont les feuilles présentent une bordure jaune.

Culture Non rustique ; plein soleil ; arroser peu ; sensible aux attaques des aleurodes ; se multiplie à partir de rejets (des rosettes apparaissent au pied de la plante) au printemps ou en été.

Besoins particuliers L'agave requiert un sol bien drainé enrichi d'un peu de

Alchemilla mollis

terreau. Il supporte des arrosages irréguliers, mais sans le détremper. Il doit être rentré au début de l'automne.

Idée d'utilisation Il se trouvera bien isolé, à l'endroit le plus chaud du patio. Il faut éloigner les jeunes enfants de ses feuilles, dangereuses.

Alchemilla mollis

ALCHÉMILLE
ROSACÉES

H 45 cm. E 45-60 cm

Cette plante vivace herbacée, communément appelée manteau de Notre-Dame, est originaire d'Europe orientale et d'Asie. Ses feuilles vert clair, au bord souvent ondulé, ressemblent à la paume d'une main d'enfant, bien qu'elles soient assez velues. L'alchémille est clairsemée au centre et son port est souvent lâche. Ses petites fleurs jaune crème sont en réalité des bractées (feuilles modifiées) qui forment de belles grappes au milieu ou à la fin de l'été.

Culture Rustique (zone 3) ; plein soleil/mi-ombre ; arroser fréquemment ; apporter de l'engrais organique au printemps et un engrais liquide toutes les deux semaines du début à la fin de l'été ; pincer les tiges à 2,5 cm après la floraison ; se multiplie par semis en extérieur au début du printemps ou par division au printemps et à l'automne.

Besoins particuliers L'alchémille demande un sol bien drainé.

Idée d'utilisation Elle est très utile pour couvrir le sol autour de bacs contenant arbres ou arbustes.

Allium

AIL
LILIACÉES

H feuilles jusqu'à 45 cm. E 10-12 cm
Ce genre bien connu de plantes à bulbe compte 280 espèces, dont certaines sont comestibles. Presque toutes ont l'odeur caractéristique de l'ail. Leurs fleurs forment une boule ou une ombelle de couleur vive au sommet de la tige principale. *A. albopilosum*, originaire d'Amérique du Nord, est une espèce décorative très populaire. La face inférieure de ses feuilles très allongées, vert bleuté, est légèrement velue. Sa boule florale, d'un diamètre de 15 cm, est constituée de plus de 80 petites fleurs rose lilas en forme d'étoile qui éclosent au milieu de l'été. Une autre espèce appréciée, la petite *A. moly* (qui est originaire d'Europe méridionale), a des fleurs jaune vif qui coiffent une hampe de 30 cm ; ses fines feuilles gris-vert mesurent près de 20 cm de long.
Culture Rustique (zone 3) ; plein soleil ; arroser peu ; fumer au printemps avec un engrais à action prolongée ; sensible aux limaces, qui attaquent les jeunes plants, et à la pourriture blanche, qui se développe sur les racines ou la base du bulbe ; se multiplie par semis au début du printemps, ou par division du bulbe après floraison.
Besoins particuliers Cette plante a besoin d'un sol bien drainé à base de terreau. Elle est rustique, à condition d'être plantée profondément dans le substrat. Arracher ou diviser les touffes tous les trois ans afin de favoriser la floraison.
Idée d'utilisation Laisser les fleurs fanées sur la plante, elles sont très décoratives (voir p. 27).

Anchusa azurea

BUGLOSSE
BORRAGINACÉES

H jusqu'à 1,50 m. E 60 cm
Ce genre comprend des bisannuelles rustiques et des herbacées vivaces, dont la plupart sont originaires d'Europe et d'Afrique. Les feuilles vert moyen, épaisses, allongées, sont garnies de soies qui réduisent l'évapotranspiration par temps chaud. L'espèce la plus cultivée, *A. azurea*, a des couleurs éclatantes qui égaient la fin de l'été. Ses fleurs planes, de 1 cm de diamètre, apparaissent en longs panicules qui dominent le feuillage. Parmi les variétés les plus prisées et les mieux adaptées pour la culture en pots, on trouve : 'Loddon Royalist', haute de 1 m, aux belles fleurs bleu gentiane ; la vigoureuse 'Dropmore', haute de 1,20 à 1,50 m, aux magnifiques fleurs bleu foncé ; 'Morning Glory', haute de 1,20 à 1,50 m, bleu foncé ; et 'Opal', une variété bleu ciel.
Culture Rustique (zone 3) ; plein soleil/mi-ombre ; arroser fréquemment ; apporter un engrais organique au printemps ; se multiplie au début du printemps par des boutures de racines de 5 cm.
Besoins particuliers Cette plante a des racines très développées qui lui permettent de résister à la sécheresse mais requièrent un bac profond et une terre bien drainée. Offrir un tuteur aux variétés les plus vigoureuses.
Idée d'utilisation L'associer à d'autres plantes avides de soleil dans un patio chaud et sec.

Anemone

ANÉMONE
RANUNCULACÉES

H jusqu'à 30 cm. E 45 cm
Ce genre comprend 150 espèces environ à souches rhizomateuses ou tubéreuses, originaires pour la plupart des régions alpines et méditerranéennes. Les fleurs, en forme de coupe de 5 cm de diamètre au maximum, comptent jusqu'à 20 sépales et s'aplatissent avec le temps, comme celles des clématites − auxquelles ce genre est lié. Les feuilles, vert moyen à foncé, finement découpées en lobes, sont verticillées. Les tiges sont courtes, creuses et souvent d'un vert rougeâtre. Les formes les plus prisées dérivent d'*Anemone coronaria*. Certaines espèces herbacées, comme l'anémone du Japon *(A. hupehensis)*, qui fleurit à la fin de l'été et en automne, sont plus hautes − près de 1 m − et offrent un éventail de couleurs qui va du rose profond au blanc pur.
Culture Rustique (zones 3-5) ; plein soleil/mi-ombre ; arroser fréquemment ; mettre de l'engrais liquide du début à la fin de l'été ; sensible aux limaces, qui attaquent les jeunes plants (voir p. 105), à la rouille, qui déforme les feuilles et peut empêcher la floraison, et à divers virus qui font parfois jaunir le feuillage et contrarient la pousse et la floraison (voir p. 104) ; se multiplie par division :

Anchusa azurea 'Loddon Royalist'

Anemone × hybrida

pour les espèces à floraison printanière, à la fin de l'été, pour les espèces à floraison estivale et automnale, du milieu à la fin de l'automne.
Besoins particuliers L'anémone requiert un sol bien drainé.
Idées d'utilisation Les espèces à floraison printanière permettent une décoration précoce. Elles peuvent être cultivées en pots, qui seront ensuite mis dans des jardinières (voir pp. 52 et 58).

Aristolochia macrophylla

ARISTOLOCHE
ARISTOLOCHIACÉES

H jusqu'à 7 m. E 3 m
A. macrophylla (ou *A. durior*), originaire d'Amérique du Nord, est une plante grimpante à feuilles caduques et aux tiges volubiles, vigoureuse. Ses grandes feuilles vert moyen ressemblent à des cœurs. Ses petites fleurs − 2,5 à 4 cm de long −, qui ont la forme d'un cornet renflé et courbé, sont jaunes, brunes et vertes. Elles éclosent au milieu de l'été.
Culture Peu rustique (zone 5) ; plein soleil/mi-ombre ; arroser fréquemment ; apporter au printemps de

Artemisia pontica

l'engrais à action prolongée ; éliminer les pousses chétives et pincer les plus vigoureuses d'un tiers au début du printemps ; sensible aux pucerons, qui peuvent fortement entraver la croissance, et, si l'été est chaud, à l'araignée rouge ; se multiplie au milieu de l'été par des boutures de 7,5 cm prises à l'extrémité de jeunes rameaux, à la fin de l'été par marcottage, ou, au milieu du printemps, par semis.
Besoins particuliers Cette plante vigoureuse réclame un bac profond, beaucoup de place pour se développer et un substrat fertile et bien drainé. Les jeunes rameaux nécessitent parfois une attache provisoire.
Idées d'utilisation Parfaite sur un mur, une tonnelle, une pergola, ou pour habiller un simple poteau.

Artemisia pontica

ARMOISE
COMPOSÉES

H 60 cm. E 20 cm
Appartenant à l'un des groupes les plus importants d'arbustes originaires d'Europe, d'Asie et d'Amérique, cet arbrisseau à feuilles caduques, est cul-tivé pour son superbe feuillage gris argenté et délicatement parfumé plutôt que pour ses petites fleurs d'un jaune grisâtre.
Culture Non rustique. Dans l'est du Canada, on lui préfèrera des espèces vivaces herbacées telles *A. albula*, *A. schmidtiana* 'Silver Mound' ou *A. stelle-riana* (zones 2-3) ; plein soleil ; arroser peu ; sensible à la rouille et aux puce-rons qui peuvent attaquer les feuilles basses et les racines (voir pp. 104-105) ; se multiplie par division au printemps ou à l'automne ou par semis à l'inté-rieur, au début du printemps.
Besoins particuliers L'armoise pré-fère un sol bien drainé et le soleil.
Idée d'utilisation Elle se marie bien avec des plantes au feuillage pourpre.

Arundinaria nitida

BAMBOU
GRAMINÉES/BAMBUSÉES

H jusqu'à 3,50 m. E 1,50 m
Cette plante, originaire de Chine, appartient à un genre qui regroupe plusieurs espèces de bambous rustiques à feuilles persistantes ; elle est aussi connue sous le nom de *Sinarundinaria nitida* ou *Fargesia nitida*. Son attrait principal réside dans ses jeunes pousses enduites d'une pruine cireuse qui les rend pourpres. Ses feuilles longues et étroites sont vert brillant au-dessus et bleu-vert au-dessous. *A. nitida* forme naturellement des bui-sons plutôt denses.
Culture Non rustique ; plein soleil/mi-ombre ; arroser normalement ; ali-menter abondamment avec de l'en-grais organique au printemps ; couper au ras du sol les rameaux morts ; se multiplie par division des touffes à la fin du printemps.
Besoins particuliers Cette plante prospère dans un sol humide et bien drainé ; ne jamais laisser les racines s'assécher ; ne pas exposer aux vents froids.
Idée d'utilisation Très souvent utilisé pour former un écran de verdure.

Bacopa

BACOPA
SCROPHULARIACÉES

H jusqu'à 60 cm. E 1 m
Ce genre, principalement originaire du continent américain, comprend près de 60 espèces de plantes aqua-tiques ou palustres à floraison estivale. Les tiges, succulentes et charnues, sont habituellement rampantes avec des feuilles opposées par paires, mais les hampes florales sont souvent érigées. Les clochettes bleues ou blanches, qui apparaissent en été, forment des grappes de trois à cinq fleurs. Les deux espèces les plus connues sont *B. caroliniana*, une plante rampante aux petites feuilles ovales sentant le citron, qui porte en été de petites fleurs bleues de 1 cm de diamètre, et *B. monniera*, aux fleurs, également estivales, bleu pâle ou blanches.
Culture *Bacopa sutera cordata* 'Snow Flake' (blanc) et 'Mauve Mist' (rose-mauve) sont deux variétés annuelles idéales pour l'est du Canada ; plein soleil/mi-ombre ; arroser fréquem-ment ; appliquer au fond une couche d'engrais prolongé lors du rempotage ; se multiplie par semis à l'intérieur au mois de mars.
Besoins particuliers Donner de l'en-grais liquide aux dix jours du début à la fin de l'été. Ces annuelles préfèrent un sol riche en matière organique et bien drainé.
Idée d'utilisation Idéale pour paniers suspendus et jardinières de fenêtre.

Begonia × tuberhybrida

Begonia × tuberhybrida

Begonia

BÉGONIA
BÉGONIACÉES

H 5 cm-1 m. E 30-75 cm

Le genre compte plus de 900 espèces de plantes vivaces, cultivées pour leur feuillage coloré et leurs belles fleurs — dont la taille comme le nombre de pétales sont très variables. On classe les bégonias en trois grandes catégories : à racines fasciculées, rhizomateuses et tubéreuses.

Les bégonias à racines fasciculées ont en général un feuillage vert ou bronze et un port buissonnant. Ils sont très bien adaptés à la culture en jardinières. L'espèce la plus appréciée du groupe, *B. semperflorens*, est une plante annuelle qui porte une multitude de fleurs rouges, roses ou blanches du début de l'été au milieu de l'automne. Il existe des mélanges sélectionnés qui offrent toute la palette des roses, écarlates, saumon et blancs, ou des variétés à feuillage bronzé, disponibles en rouge, rose orangé ou blanc.

Les bégonias rhizomateux présentent souvent des feuilles velues et persistantes. On les cultive surtout pour leur feuillage. Ils préfèrent une situation de mi-ombre. L'un des plus connus de ce groupe, *B. masoniana* (le bégonia croix de fer), a des feuilles vert moyen qui portent une grande croix brun chocolat au centre. *B. rex* est une autre espèce très appréciée, aux feuilles rouges, et les hybrides au feuillage argenté qui en sont issus sont encore plus populaires.

Les bégonias tubéreux ont plutôt des feuilles caduques et donnent souvent des fleurs mâles doubles et des fleurs femelles simples ; ils aiment le plein soleil. On les utilise couramment comme plantes de serre ou d'appartement, mais *B. × tuberhybrida*, avec ses grosses inflorescences de couleur vive, supporte bien de rester à l'extérieur lorsque l'été est chaud. Les fleurs de 'Harlequin' sont blanches, au bord rose vif ; celles de 'Jamboree', rouge orangé ; et celles d''Olympia', cramoisies.

Culture Fragile ; plein soleil/mi-ombre ; arroser fréquemment ; peut être atteint par la fonte des semis, l'oïdium (voir p. 104), le botrytis, une pourriture bactérienne (*Xanthomonas begoniae*), ainsi que par les tarsonèmes ; les bégonias à racines fibreuses se multiplient par semis au début du printemps ; les rhizomateux, par division à la fin du printemps ; les tubéreux, par boutures de 7 cm prélevées dans les tiges tendres ou par semis à l'intérieur au début de mars.

Besoins particuliers Les bégonias prospèrent dans un substrat qui doit être à la fois bien drainé et riche en matière organique ; les variétés cultivées pour leur feuillage donnent des couleurs plus vives en situation de mi-ombre ; les bégonias tubéreux à grosses fleurs ont besoin de tuteurs.

Idées d'utilisation Ces plantes sont superbes dans de grands bacs, des paniers suspendus ou des jardinières (voir pp. 24 et 46).

Berberis

BERBÉRIS
BERBÉRIDACÉES

H Jusqu'à 3 m. E Jusqu'à 2 m

Ce genre d'arbustes, principalement originaires d'Asie et d'Amérique du Sud, compte plus de 450 espèces et de nombreux cultivars et variétés. Les persistantes présentent un feuillage vert et brillant, celles à feuilles caduques, un feuillage automnal de couleur vive ; les feuilles, regroupées en rosettes, sont souvent accompagnées d'épines acérées. Toutes donnent au printemps une abondante floraison jaune orangé, et certaines portent jusqu'en hiver des grappes de baies très colorées. *Berberis prattii* var. *laxipendula*, à feuilles caduques, possède de longs rameaux doucement arqués, des feuilles dentées vert brillant et des fruits flamboyants.

Berberis prattii var. *laxipendula*

Brachycome iberidifolia

Browallia speciosa 'Heavenly Bells'

Culture Il est à noter que la plupart des berbéris sont interdits de culture au Canada, car ils seraient vecteurs d'une maladie : la rouille des céréales. Cependant, deux espèces à feuillage persistant ne sont pas touchées par cette loi, mais elles ne sont pas rustiques dans l'est du Canada.

Besoins particuliers Le berbéris préfère un sol bien drainé et une ambiance sèche.

Idées d'utilisation Les variétés à feuillage persistant forment un fond vert brillant tout au long de l'année ; les feuilles et les baies des variétés à feuilles caduques offrent de superbes couleurs en automne.

Brachycome iberidifolia

BRACHYCOME
COMPOSÉES

H Jusqu'à 45 cm. E 45 cm
Il existe 66 espèces de ce genre, qui ressemble à la marguerite et au chrysanthème. Annuel, le brachycome porte, du milieu de l'été au début de l'automne, des fleurs très parfumées de 2,5 à 4 cm, dressées sur de hautes tiges. Leur couleur est variable : elles sont généralement bleues, mais aussi blanches, roses, mauves et même d'un pourpre bleuâtre. Les feuilles, vert pâle, sont si profondément découpées qu'elles font penser aux frondes des fougères.

Culture Facile ; annuelle ; plein soleil ; arroser peu ; disposer une bonne couche de terreau au fond du pot lors de la plantation ; se multiplie par semis à l'intérieur, au début du mois d'avril, ou sous châssis, au début du mois de mai.

Besoins particuliers Le brachycome demande un sol bien drainé, mais il tolère le manque d'eau. Il réclame

une situation abritée. Il faut également prévoir des tuteurs, car le port de cette plante est naturellement relâché ; une forte pluie risque d'ailleurs de l'aplatir.

Idée d'utilisation Cette plante est idéale lorsqu'elle occupe un pot bas, peu profond.

Brassica oleracea

CHOU D'ORNEMENT
CRUCIFÈRES

H 30-45 cm. E 25 cm
Il existe quatre types principaux de chou d'ornement, suivant que la feuille est lisse ou cloquée, et selon la couleur dominante, qui peut être rose ou blanche. On fait habituellement appel à des mélanges de semences sélectionnés, qui offrent une remarquable gamme de couleurs : cœur rose vif ou crème, par exemple, entouré de feuilles frisées, frangées ou veinées de rose et de blanc. *B.o.* 'Peacock Rouge', un chou rouge bordé d'un vert vif, est particulièrement populaire.

Culture Facile ; annuelle ; plein soleil/mi-ombre ; arroser normalement pendant l'été ; les plus belles teintes des choux décoratifs n'apparaissent qu'avec les températures froides ; arroser fréquemment tout l'automne ; sujet à la hernie du chou (la racine se boursoufle et la plante se rabougrit), à l'oïdium (voir p. 104), à la pourriture grise (une sporée blanche poudreuse envahit les feuilles et les tiges) ; enclin aux attaques de pucerons ou de chenilles ; se multiplie par semis, en extérieur et au milieu de l'été, sous châssis au début du printemps.

Besoins particuliers Le chou d'ornement demande un sol fertile et très bien drainé. Il faut protéger les jeunes

plantes de la voracité des oiseaux, particulièrement des pigeons.

Idée d'utilisation Le chou d'ornement trouve sa place dans un massif de plantes printanières, à bulbe notamment, où il fait beaucoup d'effet (voir p. 41).

Browallia speciosa

BROWALLIE
SOLANACÉES

H 40 cm. E 40 cm
Ce genre, qui compte six espèces originaires d'Amérique du Sud, a une lointaine parenté avec la pomme de terre. La browallie est une plante idéale pour la culture en pots, car sa floraison est presque continue. Les feuilles, lancéolées, d'un vert brillant, sont profondément nervurées et légèrement veloutées au toucher. Les fleurs, à cinq pétales, sont d'un violet-bleu soutenu et présentent des veinures plus foncées qui convergent vers un cœur blanc. Les hybrides nains sont très appréciés des jardiniers, tout particulièrement la série des 'Bells', avec leurs fleurs tubulées qui font penser à des violettes et déclinent toute une gamme de couleurs, allant du blanc au bleu clair ou au bleu foncé.

Culture Facile ; annuelle ; plein soleil ; arroser fréquemment ; au printemps, pincer les jeunes plants pour favoriser leur ramification ; se multiplie par semis à l'intérieur au début du mois d'avril.

Besoins particuliers Cette plante préfère un substrat fertile, riche en matière organique ; elle doit rester humide, sinon ses feuilles se flétrissent rapidement.

Idée d'utilisation Les hybrides nains sont parfaits pour les paniers suspendus et les jardinières.

Brugmansia (syn. *Datura*) 'Knightii'

Brugmansia (syn. *Datura*) 'Knightii'

DATURA
SOLANACÉES

H 1,20 m. E 1,80 m

Brugmansia est un genre de dix espèces d'arbres ou d'arbrisseaux, à feuilles semi-persistantes ou persistantes, annuelles ou vivaces, originaires d'Amérique centrale et des Indes. Les espèces annuelles sont souvent rangées séparément sous l'appellation *Datura Brugmansia* × *candida* 'Knightii'. On les cultive pour leurs fleurs : des entonnoirs longs de 30 cm, blancs, très parfumés, suspendus à la plante du milieu à la fin de l'été. Les feuilles sont ovales, étroites, longues de 20 cm ou plus, d'un vert moyen, avec un bord ondulé et un aspect feutré.

Culture Facile pour les espèces annuelles que l'on peut cultiver dans l'est du Canada : *Datura* 'Golden Queen' (jaune, double), *D. metel* (blanche, simple), *D. innoxia* (blanc pourpré, simple), *D. fastuosa* (violet et blanc, double) ; plein soleil/mi-ombre ; arroser fréquemment ; donner de l'engrais liquide toutes les deux semaines en été ; se multiplie par semis à l'intérieur en mars ; on repique les plants lorsqu'ils atteignent 5 à 10 cm de hauteur. Pour les faire ramifier, les étêter lorsqu'ils auront de 20 à 30 cm.

Besoins particuliers Le datura préfère un sol bien drainé. Cette plante — et surtout ses graines — est vénéneuse.

Idée d'utilisation La beauté spectaculaire de la floraison sera mise en valeur par un éclairage directionnel.

Calendula officinalis 'Lemon Beauty'

Buxus sempervirens

BUIS COMMUN
BUXACÉES

H Jusqu'à 3 m. E 1,20-2 m

Le buis commun, l'espèce la plus cultivée du genre *Buxus*, est un arbuste à croissance lente originaire d'Europe, d'Afrique du Nord et d'Asie de l'Ouest. Ses feuilles brillantes, vert foncé, sont ovales et légèrement échancrées à la base. Elles sont opposées sur des tiges dont la section quadrangulaire est assez inhabituelle. Outre l'espèce classique, verte, il existe un certain nombre de cultivars panachés, tels *Buxus sempervirens* 'Elegans', aux feuilles vert-gris bordées d'argent, ou *B. s.* 'Japonica Aurea', une espèce à croissance très lente dont chaque feuille présente en son centre une éclaboussure jaune.

Culture Les espèces de *Buxus* que l'on peut cultiver dans l'est du Canada sont peu rustiques (zones 5 et 5b) ; elles nécessitent des protections contre le froid, la neige et les vents asséchants d'hiver, qui brunissent leur feuillage ; plein soleil/mi-ombre/ombre ; arroser normalement ; apporter de l'engrais organique au printemps, et liquide — la moitié de la dose ordinaire — tout l'été ; pour les topiaires, tailler à la fin de l'été ; sujet aux taches foliaires et à la rouille (voir p. 104).

Besoins particuliers Le buis préfère un sol bien drainé et riche en matières organiques.

Idée d'utilisation Le buis, taillé en topiaire, sera le point de mire d'une composition (voir pp. 2, 8, 12, 36 et 66).

Calendula officinalis

SOUCI DES JARDINS
COMPOSÉES

H Jusqu'à 60 cm. E 35 cm

Le souci des jardins est l'une des nombreuses espèces d'annuelles originaires du sud de l'Europe. Les variétés les plus appréciées sont celles qui portent, du début de l'été aux premières gelées, d'abondantes et grosses fleurs (10 cm) jaune orangé. Le souci est touffu ; ses feuilles, vert pâle et oblongues, exhalent un parfum puissant lorsqu'on les froisse. Il en existe de nombreuses variétés, dont 'Lemon Beauty', avec sa multitude de fleurs jaune pâle, doubles ou semi-doubles, ou 'Pacific Beauty', aux fleurs doubles, orange ou jaunes.

Culture Facile ; annuelle ; plein soleil ; arroser normalement ; mettre de l'engrais dans le fond du pot avant de rempoter ; sensible à l'oïdium et à la rouille (voir p. 104) ; se multiplie en avril par semis direct en place.

Besoins particuliers Le souci peut pousser dans des conditions très difficiles, mais il préfère un sol bien drainé.

Idée d'utilisation Une très belle bordure de bac pour animer un balcon.

Camellia japonica

CAMÉLIA
THÉACÉES

H 2,40-5 m. E Jusqu'à 4 m

Cet arbuste rustique originaire d'Asie et proche parent du théier est tout à fait adapté à la culture en bacs, notamment si le sol est calcaire. Ses feuilles, persistantes, sont vert foncé, luisantes, ovales, finement dentées et se terminent en pointe ; elles peuvent atteindre 13 cm de long. Mais il est surtout cultivé pour ses fleurs, dont les couleurs varient du blanc le plus pur au rouge le plus profond, en passant par toute la gamme des roses ; la floraison débute avec le printemps. Le nombre de pétales change d'un cultivar à l'autre : jusqu'à huit, la fleur est dite « simple » ; de douze à quatorze, « semi-double » ; au-dessus de seize, on parle de fleurs « doubles » (ce sont les plus appréciées). Leur taille est très variable, de 2,5 à 15 cm, mais elle dépend également de l'environnement de la plante. Les variétés les plus recherchées appartiennent à l'hybride *C.* × *williamsii* ; elles fleurissent abondamment, même quand elles sont jeunes.

Culture Non rustique ; plein soleil/ mi-ombre ; arroser normalement ; donner de l'engrais liquide toutes les deux semaines en été et de la fumure organique au printemps, après la floraison ; couper impérativement les fleurs fanées ; peut subir les attaques de l'otiorhynque (voir p. 105) ; se multiplie par boutures semi-ligneuses de 10 cm environ prélevées au milieu de l'été.

Besoins particuliers Le camélia exige un sol acide (terre de bruyère). Ne jamais le laisser s'assécher − ce qui provoquerait la chute des boutons floraux − et l'arroser avec une eau non calcaire. Requiert d'être à l'abri des vents froids.

Idée d'utilisation Le camélia convient bien, isolé, contre un mur orienté au nord et protégé du vent.

Campanula

CAMPANULE
CAMPANULACÉES

H 5 cm-1,20 m. E 30-90 cm
Les campanules constituent un vaste genre qui regroupe à la fois des annuelles, des bisannuelles et des vivaces très rustiques (zones 2-3). *C. carpatica*, vivace et rustique, forme des touffes. Ses petites feuilles, vert moyen, sont arrondies et délicatement dentées. Ses fleurs en cloche, qui vont du blanc pur au pourpre, s'ouvrent comme autant de calices dans la seconde partie de l'été. Parmi les cultivars les plus recherchés, 'Blue Clips' a des fleurs bleues, 'Turbinata', des fleurs d'un violet profond, et 'Glacier', des fleurs d'un blanc immaculé. *C. portenschlagiana*, (syn. *muralis*), également vivace, donne une multitude de fleurs mauves pendant toute la saison estivale, jusqu'au mois de septembre.

Culture Rustique (zones 2-3) ; plein soleil/mi-ombre ; arroser normalement ; donner au printemps un engrais à action prolongée ; sensible à la rouille et aux attaques des limaces (voir pp. 104-105) ; se multiplie par semis du milieu à la fin du printemps, par boutures à la fin du printemps ou au début de l'été, ou par division au milieu de l'automne.

Besoins particuliers Les racines de la campanule apprécient un sol humide et bien drainé. *Campanula alpestris* (syn. *allionii*) préfère un sol sans calcaire.

Idée d'utilisation La campanule est parfaite pour former un tapis coloré.

Campsis (syn. *Bignonia*)

JASMIN DE VIRGINIE
BIGNONIACÉES

H Jusqu'à 8 m. E Jusqu'à 3 m
Le jasmin de Virginie, ou bignone, regroupe trois espèces de grimpantes à feuilles caduques et à accrochage vigoureux. Les fleurs, des trompettes jaunes, orange ou roses, sont regroupées en grappes de trois à cinq. Les feuilles, vert moyen, sont composées d'au moins sept folioles opposées et d'une foliole terminale. En automne, les tiges virent du vert au jaune doré et de petites touffes de racines chevelues apparaissent sur les tiges, ancrant la plante à son support. L'hybride le plus populaire est *C.* × *tagliabuana*, aux fleurs rouge saumon de 7 cm.

Culture Fragile (zone 5) ; plein soleil ; arroser normalement ; au printemps, donner de l'engrais organique et tailler en ne laissant que quatre ou cinq bourgeons sur les rameaux d'un an ; se multiplie par boutures de tiges au printemps ou par racines en saison de croissance.

Besoins particuliers Les boutons floraux du jasmin de Virginie risquent de tomber si le substrat est trop sec.

Idée d'utilisation Les tiges peuvent être liées ensemble jusqu'à 2 m de haut et limitées dans leur étalement pour donner un arbre pleureur.

Canna

BALISIER
CANNACÉES

H Jusqu'à 2 m. E 75 cm
Le balisier est une herbacée vivace originaire d'Amérique du Sud. Il possède des feuilles de près de 75 cm de long sur 30 cm de large et des fleurs éclatantes, souvent perchées à 1 ou 2 m de haut.

Culture Facile ; bulbe annuel ; plein soleil ; arroser normalement ; apporter de l'engrais organique liquide au printemps (toutes les deux semaines jusqu'à la floraison). En avril, planter les rhizomes à l'intérieur dans un terreau riche en matière organique. À l'automne, les déterrer et les conserver au frais, dans un endroit bien aéré. La multiplication se fait par division des rhizomes, soit au printemps, soit à l'automne.

Besoins particuliers Le balisier aime un sol riche en matière organique.

Idée d'utilisation Isolé, le balisier produit un effet très décoratif.

Camellia × *williamsii* 'Anticipation'

Campsis × *tagliabuana* 'Madame Galen'

Canna × *generalis* 'Wyoming'

Chamaecyparis
FAUX CYPRÈS
CUPRESSACÉES

H Jusqu'à 5 m. E 2 m
Chamaecyparis est un genre de conifères à feuilles persistantes, originaires d'Amérique du Nord, du Japon et de Taïwan. Leurs rameaux portent un cortège très dense de feuilles opposées. Leurs cônes sont plus petits que ceux de *Cupressus*, le cyprès véritable ; les feuilles sont opposées, serrées sur les pousses. Les cultivars à croissance lente de *C. lawsoniana* sont très appréciés pour la culture en bacs ; 'Pygmaea Argentea' présente des rameaux éclaboussés de blanc crème ; 'Grayswood Pillar', au feuillage bleu-vert très dense, a un port droit et élancé. Parmi les cultivars de *C. obtusa*, *C. o.* 'Nana Gracilis', aux rameaux vert foncé disposés en éventail, a besoin de dix ans pour atteindre 1 m de haut et 40 cm de diamètre. *C. nootkatensis* 'Pendula', un cyprès pleureur aux sveltes branches retombantes, est très élégant.
Culture Peu rustique (zones 4-5) ; plein soleil/ mi-ombre ; arroser fréquemment pour ne pas laisser sécher les racines ; donner au printemps un engrais à action lente ; se multiplie au début de l'été par boutures semi-ligneuses de 15 cm.
Besoins particuliers Ce conifère apprécie les sols humides et bien drainés. Les cultivars dorés et panachés doivent être en plein soleil pour conserver leur couleur. Certains cultivars craignent le gel.
Idée d'utilisation Les variétés naines et à croissance lente sont idéales dans un jardin miniature.

Choisya ternata
ORANGER DU MEXIQUE
RUTACÉES

H 1,50-2 m. E 2-2,40 m
L'oranger du Mexique est originaire du pays dont il porte le nom et du sud des États-Unis. Cet arbuste de taille moyenne forme de gros buissons ressemblant à des dômes aplatis. Ses feuilles, vertes et luisantes, profondément divisées en trois lobes, sont odorantes quand on les froisse. Ses fleurs, blanches, au parfum délicat, vont par groupes – jusqu'à six – qui s'attachent à l'aisselle des feuilles (nœuds). La floraison a lieu de la fin du printemps au début de l'été, puis en automne.

Chrysanthemum (Leucanthemum) maximum
C. t. 'Sundance' est un cultivar dont le jeune feuillage se colore de jaune.
Culture Non rustique ; plein soleil/ mi-ombre ; arroser normalement ; donner au printemps un engrais à action prolongée ; tailler après la floraison ; se multiplie à la fin de l'été par boutures semi-ligneuses de 7 cm.
Besoins particuliers Cette plante préfère un sol bien drainé et une position abritée. Dans les régions froides, il faut l'installer contre un mur orienté au sud – le feuillage est sensible au gel – et pailler le conteneur en hiver.
Idée d'utilisation L'oranger du Mexique forme de bons écrans, quoique buissonnants.

Chrysanthemum
CHRYSANTHÈME
COMPOSÉES

H 15 cm-1 m. E 30-60 cm
Le genre compte plus de 200 espèces d'annuelles rustiques ou semi-rustiques, d'herbacées vivaces et d'arbrisseaux, adaptées à la culture en pots, en intérieur ou en extérieur. Les chrysanthèmes possèdent des feuilles vert foncé ou vert moyen, ovales et profondément lobées ; certains portent des fleurs simples, du type marguerite, d'autres de grosses fleurs dont il est impossible de distinguer le cœur. On a récemment reclassé *Chrysanthemum* en cinq genres : *Argyranthemum*, *Rhodanthemum*, *Leucanthemum*, *Leucanthemopsis* et *Tanacetum*. Les espèces du genre *Argyranthemum* fleurissent de la mi-été aux premiers gels importants. Elles atteignent jusqu'à 2 m de haut. *Leucanthemum maximum*, la grande marguerite, porte des fleurs simples blanches avec un œil doré au centre. Il en existe de très nombreux cultivars, comme

Cistus × aguilari 'Maculatus'
L. m. 'Aglaya' (fleur double, blanche, frangée ; 60 cm), *L. m.* 'Polaris' (fleur blanche, très large ; 1 m), *L. m.* 'Snowlady' (fleur blanche, hâtive ; 25 cm) et 'Sedgewick' (fleur blanche, double, miniature ; 40 cm).
Tanacetum parthenium est une vivace. Sa pousse est lente – elle atteint à peine 30 cm –, ses fleurs, d'environ 4 cm, sont abondantes, et ses feuilles, vert clair, sont aromatiques. Il existe également des espèces alpines, comme *Rhodanthemum hosmariense*, un arbrisseau vivace et presque nain, qui porte des feuilles gris-vert et des fleurs simples blanches ressemblant aux marguerites. Il fleurit du milieu du printemps à la fin de l'automne.
Culture Rustique (zones 3-4) ; plein soleil/mi-ombre ; arroser normalement ; apporter de l'engrais liquide toutes les deux semaines en été ; sensible à l'oïdium, à la rouille, à divers virus, aux attaques d'anguillules et de pucerons (voir pp. 104-105) ; les vivaces se multiplient au printemps et à l'automne par division des plants, et les annuelles par semis au début du printemps.
Besoins particuliers Le chrysanthème préfère un sol bien drainé. De nombreuses espèces ont besoin d'être tuteurées.
Idée d'utilisation Ces plantes doivent être gardées à l'intérieur jusqu'aux premières fleurs avant d'être installées à l'extérieur (voir pp. 10, 48 et 75).

Cistus
CISTE
CISTACÉES

H Jusqu'à 2 m. E Jusqu'à 1,50 m
Regroupant quelque 20 espèces et un grand nombre d'hybrides, ce genre d'arbustes à feuilles persistantes est

Clematis florida 'Sieboldii'

Citrus sp.

d'origine méditerranéenne. De la fin du printemps au début de l'été, les cistes se couvrent de fleurs simples qui ressemblent à celles de l'églantier ; leurs pétales sont très fins et leurs étamines forment un bouquet remarquable, mais elles sont éphémères, s'ouvrant le matin pour se faner le soir. La plupart des cistes possèdent des feuilles vertes et ternes, coriaces, souvent collantes, portées par des tiges ligneuses. La base des pétales du cultivar *C.* × *aguilari* 'Maculatus' est tachetée de cramoisi. Le ciste le plus commun, *C.* 'Silver Pink', a un feuillage gris au revers et des fleurs rose clair.

Culture Non rustique ; plein soleil ; arroser normalement ; apporter au printemps de l'engrais organique ; pratiquer une taille légère parmi les jeunes pousses en épargnant le vieux bois ; se multiplie à la fin de l'été par boutures semi-ligneuses de 7 cm.

Besoins particuliers Sous climat rigoureux, le ciste doit hiverner à l'abri.

Idées d'utilisation Cette plante est parfaite pour un jardin de bord de mer ou pour un patio sec et chaud.

× *Citrofortunella microcarpa*

CITRUS
RUTACÉES

H 45-60 cm. E 45-50 cm

Les 15 arbres et arbustes partiellement épineux à feuilles semi-persistantes, originaires d'Asie du Sud-Est, qui composent le genre *Citrus*, sont plus connus sous leur nom d'oranger, de citronnier ou de pamplemoussier.

Les feuilles ovales, luisantes, vert foncé, pouvant atteindre 15 cm, souvent clairsemées, sont disposées le long de branches épineuses gris-vert.

Les fleurs, de 2,5 cm, très parfumées, sont habituellement blanches, avec des

étamines saillantes jaunes ; elles sont groupées par trois à huit. L'espèce la plus rustique, *C. ichangensis*, donne, même sous climat tempéré, un fruit semblable au citron.

Le citrus ornemental le plus commun est sans conteste l'hybride × *Citrofortunella mitis* (précédemment *Citrus mitis*). Cet arbrisseau, qui ne dépasse pas 45-60 cm de haut, est parfaitement adapté à la culture en pots ; ses feuilles ont un aspect très sain et, même jeune, il donne des fruits jaune orangé de 5 cm de diamètre ; ses petites fleurs, blanches et parfumées, sont groupées en bouquets de trois ou quatre.

Culture Non rustique ; plein soleil ; arroser normalement ; apporter de l'engrais liquide toutes les deux semaines de la fin du printemps au début de l'automne ; ne tailler que les rameaux morts ou malades ; peut subir des attaques de cochenilles ou d'aleurodes ; se multiplie au milieu du printemps par semis, ou en été par boutures semi-ligneuses.

Besoins particuliers Cette plante demande un site abrité et un sol bien drainé ; hiverne à l'abri (lieu frais, lumineux, non chauffé).

Idée d'utilisation *Citrus* est parfait isolé dans un patio ensoleillé.

Clematis

CLÉMATITE
RANUNCULACÉES

H Jusqu'à 4 m. E Jusqu'à 2 m

Clematis est un genre comprenant quelque 250 espèces ligneuses et grimpantes, rustiques ou fragiles, et qui compte aussi quelques espèces herbacées. Toutes sont cultivées pour leurs fleurs remarquables et leurs graines en forme d'aigrette plumeuse.

Les feuilles des espèces grimpantes ont un pétiole capable de s'entortiller autour d'un support. La fleur de la clématite n'en est pas réellement une : elle est composée de quatre sépales au moins, de taille très différente selon les cultivars ou les espèces (de 1 à 15 cm), et souvent brillamment colorés.

Les clématites *C. alpina* et *C. viticella*, aux fleurs pendantes en forme de clochettes, sont parfaites pour la culture en pots. *C. a.* 'Pamela Jackman' porte de belles et grandes fleurs bleues et blanches ; celles de *C.* 'Alba Luxurians' sont blanches, teintées de mauve ;

celles de *C.* 'Étoile Violette', violet-pourpre ; celles de *C.* 'Minuet', blanc crème, avec une grosse raie pourpre sur le pédoncule de chaque sépale. Deux espèces originales se distinguent particulièrement : *C. florida* 'Sieboldii', dont les fleurs ressemblent à celles de la passiflore, et *C. campaniflora*, aux petites fleurs en clochettes blanches teintées de bleu.

Parmi les hybrides à grandes fleurs, *C.* 'Vyvyan Pennel' porte des fleurs doubles violet-bleu, dont le centre possède des nuances pourpres et carmin, et *C.* 'Jackmanii Superba', des fleurs d'un éclatant violet-pourpre.

Culture Fragile (zones 4-5) ; plein soleil/mi-ombre ; arroser normalement ; apporter au printemps de l'engrais à action prolongée ; ne pas tailler les espèces fleurissant avant le milieu de l'été ; rabattre d'un tiers, du début au milieu du printemps, celles fleurissant entre le milieu et la fin de l'été ; raccourcir à 30 cm, au début du printemps, celles fleurissant à partir de la fin de l'été ; sensible à l'oïdium, au flétrissement et aux attaques de pucerons, de perce-oreilles et de limaces (voir pp. 104-105) ; les espèces grimpantes se multiplient au milieu de l'été par boutures semi-ligneuses de 10 cm ou par boutures ligneuses de 20 cm au printemps.

Besoins particuliers Les clématites préfèrent un sol calcaire bien drainé. Garder les racines fraîches et humides.

Idée d'utilisation Les clématites s'associent bien avec un arbuste qui leur fournira un support naturel et une protection en hiver (voir p. 19).

Cobaea scandens

COBÉE
POLÉMONIACÉES

H Jusqu'à 6 m. E 3 m
Cobaea est un genre de 18 espèces de vivaces grimpantes, semi-rustiques, ligneuses, à feuilles caduques ou persistantes. Parmi ces dernières, *C. scandens* donne rapidement une couverture décorative aux treillages et aux pergolas. Cette grimpante vigoureuse s'accroche grâce à ses vrilles, semblables à celles des pois. Elle pousse d'abord en hauteur, puis s'étoffe au sommet et retombe, formant une voûte naturelle. Les feuilles, qui vont du vert moyen au vert foncé, ont six paires de folioles ovales, comme la glycine. Les fleurs, des clochettes de 7 cm, d'abord d'un

vert crémeux, virent au pourpre avec le temps ; la floraison dure du début de l'été à la mi-automne.

Culture *C. scandens* est cultivé comme annuelle dans l'est du Canada. Fragile ; plein soleil/mi-ombre ; arroser fréquemment pendant la croissance ; mettre au fond du pot de l'engrais à action prolongée lors du rempotage ; se multiplie facilement par semis à l'intérieur au début du mois de mars ; transporter à l'extérieur lorque les risques de gel sont passés.

Besoins particuliers Le cobée aime les situations abritées, les sols bien drainés et riches. Le protéger contre le gel. Ne plus apporter d'engrais une fois en place, car cela favorise la pousse mais freine la floraison. Couper régulièrement les fleurs fanées pour assurer une floraison continue.

Idée d'utilisation Cette plante vigoureuse est parfaite sur un treillage.

Convolvulus

CONVOLVULUS
CONVOLVULACÉES

H Jusqu'à 1 m. E 1,20 m
Convolvulus est un genre étendu d'annuelles rustiques et semi-rustiques — beaucoup sont rampantes —, et d'arbustes vivaces, à feuilles caduques ou persistantes.

Toutes les espèces possèdent des fleurs en entonnoir à large embouchure, isolées ou regroupées en gros bouquets ; elles durent peu, éclosant généralement le matin pour se faner à mesure que le jour progresse. Parmi les annuelles, la belle-de-jour *(C. tricolor)* forme un buisson très fleuri aux fleurs bleu foncé avec un centre jaune ou blanc.

Parmi les vivaces, *C. cneorum* est un arbuste touffu, dense et arrondi, avec des feuilles persistantes, argentées, soyeuses, étroites et pointues ; ses fleurs, dont le bouton est rose tendre, sont d'un magnifique blanc pur avec un petit œil jaune doré au centre lorsqu'elles sont ouvertes ; elles s'épanouissent pendant tout l'été et au début de l'automne.

Culture Non rustique et fragile ; plein soleil/mi-ombre ; arroser normalement ; apporter de l'engrais liquide toutes les deux semaines en été ; les annuelles se multiplient par semis au milieu du printemps, les vivaces par boutures à talon de 6 cm prélevées au milieu de l'été.

Cobaea scandens

Besoins particuliers Les convolvulus préfèrent un sol bien drainé. En hiver, les vivaces doivent être protégées du gel. Couper immédiatement les fleurs fanées afin d'assurer une floraison continue.

Idée d'utilisation Les convolvulus se mélangent bien dans des jardinières et de grands conteneurs avec d'autres plantes à feuilles argentées.

Coprosma × kirkii

COPROSMA
RUBIACÉES

H 1 m. E 1,20-2 m
Coprosma compte quelque 90 espèces d'arbustes et d'arbres à feuilles persistantes originaires d'Australie, de Nouvelle-Zélande et d'Amérique du Sud. *Coprosma × kirkii* est un hybride naturel. D'abord prostré, il devient en vieillissant un arbuste semi-dressé. Les feuilles, opposées, oblongues et coriaces, sont d'un vert brillant ; les branches sont minces, droites et entremêlées. Les fleurs, insignifiantes, éclosent en abondance à la fin du printemps. Il existe des plants mâles et femelles, ces derniers donnant de minuscules baies en forme d'œuf ; elles sont translucides, blanches, mouchetées de rouge.

Le cultivar *C. × k.* 'Variegata' possède de jolies petites feuilles vert moyen marginées de blanc, mais il est moins rustique que l'original ; *C. × k.* 'Prostrata' forme un buisson au branchage inextricable.

Culture Non rustique ; plein soleil ; arroser normalement ; couvrir le pied d'un paillis organique épais au printemps ; éliminer si nécessaire les rameaux mal placés au milieu du printemps ; se multiplie par boutures semi-ligneuses de 10 cm à la fin de l'été.

Crocus chrysanthus 'Gipsy Girl'

pucerons (voir p. 105) ; sujet également au feu bactérien (voir p. 104), qui peut entraîner la mort de la plante.
Besoins particuliers Les cotonéasters produisent davantage de baies dans un milieu modérément sec.
Idée d'utilisation Les types prostrés constituent un très agréable tapis vivant sur le sol.

Crocus

CROCUS
IRIDACÉES

H 10 cm. E 2,5-7,5 cm
Ce genre comprend plus de 70 espèces et d'innombrables variétés de petites plantes à bulbe, qui fleurissent en extérieur au début du printemps. Leur fleur ressemble d'abord à un tube rigide puis, après éclosion, à un entonnoir à six pétales. Leur couleur va du blanc au rose et au pourpre, en passant par le jaune. Les longues feuilles, étroites et dressées, sont vert moyen, agrémentées d'un filet blanc courant au milieu. *Crocus chrysantus* porte des fleurs jaune orangé, qui sont délicatement parfumées.
Culture Facile ; bulbe vivace ; plein soleil ; arroser normalement ; donner un engrais liquide léger toutes les deux semaines du début de la floraison au jaunissement du feuillage ; se multiplie en prélevant des bulbilles sur la plante mère.
Besoins particuliers Les crocus préfèrent un sol bien drainé ; il faut les protéger des oiseaux, qui peuvent attaquer les fleurs.
Idées d'utilisation Ces plantes sont parmi celles qui donnent au printemps ses premières couleurs. Les cultivars parfumés conviennent particulièrement bien aux jardinières (voir p. 44).

Cordyline australis 'Purpurea'

Besoins particuliers Le coprosma préfère un sol léger et bien drainé. Pour obtenir des baies, prévoir des plants des deux sexes.
Idées d'utilisation Cette plante est remarquable en spécimen isolé dans des sites secs, ensoleillés et bien exposés ; elle est notamment idéale en régions côtières (voir p. 74).

Cordyline australis

CORDYLINE
LILIACÉES

H Jusqu'à 8 m. E 3 m
Ce genre regroupe 15 espèces et cultivars d'arbres et d'arbustes à feuilles persistantes, originaires d'Australasie, d'Inde et d'Amérique du Sud. Ces plantes, cultivées pour leur port élégant, rappelant celui du palmier, doivent être protégées en hiver.
Cordyline australis possède un tronc élancé portant à son sommet une touffe de feuilles gris-vert qui ont la forme d'une épée. De petites fleurs blanc crème et parfumées apparaissent au début de l'été sur de longues panicules lorsque la plante est âgée de huit à dix ans. Une variété, *C. a.* 'Purpurea', a des feuilles pourpres, et une espèce, *C. indivisa*, des fleurs blanc cassé teintées de pourpre.
Culture Non rustique ; plein soleil ; arroser normalement ; apporter de l'engrais organique au printemps ; sujet aux taches foliaires (voir p. 104) ; se multiplie par semis, ou bien par marcottage aérien au printemps (voir p. 99), ou encore par boutures de 7 cm au début de l'été.

Cotoneaster franchetii

Besoins particuliers La cordyline préfère un sol bien drainé.
Idée d'utilisation Cette plante produit un effet tropical tout à fait intéressant (voir p. 41).

Cotoneaster

COTONÉASTER
ROSACÉES

H 20 cm-2 m. E Jusqu'à 2,50 m
Ce genre compte quelque 50 espèces cultivées d'arbustes rustiques, à feuilles persistantes ou caduques, au port très varié, allant des formes tapissantes aux petits arbres. Beaucoup sont cultivés pour leur riche parure automnale : feuillage aux couleurs changeantes et baies dont la teinte varie du jaune à l'écarlate foncé, en passant par le rose corail. Les feuilles sont brillantes et ovales ou oblongues. Les cultivars à port prostré sont très appréciés pour la culture en pots, tel *C. horizontalis*, avec ses petites baies rouges hivernales. Il existe également sous une forme panachée.
Les types à port érigé sont *Cotoneaster* 'Coral Beauty', au feuillage luisant persistant et aux fruits hivernaux rose saumon, et *C. lacteus*, qui porte des baies rouge orangé.
Culture Peu rustique (zones 4-5) ; plein soleil/mi-ombre ; arroser normalement ; apporter un engrais à action prolongée au printemps ; n'éliminer que le bois mort, mal formé ou endommagé ; se multiplie à la fin du printemps ou au début de l'été à partir de boutures semi-ligneuses à talon de 7 à 10 cm. Sensible aux attaques de

Cupressus

CYPRÈS
CUPRESSACÉES

H Jusqu'à 5 m. E 2 m
Les cyprès, répandus dans le monde entier, constituent un genre de quelque 30 espèces de conifères à feuilles persistantes. La plupart sont de grands arbres pyramidaux ou en colonne, atteignant souvent 20 m dans leur région d'origine. Ils ne sont donc pas vraiment adaptés à la culture en pots ! Il existe cependant de nombreux clones et hybrides à croissance lente qui présentent des caractères très intéressants − feuillage ou forme remarquables − pour la culture en bacs.
Les cultivars les plus communs sont du type *Cupressus arizonica* (le cyprès de l'Arizona). Le seul véritable cultivar nain de cette espèce est *C. a.* 'Compacta' : il lui faut dix ans pour atteindre 45 cm de haut sur 40 de large. *C. macrocarpa* (le cyprès de Monterey) est une autre espèce appréciée. Son cultivar *C. m.* 'Goldcrest', également très répandu, a une croissance rapide. Son feuillage aromatique jaune doré est porté par des ramules plumeuses.
Culture Non rustique ; plein soleil/ mi-ombre ; arroser normalement ; protéger avec un paillis épais au printemps ; se multiplie par boutures semi-ligneuses à talon du début au milieu de l'automne.
Besoins particuliers Les cyprès sont des plantes qui apprécient les sols bien drainés et riches. Il faut prévoir une protection hivernale pour les jeunes plants dans les régions froides. Les types dorés doivent être plantés en plein soleil, sinon ils virent au vert.
Idées d'utilisation Les spécimens isolés ou par paires sont remarquables pour encadrer une perspective. Ils sont aussi pratiques pour fournir un support et une protection à une plante grimpante fragile.

Cyclamen

CYCLAMEN
PRIMULACÉES

H Jusqu'à 30 cm. E Jusqu'à 45 cm
Les cyclamens font partie d'un petit genre de plantes tubéreuses, rustiques et semi-rustiques, originaires des régions méditerranéennes et cultivées pour leurs fleurs étonnantes. *Cyclamen hederifolium* (le cyclamen de Naples), la plus commune des espèces rus-

tiques, possède de longues fleurs mauve-rose perchées sur de fins pédoncules rouges. Ses feuilles, variables, mais souvent en forme de lierre, sont vert foncé avec des motifs argentés. Il en existe un cultivar à fleurs blanches, *C. h. album*. *Cyclamen coum* est une autre espèce rustique ; ses feuilles, en forme de cœur, sont vert moyen avec des dessins argentés et une face inférieure rouge foncé ; les fleurs arrondies sont roses, parfois blanches. *Cyclamen coum* fleurit du début de l'hiver au milieu de l'été.
Culture Non rustique ; plein soleil/ mi-ombre ; arroser normalement ; fumer avec un paillis épais après la floraison ; sensible au botrytis et à certains virus, ainsi qu'aux attaques de l'otiorhynque et des pucerons (voir p. 105) ; se multiplie par semis en automne.
Besoins particuliers Les cyclamens préfèrent un sol bien drainé, riche en humus. Protéger les rhizomes du gel.
Idée d'utilisation Cette plante convient bien aux jardinières et aux grands bacs lorsqu'elle se trouve en compagnie de bruyère et de lierre rampant (voir p. 59).

Dahlia 'Libretto'

Dahlia merckii

Dahlia

DAHLIA
COMPOSÉES

H Jusqu'à 1,50 m. E 1 m
Dahlia est un genre de plantes vivaces, semi-rustiques, à racines tubéreuses, toutes issues d'un petit nombre d'espèces mexicaines. Les dahlias de jardin actuels, très différents de leurs ancêtres, sont surtout appréciés pour leur vaste gamme de formes et de couleurs de fleurs, qui en font des plantes hors pair pour la culture en pots.

Tous les dahlias possèdent de grandes feuilles allant du vert moyen au vert foncé, composées de nombreuses folioles ovales. Les tiges sont creuses, mais obturées à chaque nœud.

Pour faciliter leur classification, les dahlias ont été répartis en deux groupes : les types pour massifs (dahlias de semis), assez courts, portent des fleurs simples, semi-doubles ou doubles (de 5 à 7 cm) et sont habituellement cultivés comme annuelles ; les types pour plates-bandes (dahlias tubéreux), plus vigoureux, donnent des capitules plus grands — jusqu'à 30 cm — dans une palette très étendue de tons pastel ou vifs, et sont habituellement cultivés comme de vraies vivaces. En raison de leur grand nombre d'espèces, ces derniers sont à leur tour subdivisés selon la forme de leur capitule : simple, anémone, collerette, rosette, dahlias décoratifs, boule, pompon, cactus, semi-cactus et divers. Il existe également nombre de cultivars au feuillage original, tels 'Bishop of Llandaf', aux feuilles vert bronze, ou 'David Howard', aux feuilles bronze foncé.

Culture Facile ; bulbe annuel ; plein soleil ; arroser normalement ; lors du rempotage, mettre au fond du pot de l'engrais à action prolongée et apporter de l'engrais liquide toutes les deux semaines pendant la floraison ; sensible aux virus et à la sclérotiniose, ainsi qu'aux attaques des pucerons, des limaces et des perce-oreilles (voir p. 105). Les types pour massifs se multiplient par semis au début du printemps (espèces naines) ; les autres se multiplient par division des tubercules au printemps, juste avant la plantation. On peut aussi planter les boutures prélevées sur les tubercules démarrés à l'intérieur au début mars.

Besoins particuliers Les dahlias préfèrent un sol bien drainé. Les protéger du gel : arracher les tubercules et les entreposer à l'abri en hiver. Tuteurer les cultivars d'une certaine hauteur.

Idée d'utilisation Leurs couleurs franches sont parfaites pour donner du relief à un site chaud et ensoleillé.

Diascia

DIASCIA
SCROPHULARIACÉES

H Jusqu'à 30 cm. E 20-30 cm
Le genre compte des annuelles et des vivaces semi-rustiques, originaires

Diascia 'Ruby Field'

d'Afrique du Sud, qui font d'excellentes plantes en pots à floraison estivale. Elles sont graciles et possèdent de belles feuilles vert foncé, luisantes, ovales. Leurs fleurs, tubiformes, roses, à l'intérieur moucheté, s'épanouissent au milieu de l'été. *D.* 'Ruby Field' est un cultivar aux fleurs rose saumon très apprécié.

Culture Fragile ; annuelle ; plein soleil/mi-ombre ; arroser peu, maintenir presque sec ; apporter de l'engrais liquide toutes les deux semaines pendant la période estivale ; pincer les sommités des pousses pour encourager la ramification ; se multiplie par semis sous châssis au début du printemps.

Besoins particuliers Les diascias doivent être vigoureusement taillées pour susciter un regain de floraison. Répéter au besoin cette opération pour prolonger celle-ci jusqu'à la fin de l'automne.

Idée d'utilisation Ces plantes sont très belles sur le pourtour des grands bacs : elles retombent et en tapissent partiellement les parois.

Dorotheanthus bellidiformis

FICOÏDE
AIZOACÉES

H 7,5-15 cm. E 30-45 cm
Le genre *Dorotheanthus* regroupe un grand nombre d'espèces de succulentes étroitement apparentées, auparavant classées dans le genre *Mesembryanthemum*. Originaires d'Afrique du Sud, ces plantes grasses, au port bas et étalé, sont parfaitement adaptées aux conditions arides. Leurs feuilles

Dryopteris filix-mas 'Crispa Congesta'

luisantes, comme perlées de sueur, sont étroites et charnues ; elles stockent une grande quantité d'eau, ce qui permet à la plante de résister à la sécheresse. Lorsque l'été est beau, et dans un endroit particulièrement sec et ensoleillé, *Dorotheanthus bellidiformis* offre le spectacle inoubliable de ses fleurs de 2,5 cm de large environ, qui ressemblent à des marguerites aux vives couleurs. Elles peuvent être blanches, roses, rouges, jaunes ou orange et s'épanouissent abondamment du milieu de l'été au début de l'automne.

Culture Non rustique ; plein soleil ; arroser peu ; lors du rempotage, mettre au fond du pot de l'engrais à action prolongée ; sensible à la pourriture du collet causée par un champignon, et aux attaques des limaces et des fourmis (voir p. 105) ; se multiplie par semis sous châssis ou en pleine terre à la mi-printemps.

Besoins particuliers La ficoïde préfère les endroits chauds et un sol très bien drainé, presque sec.

Idée d'utilisation Cette plante produit un très bel effet dans un panier suspendu, et elle est idéale pour ceux qui oublient les arrosages.

Dryopteris filix-mas

FOUGÈRE
POLYPODIACÉES

H 1 m. E 1,20 m
Dryopteris est un important genre de fougères vivaces, à feuilles caduques ou semi-persistantes, rustiques ou fragiles. L'espèce la plus courante, très rustique,

121

Ensete ventricosum

Leurs petites fleurs blanches sont très parfumées ; la floraison, abondante, dure du début de l'été à la fin de l'automne et elle est suivie par l'apparition de petits fruits orange argenté en forme d'œuf. Dans l'est du Canada, quelques espèces seulement peuvent être cultivées : *E. commutata* (zone 2), au feuillage argenté et aux fleurs jaunes délicates, très parfumées, apparaissant en juin, très populaire pour sa grande rusticité ; *E. multiflora* (zone 5), aux petites fleurs abondantes, blanc jaunâtre, apparaissant en mai et suivies d'une fructification remarquable sous forme de baies rouge brique en juillet ; *E. umbellata* 'Cardinal' (zone 5), dont les fruits, abondants, passent de l'argenté au rouge argenté puis au rouge orangé à l'automne.

Culture Rustique (zones 2-5) ; plein soleil ; arroser normalement ; apporter de l'engrais organique au printemps ; couper les pousses mortes, malades ou mal placées à la fin du printemps et les rameaux verts (revenus à l'état originel) des espèces panachées ; se multiplie à la fin du printemps à partir de boutures semi-aoûtées.

Besoins particuliers Les chalefs préfèrent les sols secs, même pauvres.

Idée d'utilisation Ces plantes sont idéales pour créer des contrastes par leur feuillage argenté.

Ensete ventricosum

BANANIER D'ABYSSINIE
MUSACÉES

H Jusqu'à 5 m. E 2 m

Ces herbacées vivaces, à feuilles persistantes, sont originaires de la côte orientale de l'Afrique, de Chine méridionale et d'Asie du Sud-Est. Leurs grandes feuilles vert foncé, longues et larges comme des pagaies, possèdent une nervure centrale rouge.

Le bananier d'Abyssinie a l'apparence d'un arbre, mais son « tronc » est en réalité composé de la gaine des pétioles des feuilles. Les inflorescences, des grappes globulaires qui atteignent jusqu'à 30 cm de diamètre, peuvent compter jusqu'à vingt fleurs dans une touffe de bractées brun-pourpre. Elles donnent ensuite naissance à des fruits longs de 7 cm environ, en forme de banane. La petite espèce *E. superbum* est particulièrement appréciée pour la culture en pots.

Ensete ventricosum

D. filix-mas (fougère mâle), pousse naturellement dans l'hémisphère Nord. Les frondes (les « feuilles »), d'un vert brillant foncé, sont élancées, disposées en corbeille et si élégamment arquées qu'elles touchent presque le sol. Cette fougère est très prolifique et colonise rapidement des zones entières. *D. cristata* est une espèce voisine, moins vigoureuse et plus étalée ; ses frondes jaune-vert pâle sont ondulées.

Culture Rustique (zone 3) ; mi-ombre/ombre ; arroser fréquemment ; fertiliser légèrement à la poudre d'os au printemps ; laisser en place les frondes sèches pour protéger le cœur du froid pendant l'hiver, puis les couper au printemps ; se multiplie par spores en été ou par division des rhizomes en automne ou en hiver.

Besoins particuliers Ces fougères préfèrent un sol tourbeux, humide mais sans excès. Par temps chaud, vaporiser de l'eau tous les soirs sur les frondes.

Idée d'utilisation Elles apportent de la vie à un coin sombre et humide.

Elaeagnus

CHALEF
ÉLAEAGNACÉES

H Jusqu'à 3 m. E 3 m

Le genre *Elaeagnus* compte une quarantaine d'espèces d'arbustes et de petits arbres, à feuilles persistantes ou caduques, originaires d'Asie, d'Europe méridionale et d'Amérique du Nord. Ces plantes résistantes conviennent aux sites exposés ou maritimes et tolèrent bien la pollution atmosphérique.

Culture Non rustique ; plein soleil ; arroser normalement ; apporter de l'engrais organique au printemps ; couper les fleurs fanées ; se multiplie au début du printemps par semis ou par division de touffes toute l'année.
Besoins particuliers Ces bananiers demandent un sol riche et bien drainé. À protéger du gel en hiver.
Idée d'utilisation Ces plantes sont parfaites pour un thème tropical.

Erica
BRUYÈRE
ÉRICACÉES

H 30-45 cm. E Jusqu'à 60 cm
Les bruyères forment un genre qui comprend plus de 500 espèces, allant de l'arbuste nain au petit arbre. La plupart viennent d'Afrique du Sud et résistent souvent mal au gel ; les espèces méditerranéennes, en revanche, sont généralement rustiques. Il en existe de très nombreux cultivars, de nouveaux venus grossissant régulièrement les rangs.
Les cultivars à longues hampes florales sont parfaits pour la culture en pots ; même lorsque leurs fleurs, rouges, roses ou blanches, sont fanées, ils restent attrayants. Il existe également des espèces cultivées pour leur feuillage, comme *E. cinerea* 'Golden Drop', dorée, dont les jeunes pousses sont rouge cuivre, ou *E. carnea* 'Aurea', au feuillage jaune doré et aux fleurs roses.
Culture Peu rustique (zones 4-5) ; plein soleil ; arroser normalement ; apporter de l'engrais liquide sous-dosé toutes les deux semaines du milieu de l'été au début de l'automne ; couper les fleurs fanées immédiatement après la floraison ; se multiplie au cours de l'été par boutures de jeunes pousses de 5 cm.
Besoins particuliers Les bruyères demandent un sol sans calcaire (la « terre de bruyère ») ; la plupart des espèces craignent les excès d'eau.
Idée d'utilisation Elles seront joliment disposées autour de plantes à longue tige (voir pp. 43 et 53).

Euonymus
FUSAIN
CÉLASTRACÉES

H 45 cm-2 m. E 1-4 m
Le genre *Euonymus* compte quelque 175 espèces d'arbustes et de petits arbres, parfois sarmenteux, à feuilles persistantes ou caduques. La plupart viennent d'Asie ; certaines espèces sont cependant originaires d'Europe, d'Amérique du Nord et d'Australie. Les fleurs des fusains sont insignifiantes, mais les fruits, colorés, lobés et parfois ailés, peuvent être d'une grande beauté ; en outre, les espèces caduques ont souvent un superbe feuillage automnal. Parmi les espèces à feuilles persistantes, *E. fortunei* est particulièrement apprécié pour sa souplesse d'adaptation, qui lui permet de pousser presque partout ; ses variétés panachées, *E. f.* 'Silver Queen' notamment, aux feuilles vert foncé largement marquées de blanc, qui se tachent de rose et de crème en hiver, sont recherchées. *E. europaeus* 'Red Cascade', une espèce caduque, possède des feuilles qui virent à l'écarlate en automne et porte des fruits rouge rosé tout l'hiver.
Culture Peu rustique (zones 4-5) ; plein soleil/mi-ombre ; arroser normalement ; apporter un engrais à action prolongée au milieu du printemps et disposer, au pied, un paillis organique épais au milieu de l'automne ; supprimer les branches mortes, mal placées ou endommagées ; les jeunes pousses sont sensibles aux attaques de pucerons (voir p. 105) ; se multiplie au cours de l'été à partir de boutures semi-ligneuses à talon.
Besoins particuliers Les fusains ayant un enracinement souvent superficiel, il faut être attentif à la sécheresse et leur assurer l'arrosage nécessaire.
Idée d'utilisation Les espèces à feuilles persistantes se prêtent bien à la formation de topiaires.

Euphorbia
EUPHORBE
EUPHORBIACÉES

H Jusqu'à 1,20 m. E Jusqu'à 1,20 m
Euphorbia est un vaste genre de près de 2 000 espèces d'annuelles, de bisannuelles et de vivaces, largement distribuées, particulièrement dans les régions subtropicales. Les vivaces ont des feuilles lancéolées avec une nervure centrale saillante et exsudent un latex blanc quand elles sont blessées. *E. wulfenii* est un arbrisseau très apprécié pour ses feuilles bleu-vert clair et ses nombreuses bractées jaunes qui couronnent chaque rameau. *E. griffithii* offre un spectacle estival très vivant, avec ses bractées rouge feu. *E. schillingii*, aux brillantes feuilles

Euonymus fortunei 'Silver Queen'

Euphorbia schillingii

vertes et aux fleurs jaune beurre, envahit lentement toute la surface de son terrain, s'enracinant au rythme de son développement.
Culture Non rustique pour les espèces arbustives. Quant aux espèces vivaces, elles sont peu rustiques : *E. griffithii* 'Fire Glow' (zone 5), *E. epithymoides* (zone 4), *E. cyparissias* (zone 4). Plein soleil/mi-ombre ; arroser normalement. Les vivaces se multiplient par division des plants à la fin de l'été.
Besoins particuliers Les euphorbes n'appréciant pas les endroits venteux, il est nécessaire de leur assurer un lieu abrité. Leur latex, très irritant pour la peau, peut provoquer des gastroentérites en cas d'ingestion.
Idées d'utilisation Les petites espèces font de bons couvre-sol.

Fatsia japonica 'Variegata'

Fatsia japonica

FATSIA
ARALIACÉES

H Jusqu'à 2,40 m. E 3 m

Ce genre ne compte qu'une seule espèce d'arbuste à feuilles persistantes, au
port relâché, originaire du Japon et de
Taïwan. *Fatsia japonica*, syn. *Aralia*,
porte des feuilles palmées de 15 cm ;
elles sont luisantes, vert foncé et supportées par de longs pétioles. Les grands
épis de fleurs blanches, qui apparaissent
à mi-automne, sont portés par d'épaisses tiges vertes dressées.

Cette plante accepte très bien le climat
maritime ou l'air pollué d'un jardin
urbain. La forme panachée *F. j.* 'Variegata', dont les pointes des feuilles sont
plus ou moins marquées de blanc, n'est
pas aussi résistante que l'espèce type.

Culture Non rustique ; plein soleil/
mi-ombre ; arroser normalement ;
apporter un engrais à action prolongée
au printemps ; à la fin du printemps,
éliminer les pousses malades ou abîmées par le gel ; se multiplie à la fin
du printemps à partir de boutures de
rameaux (il faut une seule feuille et
un bourgeon).

Besoins particuliers Quoique rustique, cette plante appréciera, dans les
régions froides, l'abri d'un mur exposé
au sud ou à l'ouest. Préfère un sol bien
drainé, chargé de sable grossier ou de
gravier. Par temps rude, pailler le bas
de la plante.

Idées d'utilisation Il est préférable de
planter seul cet arbuste ; ses larges
feuilles donnent un caractère tropical
à une composition.

Fuchsia 'Thalia'

Ficus

FIGUIER
MORACÉES

H Jusqu'à 3 m. E 3 m

Ce genre très important compte plus de
800 espèces d'arbres, d'arbustes et de
grimpantes ligneuses, à feuilles persistantes ou caduques, originaires des
régions tropicales ou subtropicales. Peu
d'espèces sont suffisamment rustiques
pour rester dehors toute l'année, et doivent donc hiverner à l'intérieur ; exception notable, toutefois, *F. carica*, le
figuier aux fruits comestibles, et
d'autres espèces proches qui survivent
en pleine terre si on les protège en
hiver. Les grosses pousses trapues de ces
plantes portent de grandes feuilles vert
foncé, profondément lobées. *F. c.* 'Verte

d'Argenteuil' est la variété la plus sûre
en climat tempéré. Moins rustique,
F. benjamina, un arbre pleureur, est une
superbe plante aux fins rameaux portant d'étroites feuilles persistantes,
pointues, vert clair, qui deviennent
d'une teinte plus foncée avec l'âge.
Quand on la laisse se développer, elle
donne un petit arbre pouvant atteindre
plus de 2 m de haut, aux branches pendantes, doucement cintrées.

Culture Non rustique/fragile ; plein
soleil ; arroser normalement ; apporter
de l'engrais liquide toutes les deux
semaines du début de l'été au début de
l'automne ; n'élaguer que les branches
mortes ou abîmées ; *F. carica* se multiplie par marcottage au milieu de l'été,
F. benjamina par marcottage aérien au
début de l'été.

Fuchsia 'Leonora'

Galanthus nivalis

Fuchsia 'La Campanella'

Besoins particuliers Ces plantes préfèrent une exposition plein sud. Éviter les excès d'arrosage, qui pourraient provoquer une chute prématurée des feuilles. En hiver, protéger les espèces les plus rustiques et rentrer les plus fragiles.

Idée d'utilisation Le figuier est parfait pour un thème méditerranéen.

Fuchsia

FUCHSIA
ONAGRACÉES

H Jusqu'à 1,20 m. E jusqu'à 1,20 m
Les fuchsias constituent un genre de quelque 100 espèces de petits arbres et arbustes à feuilles caduques ou semi-persistantes, provenant principalement d'Amérique latine, cultivés pour leurs belles fleurs tubulaires souvent pendantes : quatre sépales déployés forment une cloche posée sur quatre pétales imbriqués, le tout s'accrochant à un mince tube. Les feuilles ovales, vert moyen mat, sont portées par un pétiole rougeâtre qui devient leur nervure centrale. Dans les régions au climat doux, les fuchsias sont rustiques et peuvent même faire office de haies. Les variétés les moins rustiques sont appréciées comme plantes d'intérieur. Certains cultivars montants, comme *F.* 'Leonora', permettent d'obtenir des arbustes buissonnants ou sur tige, alors que les types rampant ou retombant conviennent très bien pour les paniers suspendus et les jardinières.
F. magellanica, le fuchsia le plus rustique, présente de très petites fleurs à calice rouge écarlate, aux beaux pétales pourpres. Ses hybrides ont un intérêt ornemental encore plus grand : *F. m.* var. *molinae* 'Sharpitor', par exemple, qui possède de petites fleurs blanches teintées de mauve et des feuilles gris-vert au liséré blanc, ou les variétés panachées comme *F. m. gracilis* 'Variegata', aux feuilles vertes bordées d'un jaune crème tacheté de rose, ou encore *F. m.* 'Versicolor', un arbuste à pousse lente, aux jeunes feuilles gris-vert teintées de rose, se colorant irrégulièrement de blanc crème avec la maturité. Il existe de plus en plus d'hybrides semi-rustiques. *F.* 'Thalia', par exemple, aux fleurs rouge orangé et aux grandes feuilles, vertes au-dessus, rouges au-dessous, ou *F.* 'Cascade', un très beau fuchsia pleureur aux fleurs rouges et blanches.

Culture Non rustique ; plein soleil/mi-ombre ; arroser normalement ; apporter un paillis organique épais et un engrais à action prolongée au printemps ; tailler jusqu'au pied au printemps, après les plus rudes gelées ; sensible à la rouille et aux attaques de pucerons et de mouches blanches (voir p. 105) ; se multiplie par boutures de tiges tendres de 7 cm au cours de l'été.

Besoins particuliers Les fuchsias demandent à être plantés profondément. Les arbustes sur tige doivent hiverner à l'intérieur.

Idées d'utilisation Ces plantes conviennent bien aux paniers suspendus et aux jardinières (voir p. 16).

Galanthus nivalis

PERCE-NEIGE
AMARYLLIDACÉES

H 7,5-20 cm. E Jusqu'à 15 cm
Très populaire, le perce-neige, originaire d'Europe du Nord, appartient à un genre de plantes à petit bulbe à caïeux cultivées pour leurs fleurs blanches, qui apparaissent dès le milieu de l'hiver. Les fleurs pendantes, d'un blanc pur, parfois mouchetées de vert (*G. n.* 'Viridapicis'), sont portées par un mince pédoncule long de 20 cm environ. Les feuilles étroites, d'un vert moyen mat à l'éclat bleuâtre, vont habituellement par paires, encadrant la hampe florale.
Plusieurs espèces et cultivars moins connus commencent à être très appréciés pour la culture en pots : *G. n.* 'Flore Pleno', à fleurs doubles blanches, plus vigoureux que l'espèce type et aux fleurs plus grosses (4 cm de long). Il existe même une sous-espèce, *G. reginae-olgae*, qui fleurit en automne. *G. elwesii*, autre espèce très appréciée, aux grandes fleurs marquées de vert, est plus vigoureuse.

Culture Rustique ; bulbe vivace ; mi-ombre ; maintenir l'humidité jusqu'à la mort des feuilles ; donner de l'engrais liquide de la fin du printemps au début de l'été ; se multiplie par division des caïeux, après la floraison et avant la mort des feuilles.

Besoins particuliers Les bulbes des perce-neige en végétation ne doivent pas s'assécher. Éliminer les fleurs fanées et ne pas laisser les graines se développer.

Idée d'utilisation Précoces, ces plantes sont très agréables en potées placées sous des arbustes à feuilles persistantes.

Gaultheria

GAULTHERIA
ÉRICACÉES

H Jusqu'à 1 m. E Jusqu'à 1,50 m
Ce genre (précédemment *Pernettya*) compte 20 espèces d'arbustes et d'arbrisseaux ornementaux à feuilles persistantes, originaires d'Amérique du Sud et d'Australasie. Jeunes, ils forment des buissons denses, mais ils peuvent s'éclaircir et monter en tige avec l'âge. Les petites feuilles ovales, pointues, d'un vert foncé brillant, se serrent sur de fines tiges rouges. Les fleurs, souvent blanches, s'attachent à l'aisselle des feuilles ; la floraison estivale est suivie par des grappes de petits fruits ronds allant du blanc et du rose au pourpre et au rouge.
G. mucronata et ses variantes sont appréciés : *G. m.* 'Bell's seedling', aux fruits rouges, et *G. m.* 'Lilacina', aux fruits lilas pâle.
Culture Non rustique ; plein soleil/ mi-ombre ; arroser normalement ; au printemps, apporter un engrais organique et rabattre les rameaux qui ont trop poussé pour favoriser l'étoffement de la plante ; se multiplie à la fin de l'été à partir de boutures de 5 cm.
Besoins particuliers Ces plantes ont besoin d'être arrosées avec de l'eau de pluie lorsque l'eau locale est trop dure, trop calcaire.
Idée d'utilisation Les baies créent un beau spectacle hivernal (voir p. 53).

Geranium

GÉRANIUM
GÉRANIACÉES

H 10-75 cm. E Jusqu'à 1 m
Geranium est un genre important d'herbacées vivaces et rustiques, au port souvent étalé. Du début de l'été aux premiers gels, ces plantes, au nom populaire de « bec de grue », portent des groupes de fleurs en forme de soucoupes de 3 cm environ. Les feuilles de la plupart des géraniums sont finement découpées et portées par un fin pétiole. Le feuillage constitue l'attrait principal des quelques variétés panachées, dont les fleurs sont parfois tachetées de pourpre. D'autres espèces se réduisent en hiver à un bouquet serré de feuilles qui virent au rouge orangé à mesure que les jours décroissent. *G.* × *magnificum* possède des feuilles profondément lobées et des fleurs bleu lavande. *G. renardii*, avec ses feuilles vert de sauge à la texture douce et ses fleurs blanches veinées de pourpre, constitue un excellent choix pour la culture en pots. Parmi les géraniums les plus populaires, *G.* 'Johnson's Blue', *G.* 'Wargrave Pink' et le blanc *G. macrorrhizum* 'Album' sont tous de culture facile. *G. lucidum* ou *G. robertianum* sont également intéressants pour leurs tiges et leurs feuilles colorées en automne.
Culture Rustique (zones 3-4) ; plein soleil/mi-ombre ; arroser normalement ; apporter au printemps un engrais organique et tailler au ras du sol ; sujet à la rouille et aux attaques de limaces (voir pp. 104-105) ; se multiplie par semis ou par division au printemps.
Besoins particuliers Les géraniums préfèrent un sol bien drainé. Une division tous les trois ou quatre ans réduit les maladies et favorise la croissance.
Idées d'utilisation Ils apprécient les sites chauds et secs. Ils sont particulièrement beaux quand ils retombent sur les parois d'un bac.

Griselinia

GRISELINIA
CORNACÉES

H Jusqu'à 4 m. E Jusqu'à 3 m
Petit genre comptant 6 espèces d'arbres et d'arbustes, *Griselinia* vient de Nouvelle-Zélande, du Chili et du Brésil. *G. littoralis*, le plus commun, est un grand arbuste touffu dont les feuilles persistantes, coriaces, sont vert pomme, avec un éclat brillant. Sa croissance est assez rapide dans les régions côtières tempérées, où il résiste bien à la salinité ambiante. Les types panachés, comme *G. l.* 'Variegata', au beau feuillage vert marqué de blanc crème, ou le plus récent *G. l.* 'Dixon's Cream', aux feuilles également tachetées de blanc crème, sont généralement moins rustiques que les types unicolores.
Culture Non rustique ; plein soleil/ mi-ombre ; arroser normalement ; apporter au printemps de l'engrais organique ; rabattre et tailler les haies au début de l'été ; se multiplie à la fin de l'été par boutures semi-ligneuses à talon de 10 cm.
Besoins particuliers *Griselinia* doit être protégé des vents froids.
Idées d'utilisation Il constitue un bon écran persistant ou un support pour des grimpantes herbacées du type *Eccremocarpus*, *Tropaelum* ou *Lathyrus*.

Geranium × *magnificum*

Gypsophila paniculata

GYPSOPHILE
CARYOPHYLLACÉES

H Jusqu'à 1 m. E 1,20 m
Cette herbacée vivace et rustique, connue chez les fleuristes sous le nom de « soupir de bébé », est répandue dans toute l'Europe et jusqu'en Sibérie. Ses grosses racines charnues lui permettent de supporter la sécheresse et ses fines feuilles vert clair, très allongées, rappelant celles de l'œillet, limitent l'évaporation. Du milieu à la fin de l'été, elle porte des panicules de nombreuses petites fleurs de 1 cm environ, rose pâle, qui peuvent atteindre 1 m de haut. Des cultivars nains existent, comme *G. repens* 'Rosea', qui ne dépasse pas 10 à 15 cm et s'étale pour couvrir toute la surface du pot. Il donne généreusement des petites fleurs roses du mois de juin au mois d'août.
Culture Rustique (zone 3); plein soleil ; arroser normalement ; donner un engrais à action prolongée au printemps ; rabattre au ras du sol à la fin de l'automne ou au début du printemps. Se multiplie par division au printemps (il est à noter que *G. paniculata* n'aime pas être dérangé une fois installé) ; par semis sous châssis.
Besoins particuliers La gypsophile préfère un sol bien drainé et légèrement alcalin ; épandre de la chaux tous les deux ans.
Idée d'utilisation Elle est très attrayante si on la mêle avec des pois de senteur, qui viennent se tisser dans son feuillage.

Hebe albicans

Gypsophila repens 'Rosea'

Hedera helix 'Glacier'

Hebe

VÉRONIQUE ARBUSTIVE
SCROPHULARIACÉES

H Jusqu'à 1 m. E Jusqu'à 1,50 m
La plupart des véroniques arbustives forment des arbustes, quelques-unes de petits arbres, et toutes ont un feuillage persistant, insolite et très attrayant ; beaucoup fleurissent du printemps à l'automne. Leurs petites fleurs s'épanouissent en grappes denses ou en panicules. Nombre de ces plantes sont cultivables en pots, et les types à feuillage de cyprès sont remarquables en situation bien exposée. *H. armstrongii*, très ramifié, a des pousses vert olive à bout jaune et des petites fleurs blanches apparaissant en été ; *H. cupressoides*, arbuste érigé, présente de souples branches gris-vert et de petites fleurs bleu pâle à la mi-été ; *H. ochracea* 'James Stirling' est un arbuste nain avec des tiges érigées, luisantes et dorées. Les types à feuilles larges sont également très intéressants : *H. albicans*, arbuste à feuillage persistant, présente une masse de feuilles bleu-gris et des bouquets de fleurs

blanches ; *H. × franciscana* 'Variegata' porte des feuilles bordées de blanc crème (parfait pour les jardinières) ; quant à *H. speciosa* 'Tricolor', ses jeunes pousses se parent de rose en automne. *H. pinguifolia* 'Pagei', la plus populaire des variétés tapissantes, a des tiges marquées de violet, un feuillage gris-bleu, et porte d'innombrables épis de petites fleurs blanches qui s'épanouissent à la fin du printemps ou au début de l'été.

Culture Non rustique ; plein soleil ; arroser normalement ; apporter de l'engrais à action prolongée au printemps ; à la même époque, supprimer les rameaux endommagés par le gel ; couper les fleurs fanées au fur et à mesure ; susceptible d'être attaquée par le mildiou et les taches foliaires (voir p. 104) ; se multiplie par boutures semi-ligneuses de 5 à 10 cm prélevées au milieu ou à la fin de l'été.

Besoins particuliers Les véroniques arbustives doivent être protégées du froid ; elles apprécient la douceur des climats maritimes.

Idées d'utilisation Les petites espèces sont excellentes pour les jardinières et les compositions alpines.

Hedera

LIERRE
ARALIACÉES

H Jusqu'à 3 m. E Jusqu'à 3 m
Le lierre est un genre assez restreint de plantes vivaces, à feuillage persistant, répandues de l'Europe à l'Amérique du Nord et au Japon. La plupart sont grimpantes grâce à leurs crampons, ou rampantes sur le sol.
Ces plantes présentent un grand intérêt en raison de leurs facultés d'adaptation. Nombre des cultivars les plus appréciés ont pour origine *Hedera helix* : c'est le cas de *H. h.* 'Palmata', espèce à croissance lente et au feuillage rappelant le palmier, *H. h.* 'Glacier', aux petites feuilles gris argenté bordées de blanc, et *H. h.* 'Goldheart', peut-être le plus remarquable, avec ses feuilles effilées, vert foncé, au cœur jaune. *H. algeriensis*, une espèce aux robustes tiges rougeâtres qui grimpe rapidement, plus érigée que *H. helix*, est parfait pour recouvrir un treillage. Ses larges feuilles sont d'un vert luisant en été, virant au vert bronze en fin de saison ; ses pousses terminales, fragiles, doivent être rabattues lors des hivers

127

Hibiscus rosa-sinensis

Helianthemum 'Fire Dragon'

rigoureux. *H. algeriensis* 'Gloire de Marengo', un cultivar panaché très répandu, porte des feuilles vert sombre au centre et irrégulièrement bordées de blanc argenté. *Hedera colchica* 'Dentata' est une excellente grimpante ; ses feuilles bien lobées, d'un vert sombre teinté de pourpre, sont les plus grandes de tous les lierres. Très bonne plante pour couvrir un mur, *H. colchica* 'Dentata Variegata' a des feuilles tachetées de jaune crème et de vert pâle.

Culture *Hedera helix* 'Baltica' et 'Thorndale' sont cultivés dans l'est du Canada. Leur faible rusticité (zone 5) ne permet pas de les utiliser comme plantes grimpantes, mais on les emploie comme couvre-sol ou comme annuelle ; soleil ou mi-ombre ; arroser normalement ; les jeunes pousses peuvent être attaquées par la cochenille ; se multiplie par boutures herbacées du milieu à la fin de l'été.

Besoins particuliers Le lierre doit parfois être attaché jusqu'à la formation des crampons aériens. Les plantes issues de boutures de plantes juvéniles garderont les caractères juvéniles, tandis que celles issues de plantes adultes auront les caractéristiques

des adultes. C'est là l'explication du nombre très important de variétés et de cultivars existants. Une taille sévère est possible, mais les repousses auront des caractères juvéniles.

Idées d'utilisation Cette plante est très bonne pour bacs, paniers suspendus et jardinières. (voir pp. 40-41, 53, 58-59 et 64-65).

Helianthemum

HÉLIANTHÈME
CISTACÉES

H 7 à 10 cm. E Jusqu'à 60 cm
Ce vaste genre d'arbustes nains à feuilles persistantes s'étend de l'Asie à l'Afrique du Nord en passant par l'Europe du Sud et les Amériques. L'une des caractéristiques de ces plantes réside dans leur aptitude à survivre dans un environnement très sec. Elles forment des buissons couvrants, aux tiges coriaces et aux petites feuilles ovales, vert pâle, recouvertes de poils fins. Leurs fleurs en coupelle, de 2 cm environ, apparaissent en masses sur de courtes tiges, du milieu à la fin de l'été, dans une grande diversité de couleurs. Il existe de nombreux cultivars

très bien adaptés à la culture en pots. *H.* 'Wisley Pink' offre des fleurs roses à centre orange émergeant d'un feuillage gris-vert ; *H.* 'Wisley Primrose', des fleurs d'un jaune doré adouci ; *H.* 'Wisley White' possède des fleurs d'un blanc pur et des feuilles gris-vert, et *H.* 'Fire Dragon', des fleurs d'un orange écarlate. Sans oublier le très intéressant *H. nummularium grandiflorum* 'Variegatum'.

Culture Peu rustique (zone 5) ; plein soleil ; arroser normalement ; rabattre légèrement après la floraison pour en provoquer une seconde en automne ; se multiplie par boutures à talon semi-ligneuses de 5 à 6 cm au cours de l'été.

Besoins particuliers L'hélianthème demande un sol bien drainé. Ne jamais laisser ses racines dans l'eau.

Idée d'utilisation Cette plante masquera parfaitement, en retombant, les parois d'un bac ou d'une jardinière.

Heliotropium

HÉLIOTROPE
BORRAGINACÉES

H Jusqu'à 60 cm. E Jusqu'à 40 cm
Les héliotropes constituent un vaste genre d'annuelles semi-rustiques ou fragiles et de sous-arbrisseaux. Les jardiniers apprécient *H.* × *hybridum*, qui se présente sous la forme d'un arbuste bas, fragile, à feuilles persistantes. Celles-ci, épaisses, finement ridées, oblongues et d'un vert sombre, poussent sur des tiges également vert foncé, parfois presque noires. Ses petites fleurs forment des corymbes serrés larges de 10 cm, très parfumés, dont la couleur varie du bleu-violet profond au lavande, voire au blanc pur. Parmi les nombreuses variétés recensées, 'Princess Marina' porte de larges bouquets de fleurs bleu-violet,

128

Hosta sieboldiana var. *elegans*

Hosta fortunei var. *albo picta*

Hosta sieboldiana 'Frances Williams'

'Florence Nightingale', des corymbes d'un mauve pâle. Certaines variétés se sèment, telles que la récente 'Mini Marine', aux feuilles vert bronze et aux fleurs bleu violacé.

Culture Facile ; annuelle ; plein soleil ; donner de l'engrais liquide tous les quinze jours du début de l'été au début de l'automne ; se multiplie par semis au début du printemps ou par boutures de 20 cm à la fin de l'été.

Besoins particuliers L'héliotrope demande un sol naturellement drainé, riche en matière organique. Couper les fleurs fanées pour prolonger la floraison.

Idées d'utilisation Le parfum capiteux de l'héliotrope mérite un endroit proche de la maison. En contraste avec des fleurs aux couleurs claires, ses teintes bleu violacé ont un effet certain.

Hibiscus

HIBISCUS
MALVACÉES

H 2 à 3 m. E 2 m
Les hibiscus regroupent 200 espèces environ d'herbacées, d'arbustes ou de petits arbres, fragiles ou rustiques, largement répandues à travers le monde. Leurs feuilles, de taille variable, plus ou moins ovales et dentées, sont d'un vert moyen à sombre. Les fleurs en entonnoir, souvent très colorées, mesurent de 7 à 12 cm. Les plus fragiles doivent être rentrées en hiver, telle *H. rosa-sinensis*, qui porte de grandes fleurs de 10 cm de diamètre, cramoisies, rose orangé ou jaunes. Les espèces les plus rustiques proviennent souvent de *H. syriacus* : 'Oiseau Bleu' a des fleurs bleu lilas à centre rouge ; celles de 'Snowdrift' sont d'un blanc pur.

Culture *H. syriacus* peu rustique (zone 5) ; plein soleil ; arroser normalement ; apporter un paillis organique

épais au printemps ; couper les rameaux faibles et rabattre d'un tiers les branches âgées au début du printemps ; les espèces fragiles se multiplient par boutures à talon de 7 à 10 cm prélevées au milieu ou à la fin de l'été ; pour les semi-rustiques, des boutures semi-ligneuses seront prises à la mi-été.

Besoins particuliers L'hibiscus craint la sécheresse, qui fait tomber les fleurs.

Idée d'utilisation Ses fleurs sont remarquables en situation ensoleillée.

Hosta

HOSTA
LILIACÉES

H Jusqu'à 40 cm. E 60 cm
Ces herbacées vivaces et rustiques sont principalement originaires de Chine et du Japon. Leurs fleurs étroites en trompette éclosent de la mi-été à la fin de l'automne sur des tiges atteignant 60 cm. Cependant, les hostas sont généralement cultivés pour leurs superbes feuilles, parfois oblongues, parfois ovales, et dont les teintes varient du bleu à de magnifiques mélanges de vert et d'argent ou de vert et d'or. Ils sont réputés pour leur adaptation à l'ombrage, mais les espèces panachées seront plus lumineuses si l'ombre n'est que légère. Dans de bonnes conditions, ces plantes peuvent vivre plusieurs années sans soins particuliers, ou presque. *Hosta sieboldiana* var. *elegans* possède de larges feuilles lancéolées d'un vert bleuâtre luisant, fortement veinées, et des fleurs d'un ton lilas bleu adouci. Une espèce à croissance lente, *H. s.* 'Frances Williams', offre de larges feuilles allongées, ovales, brillantes, vert bleuâtre et bordées de jaune ; *H. fortunei* var. *albo picta* est une vivace vigoureuse à feuilles persistantes d'un vert pâle, blanc crème au centre.

Culture Rustique (zone 3) ; mi-ombre/ombre ; arroser normalement ; sujet aux attaques des limaces (voir p. 105) ; se multiplie par division au milieu du printemps.

Besoins particuliers Les hostas demandent un sol tourbeux et humide naturellement drainé. Un sol riche en matière organique leur est très profitable pour la rétention d'eau. Garnir le pied de graviers pour protéger les racines de la chaleur et le feuillage des attaques des limaces.

Idée d'utilisation Dans un pot-cheminée en terre cuite (voir p. 33), les racines seront parfaitement à l'abri (voir pp. 63 et 64).

Humulus lupulus

HOUBLON COMMUN
CANNABINACÉES

H Jusqu'à 6 m. E 5 m
Figurant parmi le genre peu étendu des herbacées vivaces volubiles, le houblon est originaire d'Europe et d'Asie. Ses feuilles, de 10 à 15 cm de long, sont profondément lobées et dentées sur les bords, comme celles de l'érable sycomore. Elles sont placées par paires opposées sur des tiges minces et poilues. Si les fleurs sont insignifiantes, les fruits possèdent un certain attrait en automne. Le cultivar le plus populaire, *H. l.* 'Aureus', présente un feuillage d'un jaune doré pâle.

Culture Rustique (zone 4) ; plein soleil/mi-ombre ; arroser normalement ; apporter un paillis organique épais au printemps ; peut être attaqué par le mildiou du houblon ; se multiplie par boutures semi-ligneuses en été.

Besoins particuliers Le houblon préfère un sol bien drainé.

Idée d'utilisation Excellente plante sur un support palissé (voir pp. 6 et 64).

Hydrangea macrophylla 'Hamburg'

Hydrangea macrophylla 'Europa'

Hyacinthus orientalis 'L'Innocence'

Hyacinthus

JACINTHE
LILIACÉES

H Jusqu'à 25 cm. E Jusqu'à 15 cm
Bulbeuse extrêmement populaire, la jacinthe est d'origine méditerranéenne. Le genre comprend une bonne trentaine d'espèces sauvages, dont un petit nombre seulement sont cultivées comme plantes ornementales. Les plus répandues dérivent de sélections de *H. orientalis*, bien que le type de l'espèce soit rarement cultivé de nos jours. Les jacinthes possèdent des touffes de feuilles basales allongées en lanière cannelée, d'un vert moyen. Les fleurs forment des grappes denses sur des tiges atteignant 15 cm de haut. *H.* 'L'Innocence' est l'un des cultivars les plus appréciés.
Culture Rustique ; bulbe vivace ; plein soleil/mi-ombre ; arroser normalement ; apporter de l'engrais liquide tous les quinze jours après la floraison, jusqu'à ce que les feuilles jaunissent ; peut être attaqué par certains virus, la pourriture des bulbes ou les pucerons (voir pp. 104-105) ; multiplication par division des bulbes.

Besoins particuliers Les jacinthes ont besoin d'humidité même lors de la floraison. Supprimer les tiges déformées et les fleurs endommagées.
Idée d'utilisation Parfaites pour le forçage précoce à l'intérieur et la mise en place en jardinières juste avant la floraison (voir p. 69).

Hydrangea

HORTENSIA
SAXIFRAGACÉES

H Jusqu'à 2 m. E Jusqu'à 2,40 m
Les hortensias comptent quelque 80 espèces d'arbustes et de grimpantes, généralement cultivées pour leurs inflorescences larges et plates ou, au contraire, en épi. Elles sont composées de nombreuses petites fleurs fertiles entourées ou entremêlées de fleurs stériles beaucoup plus grandes. *Hydrangea macrophylla*, l'hortensia commun, se décline en de nombreuses variétés, dont les gammes de couleurs vont du rose pâle au bleu pastel. *H. m.* 'Tricolor' possède de belles feuilles panachées de vert, de blanc et de jaune ; *H. m.* 'Hamburg' présente des fleurs roses pouvant virer au bleu

après traitement ; *H. m.* 'Europa', de grandes fleurs d'un rose profond ; et *H. m* 'Nigra', des inflorescences rose vif sur des tiges noires.
Culture Peu rustique (zone 5) ; mi-ombre ; arroser normalement ; apporter un paillis organique épais au printemps ; se multiplie par boutures de 10 à 15 cm à la fin de l'été.
Besoins particuliers Les hortensias demandent une terre acide, notamment pour produire des fleurs bleues.
Idée d'utilisation Très bonne plante pour les endroits frais un peu ombragés (voir p. 71).

Ilex

HOUX
AQUIFOLIACÉES

H Jusqu'à 3 m. E Jusqu'à 2 m
Les houx comprennent 400 espèces d'arbres et d'arbustes à feuilles persistantes (parfois caduques), répandues dans le monde entier. Ils portent de très discrètes fleurs blanches, en forme d'étoile, et les plants femelles se parent de baies rouges, orange, jaunes ou blanches en automne. Les feuilles, coriaces, luisantes, sont souvent à bord épineux.

Ilex aquifolium 'J.C. van Tol'

Impatiens série Expo

Ipomoea rubrocaerulea 'Heavenly Blue'

I. aquifolium 'Silver Queen', malgré son nom, est une plante mâle ; il a des jeunes tiges pourpres et des feuilles d'un vert très sombre bordé de crème. *I. a.* 'J. C. van Tol' présente des feuilles d'un vert brillant et des baies rouge vif (femelle). Ce sont les deux cultivars les plus répandus.

Culture Peu rustique (zones 4b-5) ; plein soleil/mi-ombre ; arroser normalement ; apporter un paillis organique épais au printemps ; éliminer les pousses vert uni des variétés panachées ; tailler à la fin de l'été ; peut être attaqué par la mineuse des feuilles ; se multiplie par boutures semi-ligneuses de 10 cm à la fin de l'été.

Besoins particuliers Les houx demandent un sol naturellement drainé. Les hybrides provenant d'Amérique du Nord, comme *I.* × *meserveae* 'Blue Prince', 'Blue Princess', 'Blue Angel' et 'Blue Maid', exigent un sol neutre ou légèrement acide.

Idée d'utilisation Les sujets taillés conviennent à l'art des topiaires.

Impatiens

IMPATIENCE
BALSAMINACÉES

H Jusqu'à 60 cm. E Jusqu'à 60 cm

Les hybrides d'impatiences (ou balsamines) sont depuis longtemps très appréciés comme plantes annuelles. Leurs feuilles, luisantes, sont généralement lancéolées, dans des teintes variant du vert sombre au rouge bronze. Leurs fleurs, à cinq pétales (dont un à éperon), peuvent dépasser 4 cm de large et leur couleur va du rose au rouge sombre, en passant par le rouge rayé de blanc. Les impatiences fleurissent sans interruption du début de l'été aux premiers froids de l'automne. La série Super Elfin,

très recherchée, compte des variétés aux fleurs très larges.

Culture Facile ; annuelle ; plein soleil/mi-ombre/ombre ; arroser normalement ; apporter de l'engrais liquide tous les quinze jours du début de l'été au début de l'automne ; éliminer régulièrement les fleurs fanées ; sujet aux attaques des limaces (voir p. 105) ; se multiplie par semis fin février.

Besoins particuliers Les impatiences demandent un sol très bien drainé. Arroser régulièrement mais sans excès, ce qui entraînerait le jaunissement et la chute des feuilles.

Idées d'utilisation Excellentes plantes pour de vigoureuses combinaisons de couleurs estivales. Parfaites pour les paniers suspendus et les jardinières (voir p. 38).

Ipomœa

IPOMÉE
CONVOLVULACÉES

H Jusqu'à 3 m. E 1,50 m

Les ipomées forment un genre étendu d'arbustes et de grimpantes. Certaines espèces sont annuelles, d'autres vivaces. Les plus cultivées sont volubiles. Ces plantes sont surtout recherchées pour leurs fleurs, tubulaires ou en entonnoir. *I. alba*, à feuilles persistantes, ovales, et tiges herbacées, porte des fleurs blanches, odorantes, en forme de tube, qui s'ouvrent le soir ; *I. rubrocaerulea* 'Heavenly Blue' est une plante vigoureuse, volubile elle aussi, à feuilles vert pâle en forme de cœur. Elle donne des fleurs d'un bleu profond, d'un diamètre de 13 cm, de la mi-été au début de l'automne.

Culture Facile ; grimpante annuelle ; plein soleil ; arroser normalement ; apporter de l'engrais liquide tous les quinze jours du milieu à la fin de l'été ;

sujette aux attaques des limaces et des pucerons (voir p. 105) ; se multiplie par semis à l'intérieur en avril ou directement au jardin en mai.

Besoins particuliers Les ipomées réclament des tuteurs ou d'autres supports pour se développer parfaitement.

Idée d'utilisation Ces plantes s'associent bien avec des arbres ou des arbustes à feuilles caduques.

Iris

IRIS
IRIDACÉES

H Jusqu'à 75 cm. E 60 cm

Le genre Iris compte plus de 300 plantes vivaces, rhizomateuses ou bulbeuses, à feuilles caduques ou non, originaires de l'hémisphère Nord. La couleur de leurs feuilles varie du vert brillant au vert-gris mat. Les fleurs sont de différentes tailles, mais leur forme générale change peu. Les iris à barbes sont les plus populaires : leur culture est en effet facile et ils offrent de très nombreuses couleurs. La plupart des iris actuels sont des hybrides de *I. germanica*, mais il existe bien d'autres espèces intéressantes, comme *I. pallida* 'Variegata', aux fleurs bleu lavande et aux feuilles rayées de vert et de jaune doré, ou *I. pseudacorus* (l'iris des marais) 'Variegata', aux feuilles de mêmes couleurs, mais aux fleurs jaune d'or.

Culture Rustique (zones 3-5) ; plein soleil ; arroser normalement ; engraisser avec un paillis organique épais au printemps ; sensible à la pourriture des rhizomes et aux anguillules (voir p. 105) ; se multiplie par division juste après la floraison.

Besoins particuliers Les iris préfèrent les sols neutres.

Idée d'utilisation Ils font un très bel effet parmi d'autres plantes hautes.

Jasminum nudiflorum

Juniperus scopulorum 'Skyrocket'

Jasminum

JASMIN
OLÉACÉES

H Jusqu'à 3 m. E 2 m

Le genre des jasmins compte plus de 400 espèces de grimpantes ou d'arbustes vivaces à feuilles caduques. Ces plantes sont avant tout cultivées pour leurs petites fleurs tubulaires, souvent parfumées, jaunes, blanches ou rose pâle, s'ouvrant en forme d'étoile à cinq pétales. Les grimpantes s'élèvent sur leur support grâce à leurs tiges volubiles. Leurs petites feuilles, vert moyen, sont divisées en plusieurs folioles. *Jasminum officinale* (le jasmin commun) donne des fleurs blanches parfumées de la mi-été au début de l'automne. *J. nudiflorum* (ou jasmin

d'hiver) est un remarquable arbuste dont les fleurs jaunes apparaissent de la fin de l'automne au début du printemps. Il en existe un cultivar à feuillage doré, *J. n.* 'Aureum'.

Culture Non rustique ; plein soleil/mi-ombre ; arroser fréquemment ; donner un engrais de couverture à action lente au printemps ; les pousses endommagées par le gel sont sensibles au botrytis et aux attaques de pucerons (voir p. 105) ; se multiplie par boutures semi-ligneuses de 7 à10 cm à la fin de l'été.

Besoins particuliers Aucun.

Idée d'utilisation Planter le jasmin près d'une porte ou d'une fenêtre pour profiter de son parfum.

Juniperus

GENÉVRIER
CUPRESSACÉES

H Jusqu'à 7 m (cultivars à croissance lente 1,50 m). E 1 m

Les genévriers sont un genre important de conifères regroupant quelque 60 espèces. Beaucoup sont rustiques, remarquablement résistants à la chaleur, voire à la sécheresse. Ces plantes connaissent un changement de feuillage caractéristique en atteignant l'âge adulte et, à maturité, leur écorce rougeâtre s'exfolie. Un bon nombre d'espèces produisent des fruits ressemblant à des baies noirâtres.

Les variétés naines ou à croissance lente conviennent particulièrement bien à la culture en pots. Certains clones de *J. chinensis* sont très prisés, tel *J. c.* 'Stricta', au port conique, dont le feuillage va du bleu au gris ardoise. *J. c.* 'Obelisk', plus érigé, est d'un beau vert foncé. L'un des genévriers les plus répandus, *J. scopulorum* 'Skyrocket', est probablement le plus étroit des conifères cultivés. Il possède un feuillage d'un vert-bleu argenté. *Juniperus squamata* 'Pygmaea', un cultivar au feuillage vert-jaune, demande dix ans pour atteindre 1 m de haut. *J. recurva* var. *coxii*, excellente plante à croissance lente, atteint 3 m dans le même temps. Ses longues feuilles sont vert vif.

Culture Rustique (zones 3-5) ; plein soleil/mi-ombre ; arroser normalement et ne pas laisser les racines s'assécher ; apporter un engrais de couverture à action lente au printemps ; se multiplie par boutures semi-ligneuses à talon de 10 à 15 cm à la fin de l'été.

Besoins particuliers Les genévriers dorés ou panachés apprécient les situations bien ensoleillées.

Idée d'utilisation Belle plante solitaire ; peut aussi se tailler en topiaire.

Lamium

LAMIER
LABIACÉES

H Jusqu'à 60 cm. E Jusqu'à 3 m

Le genre comprend environ 45 espèces d'annuelles et d'herbacées rustiques vivaces, originaires d'Afrique du Nord et d'Europe, ressemblant beaucoup aux orties (mais sans poils urticants). Les fleurs étroites et tubulaires peuvent être violettes, roses, jaunes ou blanches ; elles se groupent en verticilles de trois ou quatre à l'aisselle des feuilles, du début à la fin de l'été. Leurs grandes feuilles, grossièrement ovales et d'un vert moyen, sont couvertes de poils fins ; certains cultivars sont recherchés pour leur feuillage argenté ou panaché. Beaucoup ont un port relâché et couvrent le sol, développant de nouvelles racines à chaque nœud. L'espèce à croissance lente *L. maculatum* offre des petites feuilles vertes ornées d'une raie argentée centrale et des petites fleurs rose violacé. *Lamium m.* 'Roseum' présente des fleurs rose pâle et *L. m.* 'Album', des fleurs d'un blanc pur. Il existe un cultivar à feuillage doré, *L. m.* 'Aureum'. *Lamiastrum galeobdolon* 'Variegatum', au feuillage panaché, convient très bien aux boîtes à fleurs et paniers suspendus, pour couvrir balcons et murets.

Culture Rustique (zone 3) ; plein soleil/mi-ombre ; arroser normalement ; apporter un peu d'engrais de couverture à action lente au printemps ; se multiplie à la fin de l'été par division.

Besoins particuliers Les types à feuillage argenté ou doré se plaisent mieux en situation partiellement ombragée.

Idée d'utilisation Plante idéale pour dissimuler les parois d'un conteneur (voir p. 59).

Lantana

LANTANA
VERBÉNACÉES

H Jusqu'à 1,20 m. E 1 m

Ce genre compte quelque 150 espèces d'arbustes vivaces et à feuilles persistantes, mais gélives, provenant d'Amérique du Sud et des Antilles. Leurs feuilles, elliptiques et dentées, sont d'un vert profond. Les inflorescences en dôme, très belles, pouvant atteindre 5 cm de large, se composent de multiples petites fleurs tubulaires. Elles apparaissent du début du printemps à la mi-automne, dans des teintes allant du rouge-rose au jaune orangé. *Lantana Camara* 'Mine d'Or' présente des fleurs jaunes et un port relâché, étalé, tandis que *L. c.* 'Rose Queen' est plus érigé, avec des fleurs rose tendre, d'un orange saumoné quand elles sont en bouton. *L. montevidensis*, tapissante, porte de petits bouquets de fleurs rose lilas.

Culture Non rustique ; plein soleil ; arroser fréquemment ; apporter de l'engrais liquide tous les quinze jours du début de l'été au début de l'automne ; rabattre à 10 cm à la mi-février ; se multiplie par boutures en mars sur une plante que l'on a fait hiverner à l'intérieur.

Besoins particuliers Ces plantes préfèrent un sol très bien drainé et doivent être rentrées en hiver.

Idée d'utilisation Les lantanas sont parfaites dans une situation chaude et sèche.

Laurus nobilis

LAURIER-SAUCE
LAURACÉES

H 6 à 12 m. E 3 à 6 m
Ce genre compte 2 espèces d'arbustes dioïques rustiques, à feuilles persistantes, originaires de la région méditerranéenne. Ils s'implantent bien en bord de mer, encore que les vents froids et les embruns puissent brûler leurs feuilles. Ils sont souvent taillés, ou cultivés sur tige ou demi-tige. Les feuilles du laurier-sauce, vert sombre, brillantes, lancéolées, sont aromatiques et utilisées en cuisine. Des grappes de petites fleurs jaune-vert apparaissent au printemps sur les plants mâles et femelles, mais elles sont si discrètes qu'elles passent inaperçues. *Laurus n.* 'Aurea' possède des feuilles jaune doré.

Culture Non rustique ; plein soleil/mi-ombre ; arroser normalement ; apporter un paillis organique épais au printemps ; tailler deux ou trois fois au cours de l'été et éliminer les gourmands des spécimens en tige dès leur apparition ; sensible à la cochenille ; se multiplie par boutures semi-

Lantana camara 'Mine d'Or'

ligneuses de 10 cm à la fin de l'été ou au début de l'automne.

Besoins particuliers Le laurier-sauce préfère un sol naturellement drainé. Le tailler au sécateur pour conserver la forme souhaitée.

Idées d'utilisation Excellente plante isolée, mais il peut également constituer le centre d'une belle composition en pot.

Lavandula

LAVANDE
LABIACÉES

H 45 cm à 1,20 m. E Jusqu'à 1,20 m
Le genre des lavandes comprend près de 30 espèces d'arbustes rustiques à feuilles persistantes, originaires des régions les plus chaudes d'Europe et du bassin méditerranéen. Elles aiment les milieux secs, se plaisent en pots et sont appréciées pour leurs fleurs parfumées et leur feuillage aromatique. Les feuilles sont longues, étroites, d'un gris argenté, recouvertes d'un fin feutrage de poils, très efficace pour réduire la déshydratation. Leurs petites fleurs tubulaires se groupent en épis étroits atteignant 5 cm de long du début de l'été au début de l'automne. La lavande la plus répandue, *L. angustifolia* 'Hidcote', au parfum puissant, a des fleurs d'un bleu-violet profond et un port touffu. Il en existe un cultivar blanc, *L. a.* 'Alba', et un autre, rose, *L. a.* 'Rosea'. *L. stoechas pedunculata* (la lavande papillon), avec sa touffe de bractées au bout de chaque tige, jouit d'une grande popularité depuis quelques années.

Lavandula angustifolia 'Hidcote'

Lavandula stoechas pedunculata

Culture Peu rustique (zone 5) ; plein soleil ; arroser modérément ; au printemps, apporter un engrais de couverture à action prolongée ; couper les fleurs fanées et tailler la plante à la fin de l'été pour lui conserver sa forme ; rabattre sévèrement les touffes trop dégarnies du milieu à la fin du printemps ; les tissus endommagés par le froid sont sensibles au botrytis, aux taches foliaires et à la cicadelle écumeuse (crachat de coucou sur les tiges).

Besoins particuliers La lavande peut souffrir du gel dans les régions froides. Les touffes ayant tendance à se déformer avec l'âge, il est préférable de les arracher et de les remplacer tous les cinq ou six ans.

Idée d'utilisation Planter la lavande parfumée près de la maison.

Lewisia

LEWISIA
PORTULACACÉES

H Jusqu'à 30 cm. E 25 cm

Ce genre peu répandu de quelque 20 espèces, mais aux nombreuses variétés, se compose de plantes semi-succulentes, vivaces, certaines à feuilles persistantes, originaires principalement de la côte ouest du Canada et des États-Unis. La plupart sont cultivées pour leurs jolies fleurs qui éclosent à la fin du printemps et au début de l'été. Les persistantes forment des feuilles en rosette rayonnant autour d'un centre et portent une profusion de fleurs en forme d'entonnoir ouvert, sur de minces tiges érigées pouvant atteindre 30 cm de haut. Les deux espèces les plus prisées sont *L. cotyledon alba*, avec ses rosettes de feuilles charnues aux bords ondulés ou dentés et ses bouquets de fleurs blanches au début de l'été, et *L. tweedyi*, aux fortes feuilles charnues et aux tiges épaisses portant des fleurs de 5 cm de large, dont les couleurs vont du rose blanchâtre au rose orangé.

Culture Non rustique : plein soleil ; arroser modérément ; apporter du fumier au moment de la plantation ; éliminer les fleurs fanées ; se multiplie par détachement des rejets en été.

Besoins particuliers Le collet épais des lewisias peut être attaqué par la pourriture. La combattre en entourant la plante d'une couche de gravier qui améliorera le drainage.

Idée d'utilisation Ces plantes produisent un excellent effet dans une vasque ou une auge, par exemple.

Ligustrum

TROÈNE
OLÉACÉES

H Jusqu'à 4 m. E 2 m

Les troènes, originaires d'Asie, comptent une cinquantaine d'espèces d'arbustes rustiques, vivaces, persistants et à croissance rapide. Beaucoup donnent en été des fleurs blanches odorantes, suivies de baies bleu-noir en automne. Leurs feuilles, d'un vert brillant, ternissent avec le temps ; elles ont la forme d'un ovale mince à pointe étroite. Elles poussent par paires sur des rameaux d'un vert noirâtre tournant au gris-brun avec l'âge. Les formes à feuilles panachées sont très intéressantes à cultiver seules, tel *L.* × *vicaryi*

'Hillside' (zone 4b, 50 cm), aux feuilles jaunes avec, au centre, des taches vertes. *L. vulgare* 'Aureum' (zone 5b, 4 m) a un feuillage doré. *L. obtusifolium regelianum* (zone 5, 1,50 m) prend des couleurs rouges à l'automne.

Culture Peu rustique (zones 4-5) ; plein soleil/mi-ombre : arroser fréquemment ; pailler avec de la matière organique au printemps et apporter un engrais à diffusion lente ; tailler avec des cisailles toutes les six semaines de la fin du printemps au début de l'automne pour maintenir une forme stricte ; se multiplie par boutures ligneuses de 15 à 20 cm au printemps.

Besoins particuliers Aucun. Le troène est peu attaqué par les insectes ou les maladies.

Idées d'utilisation Parfait en arbuste isolé ; très utilisé également en topiaire.

Lilium

LIS
LILIACÉES

H Jusqu'à 2,40 m. E 30 cm

Ce vaste genre rassemble des plantes à bulbe en général rustiques, largement répandues dans tout l'hémisphère Nord. Leurs belles fleurs en trompette comptent six éléments qui se recourbent naturellement vers l'arrière, formant une étoile dont la taille, selon les variétés, va de 2,5 cm à 25 cm. Nombre de lis répandent un parfum capiteux, et leur haute tige droite permet de les utiliser pour créer des taches de couleur bien visibles. Les feuilles, généralement étroites, vont du vert pâle au vert sombre.

Lewisia cotyledon alba

Le lis le plus apprécié pour la culture en pots reste *L. regale* (le lis royal), et ses hybrides. Cette plante d'une beauté singulière peut atteindre 1,50 m de haut. Elle porte des fleurs très agréablement parfumées, de 12 à 15 cm, blanches, à gorge jaune, et dont les pétales se teintent de rose à l'extérieur.

Culture Rustique ; bulbe vivace ; plein soleil/mi-ombre ; arroser normalement ; sensible aux viroses, aux attaques de pucerons (voir pp. 104-105) et au criocère du lis, dont la larve peut endommager les feuilles et les fleurs ; se multiplie par division des caïeux (voir p. 98) du début à la mi-automne.

Besoins particuliers Aucun ; la plupart des lis sont de culture facile si on leur offre un sol bien drainé.

Idée d'utilisation Cultiver les lis dans des pots de petite taille puis les placer dans des jardinières quand les boutons apparaissent (voir pp. 13, 72 et 73).

Lobelia

LOBÉLIA
CAMPANULACÉES

H 10 à 75 cm. E 30 à 60 cm

Le genre regroupe plus de 200 espèces d'annuelles, d'herbacées vivaces et d'arbustes rustiques ou semi-rustiques. Les feuilles, lancéolées ou ovales, sont d'un vert léger. Les fleurs, irrégulières, à base tubulaire, se terminent par une lèvre de trois à cinq lobes. Elles s'épanouissent du début de l'été à la mi-automne et leur gamme de couleurs va du blanc au bleu, en passant par le rouge. Les annuelles sont très utilisées en jardinières.

Lupinus polyphyllus 'Les Pages'

Lysimachia nummularia 'Aurea'

Lobelia erinus, par exemple, est une espèce naine tapissante qui donne en abondance, du début de l'été aux premières gelées, des fleurs de 2,5 cm, blanches, bleu pâle ou mauves. Les variétés annuelles à massif sont habituellement distinguées selon leur port et classées en buissonnantes et en retombantes. Plusieurs herbacées vivaces conviennent à la culture en pots. Ainsi, *Lobelia cardinalis* offre un port en touffe et des épis de fleurs écarlates en été.

Culture Annuelle/vivace rustique (zone 3) ; plein soleil/mi-ombre ; arroser normalement ; apporter de l'engrais liquide du début à la fin de l'été ; se multiplie par semis à l'intérieur à la fin mars ou, pour les vivaces, par semis ou par division des touffes au printemps.

Besoins particuliers Les lobélias vivaces doivent être transplantées dans une plate-bande au début de l'automne pour y passer l'hiver.

Idées d'utilisation Très bonnes rampantes pour les paniers suspendus, les bacs et les jardinières (voir p. 24).

Lonicera

CHÈVREFEUILLE
CAPRIFOLIACÉES

H Jusqu'à 3 m. E 2 m
Le genre des chèvrefeuilles comprend 200 espèces d'arbustes à feuilles persistantes ou caduques et de grimpantes sarmenteuses. Les espèces grimpantes volubiles sont rustiques, parfaites pour garnir les murs, les clôtures... Les fleurs parfumées, tubulaires, s'ouvrant

en lèvres divergentes, apparaissent en paires serrées (solitaires, par deux ou en petite inflorescence). Leur teinte va du blanc à l'écarlate, en passant par le jaune pâle, le doré et le rose. Les feuilles sont de formes variées, d'ovales à presque rondes. Parmi les espèces arbustives, *L. xylosteoides* 'Clavey's Dwarf' et 'Mini Globe', aux fleurs blanc-crème apparaissant à la mi-mai, sont idéales pour les petits espaces (zone 4, 60 cm à 1 m). Parmi les grimpantes, les cultivars *L. heckrotti* 'Gold Flame', aux fleurs jaunes et pourpres, et *L. brownii* 'Dropmore Scarlet', aux fleurs orangées, sont très appréciés.

Culture Rustique (zone 3-4) ; plein soleil/mi-ombre ; arroser normalement ; apporter de la matière organique au printemps ; rabattre les pousses latérales à 15 cm à la mi-printemps et couper le vieux bois après la floraison ; sensible au mildiou et aux attaques de pucerons (voir pp. 104-105) ; se multiplie par boutures de 10 cm au début août.

Besoins particuliers Les espèces grimpantes doivent avoir les racines à l'ombre et les branches au soleil.

Idée d'utilisation Très bonnes plantes pour parfumer un jardin le soir.

Lupinus

LUPIN
LÉGUMINEUSES

H 75 cm à 1,20 m. E 45 à 75 cm
Les lupins comprennent 200 espèces d'annuelles rustiques et semi-rustiques, d'herbacées vivaces et de sous-arbrisseaux à feuilles semi-persis-

tantes. Les fleurs de lupin, nombreuses, se pressent en une grappe terminale serrée, s'ouvrant rapidement les unes après les autres à partir de la base de la tige. Les feuilles, vert sombre, sont à six ou neuf folioles étroites, disposées en rayons à l'extrémité d'une tige mince. Les cultivars d'herbacées vivaces sont les plus utilisés et les variétés recensées peuvent être blanches, jaunes, bleues ou rouge (*L. polyphyllus* 'Les Pages'). Parmi les espèces arbustives, *L. arboreus* (le lupin en arbre) est le plus répandu.

Culture Vivace rustique (zone 3) ; plein soleil/mi-ombre ; arroser normalement ; apporter un paillis organique épais au printemps ; éliminer les fleurs fanées avant la formation des graines ; les herbacées vivaces sont sujettes aux viroses (voir p. 104) ; se multiplie par boutures de 7 à 10 cm au début du printemps, sous châssis froid.

Besoins particuliers Les tiges de lupin chargées de fleurs peuvent avoir besoin d'un tuteur.

Idée d'utilisation Très bonne plante pour apporter une tache de couleur vive se développant légèrement en hauteur (voir p. 38).

Lysimachia

LYSIMAQUE
PRIMULACÉES

H 5 cm à 1 m. E 60 cm à 1 m
Ce vaste genre de 150 espèces à floraison printanière et estivale comprend des annuelles rustiques et des herbacées vivaces, ainsi qu'un petit nombre de sous-arbrisseaux. Les feuilles, minces, lancéolées, parfois rondes, sont d'un vert moyen et tournent souvent au rouge orangé en automne. Les fleurs, en forme de coupe étoilée, peuvent être blanches ou jaunes ; elles s'épanouissent au bout des tiges en inflorescences longues de 15 à 20 cm. Parmi les espèces les plus appréciées figurent *L. clethroides*, qui atteint 30 cm de haut et donne de nombreux épis chargés de petites fleurs blanches de la mi-été au début de l'automne, ainsi que *L. nummularia* (l'herbe aux écus), une vigoureuse plante prostrée chargée, au milieu de l'été, d'une profusion de petites fleurs d'un jaune vif. Il en existe aussi un cultivar à feuilles jaunes, *L. n.* 'Aurea'.

Culture Rustique (zone 3) ; plein soleil/mi-ombre ; arroser normalement ; apporter de l'engrais liquide

Magnolia stellata

Matteuccia struthiopteris

Milium effusum 'Aureum'

tous les quinze jours du début à la fin de l'été ; couper les anciennes pousses au début du printemps ; se multiplie par division des touffes au printemps.

Besoins particuliers Les lysimaques numularias demandent des arrosages soigneux, car leurs racines sont peu profondes. Tuteurer les espèces hautes. Transplanter dans une plate-bande à l'automne pour la saison de dormance.

Idées d'utilisation Très bonne plante pour faire du volume et excellente comme couvre-sol.

Magnolia
MAGNOLIA
MAGNOLIACÉES

H Jusqu'à 5 m. E 3 m
Le genre magnolia compte quelque 125 espèces d'arbres et d'arbustes à feuilles persistantes ou caduques. Il comprend quelques-uns des arbres à fleurs les plus spectaculaires. Les fleurs – qui apparaissent souvent avant les feuilles – offrent toute une variété de blancs, de roses et de violets, avec des exceptions, tel le cultivar à feuilles persistantes *M. grandiflora* (le magnolia à grandes fleurs), aux fleurs d'un jaune pâle crémeux et aux larges feuilles vertes et brillantes. Les fleurs, en coupe, ont de 7 à 35 cm de large et s'épanouissent du milieu du printemps au début de l'automne selon les variétés. Les feuilles, d'un vert moyen, sont en général ovales. *Magnolia stellata* (le magnolia étoilé, zone 4b), une espèce à croissance lente, est parfait pour la culture en pots. Ses feuilles, d'un vert pâle, n'apparaissent qu'après les fleurs, très parfumées, d'un blanc pur, qui s'ouvrent du milieu à la fin du printemps. Il existe un cultivar à fleurs roses, *M. s.* 'Rosea'.

Culture Peu rustique (zones 4-5) ; plein soleil/mi-ombre ; arroser normalement ; apporter un paillis organique épais au printemps ; les branches endommagées sont sensibles à la maladie du corail ; se multiplie par marcottage à la fin du printemps.

Besoins particuliers Les magnolias demandent un sol acide bien drainé et doivent être arrosés à l'eau de pluie dans les régions sèches. (*M. delavayi* et *M. kobus* supportent un sol assez calcaire.) Une situation abritée et à l'écart du soleil matinal est conseillée.

Idées d'utilisation Idéal en situation isolée. *Magnolia grandiflora* forme un magnifique arbuste.

Matteuccia struthiopteris
MATTEUCCIA
POLYPODIACÉES

H Jusqu'à 1,50 m. E 1 m
Le genre *Matteuccia* comprend trois espèces de fougères rhizomateuses à feuilles caduques, répandues dans tout l'hémisphère Nord ; seul *M. struthiopteris* est communément cultivée.
Cette plante élégante, aimant beaucoup l'humidité, présente une couronne de frondes extérieures très joliment arquées d'un vert frais, stériles, pouvant atteindre 1 m de long. Les frondes intérieures, plus courtes, d'un vert brun sombre, produisent les spores. Toutes sont minces, lancéolées, disposées en corbeille, avec des nervures allant du blanc au brun noirâtre. Chaque année, la base de la couronne émet d'épais rhizomes noirs, qui ne sont autres que des tiges modifiées, donnant naissance à de nouveaux sujets. C'est leur mode le plus courant de reproduction.

Culture Rustique (zone 3) ; mi-ombre/ombre ; arroser fréquemment ; apporter un paillis organique épais au printemps ; se multiplie par séparation des rejets au printemps.

Besoins particuliers Les racines de ces fougères demandent beaucoup d'espace ; il faut donc les planter dans un large conteneur. Ces plantes peuvent tolérer le soleil.

Idée d'utilisation Excellente plante pour animer un endroit frais et très ombragé.

Milium
MILIUM
GRAMINÉES

H Jusqu'à 1,50 m. E 90 cm
Seules 6 espèces de graminées, annuelles ou vivaces, constituent ce genre originaire d'Eurasie et d'Amérique du Nord. Leurs feuilles, minces, d'un vert clair, atteignent généralement 30 cm de long et 1,5 cm de large ; elles sont souvent translucides dans le soleil du matin.
La plante se développe en touffe dense de 60 cm de large et envahit rapidement son conteneur. Les tiges florifères, hautes de 1,50 m environ, sont habituellement d'un vert pâle nuancé de violet ; elles fleurissent en été.
La forme la plus cultivée, *M. effusum*, a un feuillage contrasté qui offre des aspects variés ; *M. e.* 'Aureum' possède

des feuilles d'un jaune doré ; *M. e.* 'Variegatum' un rare cultivar à croissance lente, offre pour sa part des feuilles rayées de vert et de blanc.

Culture Annuelle ; plein soleil/mi-ombre ; arroser normalement ; apporter un paillis organique épais au printemps ; supprimer les épis fanés ; tailler aux ciseaux pour que la touffe ne devienne pas trop épaisse ; se multiplie par semis.

Besoins particuliers Cette plante demande un sol bien drainé et riche en matière organique.

Idée d'utilisation Très bonne plante attractive.

Mimulus

MIMULUS
SCROPHULARIACÉES

H Jusqu'à 75 cm. E Jusqu'à 1 m
Ce genre comprend environ 100 espèces d'annuelles, d'herbacées vivaces et de sous-arbrisseaux rustiques originaires des Amériques.

Les fleurs, qui rappellent la gueule-de-loup, s'ouvrent de la fin de l'été au début de l'automne. Les feuilles, d'un vert moyen, sont larges, ovales, et se déploient par paires opposées sur des tiges vertes, souples et souvent légèrement velues.

Ces plantes aiment des conditions semi-marécageuses, mais elles supportent la culture en pots si le substrat reste bien humide. *Mimulus luteus*, aux fleurs jaunes marquées parfois de points rouges, est l'espèce la plus utilisée en potées. Deux formes sont fort intéressantes : *M. l.* 'Alpinus', à croissance très lente, forme un tapis dense à la surface du sol, et le singulier *M. l.* 'Duplex', qui présente l'aspect étrange d'une fleur poussant à l'intérieur d'une autre. *M.* 'Bees Scarlet', qui atteint à peine 15 cm, porte des fleurs d'un écarlate profond.

Culture Annuelle ; plein soleil/mi-ombre ; arroser fréquemment ; apporter un engrais de fond à action lente au moment de la plantation, de même qu'un engrais liquide du début à la fin de l'été ; se multiplie par semis à l'intérieur au mois de mars. Étêter les tiges avant la plantation à l'extérieur.

Besoins particuliers Cette plante aime un sol riche, humide et frais ; elle ne tolère pas un excès de sécheresse.

Idée d'utilisation Convient parfaitement à la culture en pots ou dans les jardinières.

Muscari armeniacum

Muscari

MUSCARI
LILIACÉES

H Jusqu'à 40 cm. E 5 à 7 cm
Ce genre compte 60 espèces de plantes à bulbe naines et rustiques, apparentées aux jacinthes, originaires d'Asie, du sud-est de l'Europe et de la zone méditerranéenne. Leurs feuilles, en lanières étroites, sont cannelées à l'intérieur. Les fleurs supérieures, plus pâles, sont stériles et ne s'ouvrent pas. Les fleurs inférieures, des clochettes de 5 mm, peuvent être blanches, jaunes, bleues ou violettes. *Muscari armeniacum* est l'espèce la plus cultivée. Elle offre des grappes denses de fleurs bleu foncé à bord plus pâle de la fin du printemps au début de l'été. Il en existe diverses variétés, dont *M. a.* 'Cantab', d'un bleu plus clair, ou *M. a.* 'Heavenly Blue', de teinte plus vive. *M. macrocarpum*, aux fleurs jaunes et aux feuilles bleu-vert, et *M. botryoides* 'Album', dont les fleurs blanches s'ouvrent de la mi-printemps au début de l'été, sont deux espèces plus rares mais très intéressantes.

Culture Rustique ; bulbe vivace ; plein soleil ; arroser normalement ; apporter de l'engrais liquide tous les quinze jours de la fin de la floraison jusqu'au jaunissement des feuilles ; le terreau de culture doit être léger et très bien drainé ; se multiplie par division des bulbilles.

Besoins particuliers Aucun.

Idée d'utilisation Forcer à l'intérieur et replanter à l'extérieur juste avant la floraison (voir p. 72).

Myrtus

MYRTE
MYRTACÉES

H Jusqu'à 2 m. E 1,20 m
Il existe environ 100 espèces de myrtes, arbres et arbustes originaires de la zone méditerranéenne, rustiques et semi-rustiques, à feuilles persistantes. Leurs fleurs, à cinq pétales et en forme de coupe, naissant à l'aisselle des feuilles du début à la fin de l'été, sont blanches ou roses et remarquables par leurs minces étamines dorées et proéminentes. De petites baies blanches, rouges, violettes ou noires leur succèdent. Les feuilles sont brillantes, d'ovales à étroites, d'un vert allant du moyen au foncé, et puissamment aromatiques. *Myrtus communis* est un arbuste parfait pour la culture en pots ; il donne des fleurs du milieu à la fin de l'été. *Myrtus c. tarentina* est une variété naine, portant des feuilles et des fleurs plus petites ; *M. c.* 'Variegata' offre des feuilles d'un vert-gris finement liserées de blanc crème.

Culture Non rustique ; plein soleil ; arroser normalement ; apporter un paillis organique épais au printemps ; supprimer à la même saison les pousses endommagées par le gel ; se multiplie par boutures à talon de 5 à 7 cm à la mi-été.

Besoins particuliers Le myrte demande une situation abritée. Pailler et protéger d'une toile à sac lors des hivers froids, ou rentrer à l'intérieur.

Idées d'utilisation Très bonne plante en climat maritime ; ailleurs, la placer contre un mur exposé au sud.

Narcissus 'February Gold'

Narcissus 'Paper White'

Nerium oleander

Nandina domestica

NANDINA

BERBERIDACÉES

H Jusqu'à 1,20 m. E 1 m

Le genre *Nandina* ne comprend qu'une seule espèce d'arbuste semi-rustique à feuilles persistantes, originaire de Chine et du Japon. Il est étroitement apparenté à *Berberis*, quoiqu'il ressemble au bambou par le port et la croissance. *Nandina domestica* offre des feuilles pennées de 45 cm de long, proches de celles du frêne. Elles sont d'abord tachées de rouge, virent au vert foncé en été, puis reprennent des nuances de pourpre en automne. Vers le mois de juillet, les fleurs, blanches, s'épanouissent en haut des tiges en panicules de 35 cm et sont suivies à la fin de l'été de baies écarlates ou blanches. *N. d.* 'Firepower', un arbuste nain portant des feuilles vert-jaune en été, devenant d'un rouge vif orangé à la fin de l'automne et en hiver, et *N. d.* 'Nana Purpurea', de forme plus compacte et au feuillage violet rougeâtre, sont deux cultivars appréciés.

Culture Non rustique ; plein soleil ; arroser normalement ; apporter un paillis organique épais au printemps ; couper les pousses mortes ou faibles après la floraison ; se multiplie par boutures à talon à la fin de l'été.

Besoins particuliers Cette plante préfère un sol très bien drainé. Lui offrir une exposition protégée, car les jeunes pousses peuvent être endommagées lors des hivers rigoureux.

Idée d'utilisation Très beau spécimen isolé.

Narcissus

NARCISSE

AMARYLLIDACÉES

H Jusqu'à 60 cm. E Jusqu'à 20 cm

Ce genre de plantes à bulbe, originaire d'Europe, d'Afrique et d'Asie, est cultivé pour ses belles fleurs décoratives. Celles-ci sont de tailles, de couleurs et de formes très variées, et souvent délicieusement parfumées.

Le narcisse présente des feuilles étroites, en lanière, vert moyen à foncé, généralement groupées par deux ou trois au pied de chaque tige florale. Les fleurs adoptent une forme de trompette ou de coupe entourée de six pétales en rayon. Nombre de narcisses sont très rustiques. D'un point de vue horticole, ils sont classés en 12 divisions selon la disposition de leurs éléments floraux. Les cultivars donnant les plus petites fleurs semblent les plus résistants. *N.* 'February Gold' présente de petits pétales jaunes et une courte coupelle arrondie ; *N.* 'Geranicum' produit jusqu'à huit fleurs, d'un blanc crème, par tige. Des types comme *N.* 'Paper White' sont très prisés pour leur parfum.

Culture Rustique ; bulbe vivace ; plein soleil/mi-ombre ; arroser normalement ; apporter de l'engrais liquide tous les quinze jours de la fin de la floraison au début du jaunissement des feuilles ; couper les fleurs fanées avant l'apparition des graines et éliminer le feuillage sec au milieu ou à la fin de l'été ; le narcisse est notamment sensible au virus de la mosaïque, aux anguillules, aux larves de la mouche du narcisse, aux limaces (voir pp. 104-105) ; se multiplie par division des bulbilles.

Besoins particuliers Les touffes denses de narcisses doivent être divisées tous les trois à cinq ans.

Idée d'utilisation Les narcisses sont magnifiques au début du printemps dans des jardinières (voir p. 40).

Nephrolepis

FOUGÈRE

POLYPODIACÉES

H Jusqu'à 75 cm. E 75 cm

Le genre *Nephrolepis* comprend 30 espèces de fougères gélives à feuillage persistant ou semi-persistant, se développant très rapidement grâce à leurs nombreux stolons.

La plus répandue, *N. exaltata*, présente des frondes vert pâle, très finement divisées ; elle a donné lieu à divers cultivars, tels *N. e.* 'Bostoniensis', plus vigoureux que la plante type et aux frondes beaucoup plus larges, ou *N. e.* 'Elegantissima', aux frondes compactes, d'un vert vif, finement découpées. *Nephrolepis cordifolia*, pour sa part, offre des frondes pennées étroites et d'un vert clair.

Culture Non rustique ; fragile ; mi-ombre/ombre ; arroser fréquemment ; apporter tous les quinze jours de l'engrais liquide de la mi-été au début de l'automne ; se multiplie par division en séparant les jeunes plantes de leurs stolons.

Besoins particuliers Cette fougère aime l'humidité mais supporte une sécheresse occasionnelle.

Idée d'utilisation Bonne plante pour les paniers suspendus.

Nerium
LAURIER ROSE
APOCYNACÉES

H 2 à 3 m. E 3 à 3,50 m
Le genre *Nerium* ne comprend que 3 espèces d'arbustes à fleurs, gélifs, et à feuillage persistant, originaires des bords de la Méditerranée. Le laurier rose présente de longues feuilles étroites et coriaces, d'un beau vert. Les fleurs, en forme de tube terminé par une étoile à cinq branches, de 3 à 5 cm, s'épanouissent en bouquets terminaux du printemps à l'automne. Il existe des variétés à fleurs simples ou doubles, blanches, roses, rouges ou abricot.
Culture Non rustique ; plein soleil ; arroser normalement ; disposer un paillis organique au printemps et apporter de l'engrais liquide aux plantes adultes tous les quinze jours, de la fin du printemps au début de l'automne ; pincer l'extrémité des jeunes pousses pour favoriser la ramification ; se multiplie par boutures semi-ligneuses de 10 cm à la fin de l'été.
Besoins particuliers Les lauriers roses sont sensibles au froid (les rentrer en hiver) ; un arrosage excessif peut provoquer la chute des feuilles.
Idée d'utilisation Très bonne association avec les pois de senteur.

Nicotiana
TABAC
SOLANACÉES

H Jusqu'à 1,50 m. E Jusqu'à 45 cm
Cette haute plante est cultivée pour l'aspect curieux de ses fleurs tubulées à cinq pétales, longues de 7 cm ou plus, groupées en bouquets importants à partir du début de l'été. Ces fleurs peuvent prendre de multiples teintes : blanc, crème, jaune, rouge cramoisi... Elles s'ouvrent le soir et sont souvent agréablement parfumées. Les feuilles sont d'un vert moyen, ovales et pointues, légèrement collantes au toucher. La haute *N. sylvestris*, qui atteint 1,50 m, est particulièrement attrayante avec ses larges panicules de fleurs blanches odorantes, en forme de trompette de 8 à 10 cm de long.
Culture Annuelle ; soleil/mi-ombre ; arroser normalement ; apporter un engrais de fond à la plantation, puis un engrais liquide tous les quinze jours en

été ; éliminer les fleurs fanées ; les jeunes plantes sont sujettes aux attaques de limaces (voir p. 105) ainsi qu'au botrytis lors des étés très pluvieux ; se multiplie par semis à l'intérieur au printemps.
Besoins particuliers Le tabac aime un sol bien drainé et une situation chaude et ensoleillée. Dans les endroits exposés, un tuteur sera utile pour les cultivars de haute taille.
Idée d'utilisation À placer près d'une porte ou d'une fenêtre pour profiter de son parfum.

Nymphaea
NÉNUPHAR
NYMPHAEACÉES

E Jusqu'à 2 m
Le genre *Nymphaea* comprend 50 espèces de plantes aquatiques vivaces, rustiques ou fragiles, à feuilles caduques. On les cultive pour leurs feuilles arrondies (habituellement flottantes) et leurs fleurs brillamment colorées. Les nénuphars rustiques, dont la période de floraison dure tout l'été, offrent de larges fleurs parfois légèrement parfumées. Fleurs et feuilles sortent d'un gros rhizome ou d'un tubercule, solidement ancré sous l'eau, dans la boue, par de longues et robustes racines. Les feuilles, rondes ou en forme de cœur, coriaces, sont d'un vert rougeâtre à surface brillante. Les fleurs, en forme de coupe, ont plusieurs rangées de pétales, les plus extérieurs s'ouvrant presque à plat lors de leur plein épanouissement. Au centre, les étamines, dorées ou orange, offrent un spectacle remarquable. Les espèces de petite taille et les cultivars sont les plus adaptés à la culture en bacs : *N.* 'Aurora' pousse bien en eau peu profonde (45 à 60 cm) et donne des fleurs allant du jaune rosé à l'orange profond, devenant ensuite rouge sombre ; *N. tetragona* est la plus petite des espèces à fleurs blanches : elles n'atteignent que 2,5 cm de large.
Culture Rustique/fragile ; plein soleil/mi-ombre ; apporter de l'engrais à action lente au printemps ; sujet à la pourriture des racines, aux attaques des pucerons (voir p. 105) et de la galéruque du nénuphar ; se multiplie par division des rhizomes au printemps.
Besoins particuliers Les nénuphars demandent une eau bien oxygénée d'au moins 45 cm de profondeur.

Nicotiana sylvestris

Nymphaea tetragona

Origanum vulgare 'Gold Tip'

Idée d'utilisation Les cultivars miniatures sont parfaits pour les jardins d'eau.

Origanum
ORIGAN MARJOLAINE
LABIACÉES

H Jusqu'à 45 cm. E 30 cm
Le nom vernaculaire de ces plantes dépend de leur appartenance à l'une des 36 espèces qui forment ce genre de vivaces à feuilles caduques et de sous-arbrisseaux. Beaucoup sont cultivées

Osteospermum 'Whirligig'

Oxalis triangularis 'Cupido'

Oxalis tetraphylla 'Iron Cross'

pour leurs vertus culinaires, mais un bon nombre le sont également pour leurs panicules de fleurs tubulaires et leurs bractées (qui rappellent le fruit du houblon). Elles s'ouvrent de la mi-été au début de l'automne. Les feuilles, aromatiques, gris-blanc, sont petites, ovales, en cœur ou arrondies, et disposées par paires opposées. Chez beaucoup d'espèces, les tiges sont arquées, voire prostrées. *Origanum* 'Kent Beauty' possède de grandes bractées roses et pendantes et des fleurs plus claires, tandis que *O. vulgare* 'Gold Tip' a quelques feuilles marquées de jaune, et *O. amanum*, très basse, de petites fleurs rose foncé.

Culture Annuelle ; plein soleil ; arroser normalement ; apporter un engrais à action lente lors de la plantation ; se multiplie par boutures de 5 cm en début d'été.

Besoins particuliers L'origan préfère une situation abritée. On lui fait généralement passer l'hiver sous forme de boutures racinées ; ne pas replanter en bac avant le début de l'été.

Idées d'utilisation Très bonne plante pour garnir le bord des potées ou en panier suspendu (voir p. 15).

Osmunda regalis

OSMONDE OU FOUGÈRE ROYALE
OSMONDACÉES

H 1,20 à 1,50 m. E 1,20 à 1,50 m

L'osmonde est l'une des 10 espèces de grandes fougères rustiques dont le genre est présent partout dans le monde, à l'exception de l'Australie. Ses frondes, agréablement arquées, sont vert moyen, lancéolées et très finement divisées en nombreuses folioles. Les nervures du revers des frondes internes sont souvent couvertes de sporanges virant au brun à maturité, habituellement en plein été. Les frondes extérieures portent parfois également des sporanges mais restent stériles. *O. r. purpurascens* a un aspect assez inhabituel ; ses jeunes frondes, d'un rose cuivré sombre, virent au vert cuivré avec la maturité ; ses nervures sont pourpres. La plante forme peu à peu une masse de couronnes et ses racines noires enchevêtrées ressemblent à un nid d'oiseau.

Culture Rustique (zone 3) ; mi-ombre/ombre ; arroser fréquemment ;

apporter de l'engrais organique au printemps ; se multiplie par semis de spores entre juin et août, ou par division au début du printemps.

Besoins particuliers L'osmonde a besoin d'un substrat riche en fibres et humide. Éviter de l'exposer directement au soleil.

Idées d'utilisation Très bonne plante pour apporter de la vie dans un endroit sombre ou pour ombrager d'autres plantes.

Osteospermum jucundum

OSTEOSPERMUM
COMPOSÉES

H 30 à 60 cm. E 45 à 60 cm

Originaire du sud de l'Afrique, *Osteospermum jucundum* (syn. *Dimorphoteca barberae*) est une plante à racines profondes, à port souple, très résistante à la sécheresse, et par conséquent excellente pour la culture en pots. On l'apprécie pour ses fleurs de 5 cm, qui rappellent les marguerites, portées par de longues tiges, aux multiples couleurs : rose, blanc, violet, jaune crème... La plante fleurit de façon continue du début de l'été au début de l'automne, mais les fleurs ne s'ouvrent pas par temps couvert ou si elles sont à l'ombre. Les feuilles, aromatiques, étroites, d'un vert moyen, sont recouvertes de poils fins qui réduisent la déshydratation par temps sec. *Osteospermum* 'Silver Sparkler' est un cultivar à fleurs blanches et aux feuilles panachées de blanc crème et de vert. *O.* 'James Elliman' est le cultivar disponible le plus rustique, avec des fleurs violacées. *O.* 'Cannington Roy', à port prostré, donne des fleurs blanches à bout violet, et *O.* 'Whirligig', aux pétales blancs en hélice, est une plante d'une beauté absolument fascinante.

Culture Annuelle ; plein soleil ; arroser normalement ; apporter de l'engrais liquide aux deux semaines pendant la période de croissance ; supprimer les fleurs fanées pour encourager la floraison ; les jeunes plantes sont souvent sujettes au botrytis ; se multiplie par semis à l'intérieur en mars.

Besoins particuliers Ces plantes demandent un sol bien drainé. Hiverner les boutures racinées.

Idées d'utilisation Excellentes en situation sèche et bien exposée, et pour les paniers suspendus (voir p. 76)

Oxalis adenophylla

SURELLE
OXALIDACÉES

H 7 cm. E Jusqu'à 20 cm
Ce genre, qui est originaire du Chili, comprend des annuelles rustiques et semi-rustiques, des sous-arbrisseaux fragiles, des vivaces et des bulbeuses… et des mauvaises herbes. La structure du rhizome d'*Oxalis adenophylla* est inhabituelle : semblable à un corme, il est fibreux.

Cette plante possède des feuilles ondulées, disposées en rosette, d'un vert bleuâtre, aux pétioles rosâtres. Les fleurs, de 2,5 cm de diamètre, s'épanouissent du début à la mi-été. Elles sont d'un rose tendre pourpré, en forme de coupe, et portées au-dessus des feuilles. En hiver, les feuilles sèchent, et seul le haut du rhizome demeure visible.

Culture Non rustique ; plein soleil/mi-ombre ; arroser modérément ; se multiplie par division à la mi-printemps.

Besoins particuliers L'oxalis préfère un sol bien drainé, riche en matière organique.

Idée d'utilisation Plante idéale sur le pourtour d'un bac (voir p. 53).

Pachyphragma macrophyllum

PACHYPHRAGMA
CRUCIFÈRES

H Jusqu'à 40 cm. E 25 cm
Le genre *Pachyphragma* ne comprend qu'une seule espèce d'herbacée vivace, de la famille des choux. La majeure partie de cette plante rampante, utilisée comme couvre-sol, est constituée par son rhizome, couvert des cicatrices laissées par les anciennes feuilles. Les larges feuilles rondes, à bord ondulé, rattachées au rhizome par un pétiole de 25 cm, sont d'un brillant vert sombre. À la fin de l'hiver et au début du printemps, de longues tiges minces portent des quantités de minuscules fleurs blanches odorantes, suivies, en été, de petits fruits ailés.

Culture Non rustique ; plein soleil/mi-ombre ; arroser normalement ; apporter un paillis organique épais au printemps ; se multiplie par semis en automne, par division au printemps ou encore par boutures de 7 cm à la fin du printemps.

Besoins particuliers Cette plante préfère un sol bien drainé. Elle pousse mieux si elle est divisée tous les 3 ou 4 ans.

Idée d'utilisation *Pachyphragma* est excellente pour recouvrir le substrat d'un conteneur.

Passiflora

PASSIFLORE
PASSIFLORACÉES

H Jusqu'à 7 m. E 3 m
Les passiflores forment un vaste genre de plantes à fleurs grimpantes, s'accrochant grâce à des vrilles. Elles sont en général vigoureuses. Leurs fleurs, vivement colorées, sont extrêmement complexes. D'abord petits tubes verts, elles s'ouvrent en révélant des organes de reproduction délicats disposés sur une coupe de tépales (la zone où les sépales et les pétales se rejoignent). Leur beauté réside notamment dans une épaisse couronne de filaments colorés, fins comme des cheveux. Les feuilles, palmées, divisées en trois à cinq lobes, sont d'un vert moyen. *Passiflora* × *caerulearacemosa* est un hybride aux fleurs bleu-violet, à la couronne de filaments violet-pourpre et au centre vert et pourpre. *Passiflora*

Passiflora × *caerulearacemosa*

Passiflora caerulea

caerulea (la fleur de la Passion) est une espèce rustique qui produit des fleurs blanches à la fin de l'été et au début de l'automne.

Culture Non rustique ; plein soleil / mi-ombre ; arroser normalement ; apporter au printemps un léger paillis organique ; rabattre la pousse principale d'un tiers et ramener les pousses latérales à 15 cm au printemps ; sensible aux viroses (voir p. 104) ; se multiplie par boutures à talon de 7 à 10 cm au milieu ou à la fin de l'été.

Besoins particuliers Les passiflores préfèrent les sols bien drainés et les situations abritées. Attacher les jeunes pousses sur leur support avec des liens jusqu'à ce que les vrilles soient développées. L'extrémité des tiges peut être tuée par le gel, mais de nouveaux rejets repartent habituellement au printemps suivant. Il peut arriver que toute la plante gèle lors d'un hiver très rigoureux ; il est donc préférable de la protéger par une cloche, des branchages ou un plastique.

Idées d'utilisation Une plante parfaite pour garnir un treillage, un petit arbre ou un grand arbuste, qui la protégeront en hiver.

Pelargonium 'Frank Headley'

Pelargonium 'Royal Oak'

Pelargonium 'Bird Dancer'

Pelargonium
GÉRANIUM
GÉRANIACÉES

H 15 à 60 cm. E Jusqu'à 75 cm

Ce genre de sous-arbrisseaux fragiles, comprenant 280 espèces, est communément appelé géranium ; cependant, il ne doit pas être confondu avec le véritable *Geranium*, qui est une herbacée. Il est surtout originaire de la partie australe de l'Afrique et représente sans doute le genre le plus utilisé pour la culture des plantes à fleurs en pots. Bien des jardiniers, pourtant, n'aiment pas l'odeur des géraniums et ne les utilisent pas pour cette raison, malgré leurs qualités et leur diversité de formes et de couleurs. Les cultivars sont répartis en plusieurs groupes.

Les **géraniums-lierres**, aux longues tiges retombantes — mais cassantes —, sont recommandés pour les paniers suspendus et les jardinières. Leurs fleurs vont du rouge sombre au blanc, en passant par de belles teintes lavande. Certaines variétés fleurissent plus facilement que d'autres, notamment celles qui retombent en cascades bien denses de fleurs roses ou rouges ; il en existe un bon nombre de cultivars résistants. Le plus apprécié est peut-être 'L'Élégante', aux feuilles vertes liserées de blanc crème devenant pourpres en automne. Ses délicates petites fleurs sont blanches. Toutes ces plantes sont issues de *P. peltatum*.

Les **pélargoniums zonaux** sont plus érigés et bien ramifiés. Leurs feuilles, arrondies, présentent souvent une marque noire en forme de C, et certains cultivars offrent un feuillage panaché d'or ou d'argent, comme *P.* 'Frank Headley'. Outre les divers cultivars recherchés pour leurs fleurs, il en existe à feuilles panachées de jaune, voire de plusieurs couleurs, tel *P.* 'Bird Dancer'.

Les **pélargoniums des fleuristes** sont des plantes vigoureuses, à port érigé et ramifié, avec des feuilles palmées, aux bords souvent dentés et froissés. Les larges fleurs, aux teintes multiples, de la série 'Grand Slam' offrent un effet saisissant. Elles sont le plus souvent fragiles et ne doivent pas être placées en situation exposée ; elles ne se trouvent réellement bien à l'extérieur que lors des étés chauds et secs.

Les **pélargoniums à feuilles aromatiques** varient fortement de taille et de port selon leur origine. Nombre d'entre eux présentent des feuilles finement découpées, dentées ou lobées. Les fleurs sont généralement plus petites que celles des hybrides. Leur gamme d'odeurs est vraiment étonnante : menthe, orange, citron, citronnelle… L'une des espèces les plus robustes, *P.* 'Graveolens', a des

Pelargonium 'Stellar Apricot'

Penstemon 'Sour Grapes'

Petroselinum crispum

Pelargonium 'Vancouver Centennial'
feuilles palmées, à odeur de rose, couvertes d'un fin feutrage. Son port est étalé et ramifié et ses fleurs, roses, naissent à l'aisselle des feuilles entre la mi-été et la mi-automne. *P. quercifolium* (à feuilles de chêne), à port droit, possède des feuilles triangulaires dentées et à bord ondulé. Ses fleurs, roses, veinées de pourpre, s'épanouissent de la fin du printemps au milieu de l'été. *P.* 'Royal Oak' a des feuilles légèrement collantes, à l'odeur épicée, et des fleurs mauve pâle.

Les floribundas, qui donnent une profusion de fleurs, sont issus de programmes de sélection récents. Les plantes de ce groupe ont des pousses solides et un port compact, atteignant 30 cm de haut environ.

Culture Facile ; plein soleil/mi-ombre ; arroser modérément (ces plantes produisent davantage de fleurs en situation légèrement sèche) ; apporter de l'engrais liquide une fois par semaine de la mi-été au début de l'automne ; couper régulièrement les fleurs fanées pour entretenir une floraison continue ; sujet à la rouille et à la gale des feuilles, ainsi qu'aux attaques de la mouche blanche et des

otiorhynques (voir p. 105) ; se multiplie par semis à l'intérieur, au début de mars, ou par boutures de 7 à 10 cm, au mois de juin.

Besoins particuliers Aucun.

Idée d'utilisation Placer les plantes déjà en pots dans les conteneurs, pour les retirer plus facilement et les rentrer en hiver (voir pp. 10, 20, 51, 53, 60 et 70).

Penstemon

PENSTEMON
SCROPHULARIACÉES

H Jusqu'à 1 m. E 75 cm
Le genre *Penstemon* compte 250 espèces d'herbacées vivaces et de sous-arbrisseaux, persistants ou semi-persistants, rustiques ou semi-rustiques, originaires du Mexique et des États-Unis. Leurs fleurs, de 2,5 cm de long, rappelant la gueule-de-loup, sont disposées en épis de 15 cm au bout des tiges. Les feuilles, ovales ou cordiformes, d'un vert moyen, se développent sur des tiges minces et ramifiées. Les espèces alpines, comme *P. davidsonii*, aux petites fleurs d'un rouge rubis, forment des arbustes bas et prostrés. L'espèce la plus répandue, *P. barbatus*, est une plante érigée dont les fleurs rouges ou roses apparaissent du milieu à la fin de l'été. Il en existe également une forme à fleurs blanches. La plupart des hybrides horticoles, tels que *P.* 'Sour Grapes', sont d'un pourpre chatoyant avec des fleurs bleues, et rappellent *P. hartwegii*, rare de nos jours. Nombre d'espèces conviennent à la culture en pots et les semi-rustiques peuvent survivre à un hiver rude dans une situation abritée et un substrat bien drainé.

Culture Vivace rustique (zone 3) ; plein soleil ; arroser normalement ; apporter de l'engrais liquide du début

de l'été au début de l'automne ; rabattre après la floraison ; se multiplie par semis au printemps ou par boutures de 20 cm en juillet.

Besoins particuliers Cette plante ne supporte pas l'humidité. Tuteurer les cultivars de haute taille.

Idée d'utilisation Une plante parfaite en massif.

Petroselinum crispum

PERSIL
OMBELLIFÈRES

H Jusqu'à 60 cm. E 30 cm
Le genre *Petroselinum*, qui rassemble trois espèces de bisannuelles rustiques à pied solide et renflé, est apparenté à la carotte et au céleri. Acceptant des environnements très divers, il est cultivé partout dans le monde, même dans les régions tropicales. *P. crispum*, originaire d'Europe du Sud, a gagné toutes les régions tempérées. Ses feuilles, d'un vert moyen, très frisées, rappelant presque la mousse, se développent au bout de tiges vertes cannelées. Les fleurs, d'un jaune verdâtre, s'épanouissent en été. Les cultivars à feuilles frisées, comme 'Frisé Vert Foncé', offrent un bel effet décoratif, tout comme le très rustique 'Darki', aux feuilles vert sombre.

Culture Annuelle ; plein soleil/mi-ombre ; arroser normalement ; apporter de l'engrais liquide tous les mois du début de l'été au début de l'automne ; sujet à la pourriture des racines et aux attaques de la mouche du céleri ; se multiplie par simple semis à la mi-printemps.

Besoins particuliers Le persil pousse mal dans un sol acide et ne supporte pas un mauvais drainage.

Idée d'utilisation Bonne plante pour orner le bord d'un bac.

Petunia 'Express Ruby'

Petunia 'Surfinia'

Petunia

PÉTUNIA
SOLANACÉES

H Jusqu'à 35 cm ou 75 cm sous forme retombante. E 60 à 75 cm

Ce genre, qui comprend 40 espèces environ d'herbacées annuelles ou vivaces, est originaire d'Amérique du Sud. La plupart des plantes cultivées aujourd'hui sont cependant des hybrides assez éloignés du type originel. Très colorés, les pétunias offrent des fleurs simples ou doubles, en forme de trompette de 5 à 12 cm de large, qui s'épanouissent de la mi-été jusqu'aux premières gelées. Les couleurs vont des blancs aux roses, des rouges aux bleus, avec toute une gamme de formes à rayures. Les feuilles, portées par des tiges velues, sont plus ou moins ovales, d'un vert allant du moyen au sombre, et collantes au toucher. Les pétunias font partie des plantes les plus appréciées pour les paniers suspendus et les jardinières. On distingue cinq grands groupes. Les **multiflores** sont des plantes ramifiées donnant un grand nombre de fleurs assez petites ; les **grandifloras** ont moins de fleurs, mais elles sont plus larges ; les **nanas compactas** sont des variétés miniatures, tandis que les **pendulas** sont des plantes à port tombant, parmi lesquelles on compte les célèbres **surfinias**. Dans tous ces groupes, les variétés modernes sont généralement des hybrides F1, très florifères.
Culture Annuelle ; plein soleil ; arroser normalement ; apporter un compost léger lors de la plantation et de l'engrais liquide tous les quinze jours de la mi-été au début de l'automne ; couper régulièrement les fleurs fanées pour entretenir la floraison et prévenir les maladies ; sujet au botrytis et aux attaques de pucerons (voir p. 105) ; se multiplie par semis au début de mars.
Besoins particuliers Les pétunias préfèrent un substrat bien drainé.
Idée d'utilisation Excellente plante pour habiller le bord des paniers suspendus (voir pp. 13, 49, 51, 56 et 68).

Phlox

PHLOX
POLÉMONIACÉES

H 10 à 60 cm. E 15 à 35 cm

Ce genre d'herbacées vivaces, de sous-arbrisseaux rustiques ou semi-rustiques et d'annuelles est originaire de l'ouest des États-Unis. On cultive les phlox pour leurs fleurs séduisantes, rose vif, rouges ou blanches, en forme d'étoile. Il en existe des variétés alpines, herbacées vivaces ou annuelles. Les feuilles sont habituellement étroites, d'un vert moyen à clair, par paires opposées. Les annuelles, très répandues, sont issues de *P. drummondii*, une plante semi-rustique à port érigé ; elles donnent, de la mi-été au début de l'automne, des fleurs blanches, roses, pourpres, lavande ou rouges, en bouquets serrés atteignant 7,5 cm de diamètre. Les herbacées vivaces de l'espèce *P. paniculata* ont donné naissance à de nombreuses variétés horticoles, dont *P. p.* 'Fairy's Petticoat', aux belles fleurs d'un rose pâle avec un centre rose sombre, et la très vigoureuse *P. p.* 'Harlequin', dont le feuillage panaché s'accompagne de fleurs d'un pourpre brillant. *P.* ' Chatahoochee', une forme basse, présente des fleurs aplaties, de teinte lavande à œil rouge.
Culture Annuelle/vivace rustique (zone 3) ; plein soleil/mi-ombre ; arroser normalement ; apporter aux annuelles un engrais de fond au moment de la plantation ; donner aux vivaces un engrais à libération lente au printemps ; couper régulièrement les fleurs fanées pour entretenir la floraison ; sensible au mildiou et aux attaques des anguillules (voir pp. 104-105) ; la multiplication des alpines et autres vivaces se fait par division tôt au printemps ou par bouturage en juillet-août et, pour les annuelles, par semis au milieu du printemps.
Besoins particuliers Le phlox aime un substrat bien drainé.
Idée d'utilisation Très bonne plante pour répartir des taches de couleur.

Pittosporum

PITTOSPORUM
PITTOSPORACÉES

H 5 m. E 1,50 à 2 m

Le genre *Pittosporum* comprend environ 200 espèces d'arbustes et de petits arbres à fleurs, à feuilles persistantes, originaires d'Australie. On les cultive pour leur feuillage ornemental, mais aussi parfois pour leurs petites fleurs colorées et parfumées en forme de cloche, aux pétales étalés. *Pittosporum tenuifolium* est l'espèce la plus répandue

Phlox 'Chatahoochee'

Pittosporum tenuifolium 'Silver Queen'

en raison de sa rusticité. Elle porte des feuilles ovales, brillantes, aux bords ondulés, d'un vert moyen. Ses petites fleurs, qui s'épanouissent au printemps, sentent le miel. Plusieurs cultivars offrent des feuillages aux intéressantes variations de couleur.

Celui de *P. t.* 'Abbotsbury Gold', par exemple, porte au centre une éclaboussure d'un vert-jaune brillant à l'état jeune, mais qui s'atténue avec l'âge ; *P. t.* 'Purpureum' est très plaisant avec son feuillage vert pâle devenant lentement bronze pourpre avec le temps ; quant à *P. t.* 'Silver Queen', il présente un feuillage panaché gris argenté.

Culture Non rustique ; plein soleil/mi-ombre ; arroser normalement ; apporter un paillis organique épais au printemps ; éliminer les trop longues pousses ; se multiplie par boutures à talon semi-ligneuses au milieu de l'été.

Besoins particuliers Ces plantes doivent être protégées des vents d'est et du nord.

Idée d'utilisation *Pittosporum* est excellent en situation isolée.

Plumbago

DENTELAIRE DU CAP
PLUMBAGINACÉES

H Jusqu'à 2 m. E Jusqu'à 2 m
La longue période de floraison de cette plante originaire d'Afrique australe explique son succès. Les jardiniers du monde entier la cultivent désormais, et notamment en pots. *Plumbago auriculata* (syn. *P. capensis*) porte des inflorescences de 25 cm rappelant des primevères bleu ciel, de 2,5 cm de diamètre.

Elles s'épanouissent sans interruption du début de l'été à la mi-automne. Les feuilles, de 7 à 10 cm de long, de forme elliptique, sont d'un vert moyen terne. Les tiges ligneuses sont trop faibles pour soutenir la plante et ont besoin d'être supportées par un tuteur ou un treillage. Il existe une variété à fleurs blanches, *P. a.* var. *alba*, qui n'est pas tout à fait aussi robuste.

Culture Non rustique ; plein soleil/mi-ombre ; arroser normalement ; apporter de l'engrais liquide tous les quinze jours de la mi-été au début de l'automne ; rabattre les tiges des deux tiers juste après la floraison ; sujette aux attaques de la mouche blanche (voir p. 105) et de l'araignée rouge ; se multiplie par boutures à talon semi-ligneuses de 10 cm au milieu de l'été.

Besoins particuliers La dentelaire a besoin d'être tuteurée et doit hiverner à l'intérieur.

Idées d'utilisation Faire pousser cette plante dans des petits pots que l'on placera ensuite dans les conteneurs. L'associer à d'autres arbustes ou grimpantes pour ne faire ressortir que ses fleurs.

Polystichum

ASPIDIE
ASPLENIACÉES

H Jusqu'à 1 m. E 60 cm
Ce genre, originaire d'Asie, d'Europe et d'Amérique du Nord, compte plus de 130 espèces de fougères rustiques à feuilles persistantes. On les cultive pour leur feuillage brillant. L'espèce la plus répandue, *P. acrostichoides* (la

fougère de Noël), a des frondes vert sombre à fines folioles qui gardent leur couleur tout l'hiver. Les jeunes frondes sont couvertes d'écailles blanches miroitantes, donnant l'impression que la plante est couverte de givre. *Polystichum munitum* possède d'étranges frondes lancéolées, composées de petites pennes à bord épineux.

Culture Rustique (zone 3) ; mi-ombre ; arroser normalement ; apporter un engrais liquide une fois par mois de la fin du printemps au début de l'automne ; se multiplie par division au printemps.

Besoins particuliers L'aspidie aime la mi-ombre et un sol non acide riche en matière organique. Transplanter dans une plate-bande pour l'hiver.

Idée d'utilisation Très bonne plante pour éclairer un endroit ombreux et frais.

Potentilla

POTENTILLE
ROSACÉES

H 30 cm à 1,20 m. E 1 à 1,20 m
Les potentilles comptent 500 espèces environ ; ce sont le plus souvent des herbacées, annuelles ou vivaces, rustiques, des arbustes et des sous-arbrisseaux à fleurs et à feuillage caduc. La forme arbustive possède des fleurs simples ou doubles, blanches, roses, jaunes, orange et, depuis peu de temps, rouges, plus ou moins en forme de coupe, poussant habituellement en grappes lâches au bout des tiges. Un bon nombre d'herbacées vivaces sont des hybrides rustiques de deux espèces rarement cultivées, *P. atrosanguinea* ou *P. nepalensis* ; il en existe d'excellents cultivars, comme *P.* 'Gibson's Scarlet', une plante en touffe aux fleurs simples rouge vif. *P. nepalensis* 'Miss Willmott', plus haute, offre des fleurs rose cerise à centre rouge. Les jardiniers sont souvent plus habitués aux espèces arbustives, telles que *P. fruticosa* 'Elizabeth', qui se couvre de fleurs d'un jaune canari vif de la fin du printemps au début de l'automne, ou *P. f.* 'Red Ace', dont les fleurs d'un rouge orangé profond perdent peu à peu leur éclat.

Culture Rustique (zones 2-3) ; plein soleil/mi-ombre ; arroser normalement ; apporter un engrais de fond à libération lente au printemps ; rabattre les vivaces immédiatement après la floraison ; éliminer les pousses

Primula × polyantha

Primula 'Blue Sapphire'

chétives, les branches endommagées et le vieux bois des arbustes au printemps ; les arbustives se multiplient par boutures semi-ligneuses de 7 cm au milieu de l'été et les vivaces par division au printemps.

Besoins particuliers Les cultivars de potentille à fleurs rouges prennent des teintes plus vives en mi-ombre.

Idée d'utilisation Excellent arbuste à fleurs à cultiver en mélanges.

Primula

PRIMEVÈRE
PRIMULACÉES

H Jusqu'à 1 m. E Jusqu'à 60 cm
Le genre des primevères comprend plus de 400 espèces de plantes annuelles, bisannuelles ou vivaces, à feuilles caduques ou persistantes, rustiques ou semi-rustiques, largement répandues dans la zone tempérée de l'hémisphère Nord. Toutes possèdent des feuilles disposées en rosette basale et des fleurs tubulaires en entonnoir ou en forme de coupe. Très colorées, les primevères sont appréciées pour la culture en pots. On les regroupe en diverses sections.
Les **candelabras** offrent des fleurs tubulaires à bout aplati, groupées en verticilles étagés sur la hampe florale.
Les **polyanthus** descendent d'un croisement de *P. vulgaris*, *P. veris*, *P. juliae* et d'autres espèces. Elles sont cultivées comme vivaces. Leurs fleurs forment des ombelles sur les tiges vigoureuses. Bon nombre de leurs cultivars sont appréciés pour leurs fleurs doubles très décoratives, tels que *P.* 'Blue Sapphire'.

Les **auriculas** (ou oreilles-d'ours) sont originaires des montagnes d'Europe. Leurs fleurs, plates et d'aspect lisse, forment une ombelle au bout d'une hampe érigée au-dessus des feuilles.
Primula vulgaris possède des feuilles dentées vert clair disposées en rosette plate. Les fleurs, larges de 2,5 cm, sont jaune pâle à centre doré. Les primevères de jardin sont très recherchées pour la culture en pots en raison de leurs fleurs aux teintes spectaculaires – écarlate, orange, rose, bleu, jaune ou blanc – et qui s'épanouissent à une époque de l'année où peu de fleurs sont ouvertes. Parmi les candelabras, il existe des espèces très intéressantes, comme *P. bulleyana*, aux rosettes de feuilles vert sombre, ovales, lancéolées, et aux fleurs d'un orange profond disposées sur de hautes tiges à la mi-été.
Culture Rustique/fragile (zone 4) ; plein soleil/mi-ombre ; arroser normalement ; apporter un paillis organique épais au printemps ; peut être attaquée par les limaces et les pucerons (voir p. 105) ; les espèces se multiplient par semis de graines fraîches immédiatement ou au printemps, les hybrides par division ou par boutures de racines prélevées en période de dormance, les auriculas par rejetons au début du printemps ou en automne.
Besoins particuliers Les primevères aiment un sol bien drainé et riche en matière organique.
Idées d'utilisation Ces plantes sont idéales pour des compositions saisonnières dans des paniers suspendus, de grands bacs mais aussi des jardinières (voir pp. 44 et 52).

Pyracantha

PYRACANTHA
ROSACÉES

H Jusqu'à 4 m. E 2,50 m
Ce genre restreint, comprenant quelque 10 espèces d'arbustes rustiques à feuilles persistantes, est cultivé pour ses innombrables petites fleurs blanches qui s'épanouissent au début de l'été, et ses baies de couleur vive qui persistent tout l'automne et tout l'hiver. Leurs branches épineuses portent des feuilles plus ou moins ovales. Cultivar apprécié, *P.* 'Mohave' est un vigoureux arbuste qui porte tout l'hiver de longues grappes de baies rouge orangé. *P.* 'Shawnee', arbuste à petites feuilles, très ramifié, se couvre dès la fin de l'été de baies d'un jaune intense. *P.* 'Sparkler', forme panachée à croissance lente, offre des feuilles vertes bordées de blanc.
Culture Peu rustique (zone 5b) ; plein soleil/mi-ombre ; arroser normalement ; apporter un engrais de fond au printemps ; aucune taille régulière n'est nécessaire ; surveiller les symptômes de feu bactérien (voir p. 104) ; se multiplie par boutures ligneuses de 10 à 15 cm en automne sous châssis froid.
Besoins particuliers Les pots ne suffisent pas toujours à protéger les racines du buisson ardent lors des grands froids.
Idées d'utilisation Plante idéale en situation nord ou est. Elle doit être taillée avec rigueur lors des deux premières années pour prendre la forme d'une colonne de fleurs et de baies. On peut aussi la palisser en éventail.

Ranunculus

RENONCULE
RENONCULACÉES

H Jusqu'à 45 cm. E 60 cm

Le vaste genre des renoncules rassemble plus de 400 espèces d'annuelles, d'aquatiques et d'herbacées vivaces. Beaucoup sont rustiques et certaines à feuillage persistant ou semi-persistant. Les feuilles sont d'un gris moyen ou foncé, souvent profondément lobées, portées par des tiges érigées partant de la base. *R. montanus* 'Molten Gold' est l'une des plus appréciées : c'est une vivace aux grandes fleurs en forme de coupe d'un jaune d'or vif, qui apparaissent de la fin du printemps au début de l'été. *R. aconitifolius* 'Flore Pleno' présente des feuilles découpées, d'un vert sombre, et des fleurs doubles blanches sur des tiges ramifiées au début de l'été. *R. repens* 'Flore Pleno' est une vivace rustique aux fleurs jaunes, doubles, qui apparaissent au début du printemps ; très utile pour tapisser les bords des bacs et des pots.

Culture Bulbe annuel/vivace rustique (zone 3) ; plein soleil/mi-ombre ; bien arroser ; apporter de l'engrais liquide tous les quinze jours de la fin du printemps au début de l'été ; se multiplie par prolifération des bulbes pour les espèces bulbeuses, ou par division des plants au printemps pour les espèces vivaces.

Besoins particuliers La plupart des renoncules prospèrent dans une terre ordinaire de jardin.

Idée d'utilisation Des plantes idéales pour un endroit frais et humide.

Rheum

RHUBARBE
ORNEMENTALE
POLYGONACÉES

H Hampes florales jusqu'à 2 m. E 1 m

Le genre *Rheum* comprend 50 espèces d'herbacées vivaces et rustiques, étroitement apparentées au genre *Polygonum*. Leurs grandes feuilles, qui peuvent atteindre de 45 à 60 cm de large, sont généralement d'un vert moyen brillant ; elles se dressent en couronne sur d'épaisses souches ligneuses. De grandes bractées, souvent rouges ou roses, dissimulent les fleurs, portées au-dessus des feuilles sur une haute tige. Parmi les espèces très répandues, *R. alexandrae* est cultivée pour ses hampes

Rhododendron simsii 'Perle de Noisy'

florales de 1 m de haut, chargées de grandes bractées retombant comme des langues et cachant d'insignifiantes petites fleurs. *R. palmatum* porte des feuilles palmées profondément découpées et des fleurs d'un jaune verdâtre, tandis que *R. p.* 'Atrosanguineum' a des feuilles d'un pourpre rougeâtre prenant une teinte bronze après l'apparition des fleurs rouge sombre à la mi-été.

Culture Rustique (zone 4) ; plein soleil ; arroser normalement ; apporter un engrais liquide toutes les trois semaines de la mi-été au début de l'automne ; couper les tiges florales au niveau du sol après la floraison ; se multiplie par division tôt au printemps.

Besoins particuliers La rhubarbe demande un conteneur solide, car ses racines peuvent exercer une pression considérable.

Idée d'utilisation Magnifique plante architecturale à cultiver en sujet isolé.

Rhododendron

RHODODENDRON
ÉRICACÉES

H Jusqu'à 3 m. E Jusqu'à 5 m

Avec plus de 800 espèces, les rhododendrons forment l'un des genres les plus vastes et les plus diversifiés de plantes ornementales ; ils font partie des arbustes les plus spectaculaires fleurissant au printemps et au début de l'été. Le genre comprend non seulement des hybrides à feuilles persistantes et à grandes fleurs, mais aussi des arbustes nains à petites feuilles et des espèces à feuilles caduques (les azalées). Leurs fleurs sont habituellement simples,

Rhododendron leptanthum

mais on peut en trouver de semi-doubles, voire des doubles. Bien que l'on cultive de nombreux hybrides, quelques espèces sont très appréciées. *R. luteum* (l'azalée pontique) est un arbuste à feuilles caduques ; celles-ci, vert mat, tournent au brun rougeâtre en automne. Ses fleurs, parfumées, d'un jaune éclatant, apparaissent au printemps. *R. atlanticum* possède des feuilles ovales gris-vert et des fleurs en entonnoir, blanches teintées de rose, qui s'ouvrent à la fin du printemps. *R. × obtusum*, à feuillage persistant, forme un dôme bas de brillantes feuilles vertes s'ornant de fleurs écarlates au début de l'été. *R. indicum* présente des feuilles vert sombre luisantes et donne en juin des fleurs roses ou rouge vif. *R. i.* 'Balsaminiflorum', enfin, est un cultivar à fleurs doubles rouge saumon.

Culture De rustique à fragile (zones 2-5) ; plein soleil/mi-ombre ; arroser normalement ; disposer un paillis organique épais en automne et apporter du chélate de fer (sequestrène), pour prévenir la chlorose, toutes les six semaines du début du printemps à la mi-automne ; ôter les fleurs fanées ; sujet à la cloque de l'azalée (qui déforme les jeunes pousses et les boutons floraux), au brunissement des bourgeons et aux attaques de l'otiorhynque (voir p. 105) et de la cicadelle du rhododendron.

Besoins particuliers Le rhododendron demande un sol acide. Ses racines étant peu profondes, on peut le cultiver dans un conteneur large et plat.

Idée d'utilisation Très bonne plante pour les jardins en ville.

Rosa 'Pompon de Paris'

Rosmarinus officinalis 'Sissinghurst Blue'

Rosa 'Boule de Neige'

Rosa
ROSIER
ROSACÉES

H Grimpantes jusqu'à 3 m ; arbustes jusqu'à 1 m. E Grimpantes jusqu'à 2 m ; arbustes jusqu'à 75 cm
Ce genre compte plus de 250 espèces et de très nombreuses variétés d'arbustes à feuilles caduques ou semi-persistantes et de grimpantes. Les rosiers sont cultivés pour l'abondance de leurs fleurs, souvent parfumées, et qui adoptent des formes très variées : simples (de quatre à sept pétales), semidoubles (de huit à quatorze pétales), doubles (de quinze à trente pétales) et très doubles (plus de trente pétales). Les feuilles sont habituellement divisées en cinq à sept folioles ovales, par-

fois dentées, et les tiges sont souvent (mais pas toujours) garnies d'épines. Dans l'est du Canada, on privilégiera les cultivars très rustiques comme 'John Cabot' (rouge) et 'William Baffin' (rose foncé), deux rosiers grimpants de la série Explorateur. On peut également opter pour des variétés grimpantes non rustiques, mais la culture en est cependant délicate : 'Chrysler Imperial' offre de larges fleurs rouges, doubles et parfumées ; 'Blossomtime' possède des fleurs rose clair ; 'Blaze' est réputé pour ses fleurs rouge brillant. Parmi les espèces arbustives, choisir les cultivars très rustiques des séries Explorateur, Morden et Meidiland.
Culture Rustique à non rustique (zones 2b à 5b et plus) ; plein soleil/mi-ombre ; arroser normalement ; apporter de l'engrais organique et un fertilisant à la fin du printemps, et donner de l'engrais liquide toutes les trois semaines en été ; tailler toujours un rosier au niveau des yeux tournés vers l'extérieur ; tailler les grimpants de la même façon, mais plus légèrement ; sensible aux taches noires (marsonia), à l'oïdium et à la rouille, attaqué par les pucerons et les chenilles (voir pp. 104-105) ; se multiplie en automne par boutures ligneuses de 25 cm, ou au milieu de l'été par boutures semi-ligneuses de 10 cm.
Besoins particuliers Aucun.
Idées d'utilisation Les grimpants sont excellents pour habiller un mur ou un treillage ; les rosiers à massif conviennent très bien à la culture en pots (voir pp. 9, 70, 73-74).

Rosmarinus
ROMARIN
LABIACÉES

H Jusqu'à 2 m. E Jusqu'à 1,50 m
Ce genre restreint d'arbustes rustiques ou semi-rustiques est cultivé depuis longtemps dans l'ouest de Europe. Les feuilles, persistantes et étroites, du romarin sont aromatiques et utilisées en cuisine. Ses fleurs, tubulaires, varient du bleu au mauve et du rose au blanc. L'espèce la plus répandue, *R. officinalis*, a un port érigé, des feuilles étroites d'un vert moyen à sombre. *Rosmarinus o.* 'Sissinghurst Blue' se couvre de fleurs bleues du printemps à l'automne. Un cultivar plus récent, à croissance lente, *R. o.* 'Severn Sea', est un arbuste de petite taille, compact, chargé de multiples fleurs bleues lumineuses sur des rameaux souples. Moins rustique que l'espèce dont il est issu, il peut avoir besoin de protection lors des hivers rigoureux.
Culture Non rustique ; plein soleil ; arroser normalement ; apporter un paillis organique épais au printemps ; couper les tiges trop longues mais éviter les tailles sévères ; se multiplie par boutures semi-ligneuses de 7 à 10 cm à la fin de l'été.
Besoins particuliers Le romarin doit pousser dans un substrat léger et bien drainé ; le munir d'un tuteur et bien tasser la terre à sa base.
Idées d'utilisation Très bonne plante pour constituer un fond ou un écran.

Ruta
RUE
RUTACÉES

H 1 m. E 60 cm
Plus de 50 espèces composent ce genre de vivaces aromatiques à feuilles persistantes, rustiques, et de sous-arbrisseaux, originaire d'Europe et d'Asie. Les feuilles, vert-bleu, sont plus ou moins ovales, si profondément divisées qu'elles font penser à des frondes de fougère. Les petites fleurs, jaune moutarde, se développent en bouquets au bout de tiges vert-bleu, du début de l'été au début de l'automne. *R. graveolens* 'Jackman's Blue' est un cultivar touffu, au feuillage gris-bleu brillant.
Culture Rustique (zone 4) ; plein soleil ; arroser normalement ; apporter un paillis organique épais au printemps ; rabattre jusqu'au vieux bois à la fin du printemps pour conserver

Salvia officinalis 'Tricolor'

l'aspect buissonnant ; couper les fleurs mortes en automne ; se multiplie par boutures de 7 cm à la fin de l'été.

Besoins particuliers La rue doit être manipulée avec précaution : sa sève, irritante, peut entraîner des cloques redoutables sur la peau. Elle supporte une sécheresse raisonnable.

Idées d'utilisation Une plante à faire pousser dans un pot en terre cuite, seule ou associée à la capucine élégante, qui l'utilisera comme support.

Salvia

SAUGE
LABIACÉES

H Jusqu'à 1,20 m. E 60 cm
Ce genre comprend plusieurs centaines d'espèces d'annuelles, de vivaces et de sous-arbrisseaux à feuilles caduques ou persistantes, rustiques, semi-rustiques ou fragiles. Rêches au toucher, leurs feuilles, d'un vert plus ou moins soutenu, sont parfois aromatiques ; elles poussent par paires opposées sur des tiges à section carrée, souvent teintées de rouge. Les fleurs en entonnoir s'épanouissent en grappes de la mi-été au début de l'automne. On divise ces plantes en trois groupes, selon leur port et leur rusticité. Les annuelles comprennent *S. splendens* et ses cultivars à fleurs rouges, pourpres, roses ou blanches. 'Carabinière Écarlate' est un cultivar rouge vif exceptionnel.
Parmi les vivaces rustiques (zone 4), *S. superba* et *S. sylvestris* offrent des fleurs en épis très décoratives, allant du bleu au violet foncé, qui s'épanouissent une grande partie de l'année.

Saxifraga sempervivum

S. officinalis, la sauge véritable, est une vivace que l'on cultive comme annuelle ; deux cultivars pourpres à feuilles panachées en sont issus : 'Purpurascens' et 'Tricolor'. Une forme intéressante, *S. sclarea* var. *turkestanica*, donne des hampes roses de 60 cm chargées de panicules de fleurs tubulaires blanches ou bleu lavande.

Culture Annuelle ; plein soleil/mi-ombre ; arroser modérément ; apporter de l'engrais liquide tous les dix jours pour les espèces annuelles ; couper régulièrement les fleurs fanées ; rabattre les vivaces à l'automne ; les vivaces se multiplient par semis ou par division au printemps, les annuelles par semis à l'intérieur en mars.

Besoins particuliers Les sauges fleurissent davantage dans des conditions de légère sécheresse.

Idées d'utilisation Très bonnes plantes pour les jardinières, les paniers suspendus et les boîtes à fleurs (voir p. 15).

Santolina

SANTOLINE
COMPOSÉES

H 75 cm. E 1 m
Le genre *Santolina* ne comprend que 18 espèces d'arbustes rustiques à feuilles persistantes originaires des régions méditerranéennes. Les feuilles, gris argenté, sont aromatiques, couvertes de duvet et finement découpées. Elles sont le principal attrait de ce genre. Les petites fleurs, jaunes, apparaissent au milieu de l'été en petits capitules globuleux au bout de minces rameaux.

Santolina chamaecyparissus porte un feuillage blanchâtre et des fleurs jaune d'or, tandis que *S. c.* var. *nana* est de forme plus compacte. *S. rosmarinifolia* est une espèce appréciée pour ses feuilles vertes très étroites et ses fleurs jaune citron. *S. pinnata* ssp. *neapolitana* 'Edward Bowles' offre un feuillage gris argenté et des fleurs blanc crème.

Culture Non rustique ; plein soleil ; arroser normalement ; apporter un engrais organique au printemps ; couper les fleurs fanées et tailler la plante pour éviter un développement anarchique ; se multiplie à la fin de l'été par boutures à talon semi-aoûtées de 5 à 7 cm.

Besoins particuliers Les santolines préfèrent un sol bien drainé et une situation sèche.

Idée d'utilisation Ces plantes forment des arbustes bas très appréciés.

Saxifraga

SAXIFRAGE
SAXIFRAGACÉES

H Rosettes jusqu'à 5 cm, inflorescences jusqu'à 60 cm. E 2 à 15 cm
Ce genre comprend 370 espèces de plantes basses rustiques ou semi-rustiques, annuelles ou vivaces, à feuilles persistantes ou semi-persistantes. Elles sont originaires de régions montagneuses. Les feuilles varient du vert moyen au gris-vert. Certaines sont si finement divisées qu'elles donnent à la plante un aspect mousseux ; d'autres sont petites, ovales, argentées, souvent incrustées de calcaire. Toutes les saxifrages présentent un feuillage en rosettes plates ou légèrement relevées, petit coussinet d'où sortent les tiges florales. *S. sempervivum* est une alpine exceptionnelle, aux tiges en crosse chargées de fleurs rose foncé. *Saxifraga* × *urbium* possède d'épaisses feuilles charnues et des fleurs roses en étoile dressées sur des tiges rouges.

Culture Rustique (zone 4) ; plein soleil/mi-ombre ; arroser normalement ; apporter un engrais de fond à libération lente au moment de la mise en pots ; sujette à la rouille, à l'otiorhynque et aux pucerons des racines (voir pp. 104-105) ; se multiplie par division.

Besoins particuliers Les saxifrages apprécient un sol bien drainé contenant des gravillons, de type rocaille.

Idée d'utilisation Très bonne plante à placer en situation sèche et exposée (voir p. 57).

Scabiosa 'Pink Mist'

Sedum acre 'Aureum'

Scabiosa

SCABIEUSE
DIPSACACÉES

H 45 à 60 cm. E 60 cm

Originaire d'Europe du Sud, du centre et de l'Est, la scabieuse est une herbacée vivace touffue. Elle porte au bout de longues tiges dépourvues de feuilles des fleurs en capitules de 5 à 7 cm de diamètre. Les feuilles forment des coussinets assez bas et compacts. Les cultivars les plus répandus sont ceux de *S. caucasica* : *S.c.* 'Clive Greaves', d'un bleu profond, est une plante au succès bien établi, ainsi que 'Miss Willmott', le cultivar blanc le plus apprécié. 'Butterfly Blue', plus compact, et 'Pink Mist' sont d'apparition plus récente.
Culture Annuelle/vivace rustique (zone 4) ; plein soleil ; arroser normalement ; apporter un paillis organique au printemps ; couper régulièrement les fleurs fanées pour entretenir la floraison ; sujette à l'oïdium et aux attaques de limaces (voir pp. 104-105) ; les annuelles se multiplient par semis au printemps, et les vivaces par semis ou par division au printemps.
Besoins particuliers Les scabieuses ne tolèrent pas l'eau stagnante et demandent une bonne exposition. Les formes à grandes fleurs peuvent avoir besoin de tuteurs.
Idée d'utilisation Très bonne plante pour animer les bords d'un conteneur (voir p. 8).

Scaevola

SCAEVOLA
GOODENIACÉES

H 1 à 2,50 m. E 2 m

Les 100 espèces qui composent ce genre d'herbacées vivaces et de sous-arbrisseaux sont pour la plupart originaires d'Australasie. Les feuilles, longues, vert brillant, sont alternes. Un feutrage duveteux recouvre les jeunes feuilles. Les fleurs, parfumées, naissent par six à huit à l'aisselle des feuilles. Elles atteignent jusqu'à 2,5 cm de long et sont d'un blanc crème veiné de pourpre. *Scaevola multiflora* est une espèce annuelle disponible depuis peu et qui produit des multitudes de fleurs pourpres du printemps à l'automne.
Culture Annuelle ; plein soleil/mi-ombre ; arroser abondamment dans les périodes de canicule ; apporter du compost au printemps ; se multiplie par semis à l'intérieur en mars ou par boutures des plantes conservées dans une serre ou une pièce vitrée en hiver.
Besoins particuliers Ces plantes préfèrent un sol bien drainé et riche ; elles ne supportent pas le manque d'eau.
Idées d'utilisation À cultiver dans les paniers suspendus et les boîtes à fleurs ; très utile pour couvrir un muret. Associer avec cordylines et yuccas pour un effet exotique.

Sedum

ORPIN
CRASSULACÉES

H 60 cm. E 1 m

Le genre *Sedum* comprend plusieurs centaines d'espèces de succulentes annuelles ou vivaces, à feuilles caduques ou persistantes, rustiques, semi-rustiques ou fragiles, largement répandues en Asie, en Europe et en Afrique du Nord, et résistant très bien à la sécheresse. On les cultive pour leurs fleurs en étoile, de teintes variées, qui s'épanouissent en larges panicules aplaties au sommet des tiges. Elles offrent également des feuillages très intéressants d'aspect, de forme et de couleur. L'espèce herbacée la plus répandue est *S. spectabile*, et ses divers cultivars, à larges feuilles ovales d'un blanc-vert, groupées par deux ou trois à chaque nœud. Les inflorescences, roses teintées de mauve, atteignent 10 cm et plus de large et s'épanouissent du début à la mi-automne. *Sedum acre* (le poivre de muraille) 'Aureum' est une excellente tapissante. Ses petites fleurs, jaunes quand elles s'ouvrent, deviennent ensuite crème.
Culture Très rustique (zone 3) ; plein soleil ; arroser modérément ; donner au printemps un engrais de fond à libération lente ; rabattre les tiges au niveau du sol au début du printemps ; sujet à la pourriture des racines dans des conditions humides et aux attaques de limaces (voir p. 105) ; se multiplie par division au printemps.
Besoins particuliers Les orpins demandent des sols bien drainés.
Idée d'utilisation *Sedum spectabile* est une plante qui attire les papillons (voir p. 57).

Sempervivum tectorum

JOUBARBE
CRASSULACÉES

H Rosettes 5 cm, fleurs jusqu'à 20 cm. E Jusqu'à 30 cm

Le genre *Sempervivum* comprend 42 espèces de succulentes à feuilles persistantes en rosette, rustiques ou semi-rustiques. Beaucoup sont alpines, originaires des Alpes, des Pyrénées, des Carpates... La plupart des espèces sont très rustiques. Les feuilles vertes et charnues, souvent marquées de rouge ou de pourpre, adoptent des formes elliptiques ou ovales, à bout pointu ; les fleurs en étoile éclosent au sommet d'épaisses hampes. Les rosettes qui portent les tiges florales meurent après la floraison.

Sempervivum tectorum

Culture Très rustique (zone 3) ; plein soleil ; arroser modérément ; apporter un engrais de base à action lente au moment de la mise en pots ; sensible à la rouille (voir p. 104) ; se multiplie par division.

Besoins particuliers Les joubarbes apprécient un substrat riche en sable grossier. Protéger des oiseaux les rosettes nouvellement plantées.

Idée d'utilisation Une plante idéale pour créer un vrai « tapis vivant » (voir pp. 55 et 57).

Senecio

SÉNEÇON CINÉRAIRE
COMPOSÉES

H 60 cm à 1,20 m. E Jusqu'à 1,20 m
Les séneçons étaient jusqu'à une dàte récente rassemblés dans un genre très vaste de quelque 1 500 espèces d'herbacées annuelles vivaces, d'arbustes, de grimpantes, répandues dans le monde entier. De nombreuses formes arbustives de Nouvelle-Zélande sont désormais appelées *Brachyglottis* par certains spécialistes ; elles sont le plus souvent à feuilles persistantes et donnent en été des fleurs rappelant les marguerites. Les espèces arbustives sont rustiques dans de nombreuses régions et portent généralement de larges feuilles ovales dont l'aspect argenté est dû au feutrage qui les recouvre. *Senecio (Brachyglottis)* 'Sunshine' présente un feuillage gris argenté puis vert sombre et constitue de solides arbustes avec de grandes panicules de fleurs jaune d'or. *Senecio maritima* (syn. *S. cineraria bicolor*), le cinéraire maritime, une excellente annuelle, possède des feuilles profondément lobées et d'un vif gris argenté. Les hybrides de cinéraires (*C. cruenta*) sont parfaits pour apporter une tache de couleur de la fin de l'été à la mi-automne. On les trouve dans une large gamme de tailles et de couleurs – du bleu, clair ou foncé, au blanc, au rose, au cramoisi et à l'écarlate. Il en existe deux variétés, l'une à petites fleurs *(stellata)*, l'autre à grandes fleurs *(grandiflora)*, enrichies assez récemment par des types plus bas *(nana multiflora)*, à port beaucoup plus compact. Toutes ces formes sont cultivées sous serre, en potées, comme annuelles ; elles fleurissent dans la seconde moitié de l'année. Très faciles à entretenir, ces plantes se flétrissent cependant en quelques heures si elles manquent d'eau. En revanche, un arrosage excessif entraîne un rapide pourrissement de la racine. Les cinéraires hybrides restent néanmoins des plantes idéales pour les débutants.

Culture Annuelle ; plein soleil ; arroser normalement ; apporter un paillis organique épais au printemps ; donner de l'engrais liquide aux annuelles tous les quinze jours ; les semi-rustiques se multiplient par semis sous châssis à la mi-printemps, les arbustives par boutures de 10 cm à la fin de l'été, et les annuelles par semis à l'intérieur au début de mars.

Besoins particuliers Les plantes semi-rustiques doivent être protégées du gel.

Idées d'utilisation Les annuelles font un très bon effet dans les paniers suspendus et les jardinières.

Skimmia

SKIMMIA
RUTACÉES

H Jusqu'à 1 m. E 1,20 m
Ce genre ne compte que quelques espèces d'arbustes à feuilles persistantes, aromatiques, et à croissance lente ; il est originaire d'Extrême-Orient et de l'Himalaya. Les feuilles, épaisses et coriaces, sont ovales ou lancéolées, avec un bout pointu. Les petites fleurs en étoile s'épanouissent en panicules terminales du milieu à la fin du printemps et sont suivies de baies rouge orangé. Il existe des sujets mâles et femelles, l'idéal étant d'associer un mâle pour quatre femelles. *Skimmia japonica ssp. reevesiana* est femelle. Il donne un arbuste compact à feuilles brillantes, vert moyen à sombre, et aux fleurs blanc crème, suivies de fruits rouge cramoisi à la fin de l'été. *Skimmia japonica* 'Rubella' est un clone mâle porteur de boutons de fleurs rouge sombre et de feuilles vertes bordées de rouge. *S. j.* 'Fragrans', mâle également, a des fleurs blanches qui sentent le muguet.

Culture Non rustique ; plein soleil/ mi-ombre ; arroser normalement ; couvrir le pied d'un paillis organique épais au printemps ; se multiplie par boutures à talon semi-ligneuses de 10 cm du milieu à la fin de l'été.

Besoins particuliers Les jeunes feuilles de skimmia doivent être protégées du gel.

Idée d'utilisation Idéale en ville, car cette plante supporte bien la pollution atmosphérique.

Tagetes

ŒILLET D'INDE ET ROSE D'INDE
COMPOSÉES

H Jusqu'à 1 m. E 60 cm
Ce genre compte 50 espèces d'herbacées annuelles ou vivaces. Il en existe à fleurs simples et à fleurs doubles. Les simples ressemblent à la marguerite, les doubles à de petits œillets. Quand il est froissé, le feuillage dégage un parfum puissant. *Tagetes erecta* (la rose d'Inde) est une vigoureuse annuelle à port dressé, bien ramifiée, portant des feuilles brillantes vert sombre, profondément découpées, et des capitules jaunes, de 5 cm de diamètre, s'épanouissant du début de l'été aux premières gelées. Les hybrides de *T. patula* (l'œillet d'Inde), des annuelles à croissance rapide, sont moins hauts que les roses d'Inde. Leurs fleurs peuvent être jaunes, orange ou rouges. Les hybrides 'Disco' sont très appréciés pour leurs fleurs simples et la longueur de leur floraison.

Culture Annuelle ; plein soleil ; arroser normalement ; apporter un engrais de fond au moment de la plantation ; couper régulièrement les fleurs fanées ; se multiplie par semis sous châssis à la mi-printemps ou à l'intérieur à la mi-mars.

Besoins particuliers Aucun.

Idées d'utilisation Très bonnes plantes pour border les conteneurs et idéales pour les paniers suspendus.

Thymus

THYM
LABIACÉES

H Jusqu'à 30 cm. E Jusqu'à 1 m
Ce genre comprend 350 espèces environ d'herbacées et de sous-arbrisseaux vivaces, rustiques, à feuilles persistantes, souvent aromatiques, originaires d'Europe, du bassin méditerranéen et d'Asie. Certaines, prostrées et tapissantes, portent de petites feuilles linéaires gris-vert et s'élèvent à peine au-dessus du sol. D'autres forment de petites plantes buissonnantes, à tiges minces et sarmenteuses. Leurs étroites feuilles ovales sont habituellement gris-vert, parfois poilues, très rapprochées les unes des autres. Les thyms les plus recherchés pour leurs qualités ornementales sont étroitement apparentés à *T. × citriodorus* (le thym citronnelle), dont les feuilles, d'un vert moyen, en ovale allongé, répandent une agréable odeur citronnée. Ses fleurs, lilas pâle, apparaissent en petits bouquets terminaux du milieu à la fin de l'été. Parmi les nombreux cultivars appréciés pour leur feuillage, *T. × c.* 'Aureus' offre des feuilles jaune doré nuancées de vert. *Thymus citriodorus* 'Variegatus' a des feuilles panachées vert argenté.
Culture Rustique (zone 4) ; plein soleil/mi-ombre ; arroser normalement ; couper les fleurs fanées pour conserver des plantes saines et touffues ; se multiplie par semis ou par division.
Besoins particuliers Le thym aime un sol bien drainé.
Idée d'utilisation Disposer cette plante dans des bacs le long d'une allée pour profiter de son parfum lorsque l'on s'y promène.

Tolmiea menziesii

TOLMIEA
SAXIFRAGACÉES

H 15 cm. E 45 cm
Originaire des États-Unis, cette plante vivace, à feuilles persistantes, se cultive à l'intérieur, comme plante verte, ou à l'extérieur. *Tolmiea m.* 'Taff's Gold' présente de petites feuilles duveteuses, assez semblables à celles des orties (mais sans les poils urticants), tachetées de vert pâle et de jaune, et portées sur des tiges également velues. Cette plante a la particularité de produire de jeunes sujets sur son feuilla-

Thymus citriodorus 'Variegatus'

ge, souvent au nombre de 30 à 40 par feuille. Les fleurs tubulaires, de 1 cm, sont d'un blanc verdâtre teinté de rouge, montrant des sortes d'antennes à l'extrémité des pétales ; elles s'ouvrent sur des tiges élancées de 45 à 60 cm de haut.
Culture Non rustique ; plein soleil/mi-ombre ; arroser normalement ; apporter de l'engrais liquide une fois par mois du début de l'été au début de l'automne ; se multiplie par marcottage.
Besoins particuliers Aucun.
Idées d'utilisation Excellente plante pour recouvrir la surface d'un conteneur et pour dissimuler les parois des bacs et des jardinières.

Trachycarpus fortunei

PALMIER DE CHINE
PALMACÉES

H 2 à 3 m. E 2 m et plus
Faisant partie d'un genre restreint de palmiers à feuilles persistantes originaires de l'Himalaya et de l'Extrême-Orient, *T. fortunei* est rustique dans les régions tempérées. Cette plante à croissance lente développe progressivement un tronc unique formé par les restes fibreux des anciens pédoncules des feuilles. Les tiges, de 1 m de long, fortement dentées, portent de très belles feuilles plissées, vert moyen, de 1 m de large. De petites fleurs jaunes apparaissent du début au milieu de l'été en panicules denses atteignant 60 cm de long. Lors des étés très chauds, ces fleurs peuvent donner des fruits noirs, de 1 cm de diamètre, qui rappellent les dattes.
Culture Non rustique ; plein soleil/mi-ombre ; arroser normalement ; apporter un paillis organique épais au printemps ; se multiplie par division des rejets au début de l'été.

Tropaeolum majus

Besoins particuliers Le palmier de Chine doit être protégé des vents forts de l'est et du nord.
Idées d'utilisation Une excellente plante pour un endroit protégé et ensoleillé ; très bonne également pour une composition à thème méditerranéen.

Tradescantia

MISÈRE
COMMÉLINACÉES

H 60 cm. E 75 cm
Le genre *Tradescantia* réunit des plantes vivaces, les unes rustiques, les autres très fragiles. *T. virginiana* (l'éphémère de Virginie), est très recherchée pour la culture en pots, car elle ne demande presque aucun soin. Cette plante vivace, aux feuilles rubanées, pointues, d'un vert terne, porte des fleurs de 2 à 4 cm de diamètre, à trois pétales, triangulaires. Elles s'épanouissent en petites ombelles terminales de la mi-été au début de l'automne. Parmi les nombreux cultivars, *T. × andersoniana* 'Blue Stone' a des fleurs d'un bleu sombre, *T. × a.* 'Isis', très appréciée, de grandes fleurs pourpres, et *T. × a.* 'Osprey', des fleurs d'un blanc pur à étamines bleu-pourpre.
Culture Rustique (zone 4) ; plein soleil/mi-ombre ; arroser normalement ; apporter au printemps un engrais de fond à action prolongée, ou de l'engrais liquide tous les quinze jours de la fin du printemps au début de l'été ; peut être attaquée par les limaces (voir p. 105) ; se multiplie par division du milieu à la fin du printemps.
Besoins particuliers Ces plantes doivent parfois être tuteurées.
Idées d'utilisation Excellentes pour des bacs peu profonds, ou à faire pousser parmi des arbustes (voir p. 49).

Tropaeolum

CAPUCINE
TROPAEOLACÉES

H 60 cm à 5 m. E Jusqu'à 1,20 m
Le genre *Tropaeolum* compte 90 espèces d'annuelles rustiques et d'herbacées
vivaces, souvent à port grimpant. Leurs
fleurs en forme de courtes trompettes,
avec des pétales de diverses tailles et un
éperon proéminent à la base, s'épanouissent de la mi-été à la mi-automne.
Les feuilles, d'un vert moyen ou vif,
sont lisses, circulaires, à bord ondulé.
Tropaeolum majus (la grande capucine)
est une annuelle à port grimpant ou
rampant, dont les fleurs vont du jaune
pâle à l'écarlate orangé. La variété
'Alaska' présente des feuilles panachées
de blanc crème et des fleurs dans des
nuances de rouge ou de jaune.
Tropaeolum speciosum (la capucine
élégante) est une vivace à feuilles
caduques, à tiges minces et volubiles,
aux feuilles lobées d'un vert vif. Ses
fleurs, rouge vif, ont cinq pétales
arrondis et ondulés s'ouvrant à plat.
Culture Annuelle/vivace non rustique ; plein soleil/mi-ombre ; arroser
modérément ; apporter aux annuelles
un engrais de fond à action prolongée
au moment de la plantation, et donner
aux vivaces un engrais à action prolongée au printemps ; sensibles aux
pucerons (voir p. 105) ; les annuelles se
multiplient à la fin du printemps par
semis à l'extérieur, les vivaces par division à la mi-printemps.
Besoins particuliers Les capucines
fleurissent mieux dans un substrat
assez sec et pas trop riche.
Idées d'utilisation Les vivaces grimpantes s'associent bien à d'autres plantes ; les annuelles retombent joliment
sur les bords des paniers suspendus.

Tulipa

TULIPE
LILIACÉES

H 10 à 15 cm. E Jusqu'à 25 cm
La tulipe fut importée de Turquie en
Europe au XVIᵉ siècle. Cent ans plus
tard, ces vivaces à bulbe étaient devenues si recherchées aux Pays-Bas que
l'on parla de « tulipomanie ». Depuis,
les tulipes sont restées très populaires,
qu'il s'agisse des espèces types ou des
formes cultivées. Leur classification
est une tâche immense. Elles sont
actuellement couramment réparties
en 15 divisions, dont les plus connues

Tulipa 'Fringed Elegance'

sont les **hybrides de Darwin** (hautes à
grandes fleurs), les **fleur de lis** (à
pétales pointus), les **Rembrandt** (des
tulipes de Darwin panachées), les
races Perroquet (à pétales irrégulièrement frangés, généralement rayées
de plusieurs couleurs), et les **tulipes
botaniques** (habituellement plus
ouvertes, à fleurs en coupe, beaucoup
plus petites que les formes horticoles).
Parmi ces dernières, *T. kaufmanniana*
ressemble à un nénuphar ouvert, et
T. clusiana a des fleurs claires ; elles
sont précoces, faciles à cultiver et très
élégantes.
Les bulbes des tulipes sont ronds ou
ovoïdes, à peau fine. Beaucoup ne produisent qu'une seule fleur, sur une tige
dressée, mais certains peuvent en por-
ter deux, trois, voire davantage. Les
fleurs sont constituées de six pétales
(en fait trois sépales et trois pétales),
plus ou moins allongés, pointus ou
arrondis. Les feuilles sont linéaires,
parfois lancéolées.

Tulipa clusiana

Tulipa 'Van der Neer'

Tulipa 'Flaming Parrot'

Culture Très rustique ; plein soleil ;
arroser lors de la mise en pots, puis
garder les bulbes humides jusqu'à ce
que les feuilles jaunissent après la floraison ; apporter un engrais liquide
une fois par semaine après la floraison
jusqu'à l'arrêt des arrosages ; sujette
aux attaques de limaces, qui dévorent
les bulbes, des anguillules, des pucerons (voir p. 105), et à diverses affec-
tions physiologiques ; se multiplie par
séparation des caïeux.
Besoins particuliers Les tulipes préfèrent un substrat bien drainé et doivent être soigneusement protégées
des vents forts. Sous les climats froids,
le forçage des bulbes est très populaire.
Il faut cependant noter que les bulbes
forcés sont épuisés après la floraison,
d'où la difficulté de les voir refleurir
la saison suivante.
Idée d'utilisation Les tulipes sont
remarquables lorsqu'on multiplie les
potées de la même variété ; avec elles,
il faut jouer l'effet de masse.

Viburnum carlesii 'Diana'

Viola 'Little Liz'

Viola septentrionalis alba

Verbena × *hybrida*

VERVEINE
VERBÉNACÉES

H 15 à 45 cm. E 30 cm
Cette plante arbustive possède des feuilles ovales, dentées, d'un vert allant du moyen au foncé. Les bouquets terminaux de petites fleurs odorantes atteignent 7,5 cm de large, parfois davantage, et s'épanouissent du milieu de l'été aux premières gelées. Leur gamme de couleurs est vaste.
Culture Annuelle/vivace non rustique ; plein soleil ; arroser normalement ; apporter de l'engrais liquide tous les quinze jours du début à la fin de l'été ; sujette aux attaques de pucerons (voir p. 105) ; les annuelles se multiplient par semis à l'intérieur à la mi-mars, les vivaces par boutures de 7 cm à la fin de l'été.
Besoins particuliers Les annuelles demandent un sol fertile et craignent les excès d'eau. *V. bonariensis* peut être cultivée comme plante annuelle dans les grands bacs.
Idées d'utilisation Très bonne plante pour les jardinières et les paniers suspendus (voir pp. 53 et 56).

Viburnum

VIORNE
CAPRIFOLIACÉES

H Jusqu'à 3 m. E 2 m
Viburnum constitue un vaste genre d'arbustes et de petits arbres à feuilles caduques ou persistantes. Les fleurs de la plupart des espèces à feuilles caduques s'épanouissent au printemps

et certaines offrent un feuillage très décoratif en automne. *V. carlesii* est un petit arbuste à feuilles caduques vert terne, larges et ovales ; ses fleurs, d'un blanc cireux, doucement parfumées, apparaissent à la fin du printemps et au début de l'été. *V. c.* 'Aurora' est un cultivar, de même que *V. c.* 'Diana', plus dense. *V.* × *carlcephalum* possède un feuillage vert bleuté, qui prend une couleur rouge vif à l'automne, et des fleurs roses en bouton qui s'ouvrent en grosses grappes blanches odoriférantes.
Culture Peu rustique pour les espèces mentionnées ci-haut (zone 5b) ; plein soleil/mi-ombre ; arroser normalement ; apporter un paillis organique épais au printemps ; sujet à la pourriture grise et aux taches foliaires ainsi qu'aux attaques de pucerons et d'aleurodes (voir pp. 104-105) ; se multiplie par boutures à talon semi-ligneuses du milieu à la fin de l'été, ou par marcottage à la mi-été.
Besoins particuliers Les viornes préfèrent les sols frais, bien drainés ; la plupart redoutent les excès de sécheresse.
Idée d'utilisation Placer les viornes, si parfumées, près de la maison.

Viola

VIOLETTE ET PENSÉE
VIOLACÉES

H 15 à 20 cm. E Jusqu'à 30 cm
Ce vaste genre d'herbacées annuelles ou de vivaces compte des espèces aussi populaires que les violettes et les pensées. Nombre de ces dernières sont des hybrides de *V.* × *wittrockiana*. Elles portent de larges fleurs et sont plus

robustes que les petites espèces de violettes. Les fleurs, de 2,5 à 7,5 cm de diamètre, ont des teintes allant du blanc au jaune d'or, du bleu au noir, du rouge au violet foncé. Au bout de pédoncules à port lâche, les feuilles, étroites et ovales, ont un bord denté.
Culture Annuelle/vivace rustique (zones 3-4) ; plein soleil/mi-ombre ; arroser normalement ; apporter un engrais de fond lors de la plantation ; les annuelles se multiplient par semis au mois de mars, les vivaces par boutures herbacées ou par division des touffes au printemps.
Besoins particuliers Ces plantes préfèrent un sol bien drainé.
Idées d'utilisation Les pensées sont parfaites pour des compositions colorées au début du printemps ; les variétés retombantes sont idéales pour les paniers suspendus (voir pp. 11, 29, 40 et 42). Les violettes forment un beau couvre-sol pour des bacs contenant arbres ou arbustes.

Vitis

VIGNE
VITACÉES

H Jusqu'à à 20 m. E 4 m

Les vignes d'ornement font partie d'un vaste genre de grimpantes vigoureuses qui s'accrochent grâce à des vrilles. La taille et la forme des feuilles varient considérablement selon les espèces mais diffèrent de celles de sa proche cousine, la vigne vierge *(Parthenocissus).* Beaucoup se parent de brillantes couleurs à l'automne. *V. coignetiae*, très belle et très recherchée, est une espèce à feuilles épaisses en forme de cœur, pouvant atteindre 30 cm de large, d'un vert moyen devenant jaune, rouge orangé, voire écarlate pourpré en automne. *Vitis vinifera* (la vigne vraie) est aussi très répandue ; il en existe des cultivars à feuilles pourpres, tels que *V. v.* 'Purpurea' (la vigne des teinturiers).

Culture Rustique à non rustique ; plein soleil/mi-ombre ; arroser normalement ; couvrir le pied d'un paillis organique épais au printemps ; couper les anciennes tiges et raccourcir les jeunes à la fin de l'été ; sujette aux attaques de la cochenille et de l'otiorhynque (voir p. 105) ; se multiplie par boutures ligneuses du milieu de l'été au début de l'automne.

Besoins particuliers La vigne a besoin d'un conteneur profond et d'un substrat léger, enrichi d'engrais et de compost. Elle doit être placée en situation sèche et chaude.

Idées d'utilisation Faire grimper la vigne le long d'un support, ou la faire retomber sur les parois d'un bac.

Wistaria

GLYCINE
FABACÉES

H Jusqu'à 10 m. E 15 m

Ce genre de plantes rustiques à feuilles caduques comprend certaines des plus belles grimpantes, aux cascades de fleurs blanches, roses, bleues ou mauves de 20 à 30 cm de long. La floraison a lieu normalement du début à la mi-été. L'espèce la plus spectaculaire, *W. sinensis* (la glycine de Chine), a des feuilles d'un vert moyen à foncé, divisées en nombreuses folioles étroites. Il en existe d'autres formes, comme *W. s.* 'Alba', à fleurs blanches, ou *W. s.* 'Plena', à fleurs mauves doubles.

Yucca filamentosa 'Variegata'

Culture Peu rustique (zone 5b) ; plein soleil ; arroser normalement ; apporter un paillis organique épais au printemps ; ramener les pousses à deux ou trois yeux au début du printemps et tailler au besoin pour redonner de la vigueur à la mi-été ; sensible à la tache foliaire (voir p. 104) et aux attaques d'araignées rouges ; se multiplie par boutures à talon de 7 à 10 cm au milieu de l'été, ou par marcottage au début de la même saison.

Besoins particuliers Les glycines ne fleurissent pas dans l'est du Canada, leurs boutons floraux ne résistant pas aux rigueurs de nos hivers. Toutefois, la beauté de leur feuillage en fait des grimpantes très décoratives.

Idée d'utilisation Montée sur tige, la glycine fait un superbe arbuste isolé.

Yucca filamentosa

YUCCA
AGAVACÉES

H 60 cm à 1 m. E 1 à 1,20 m

Cette plante fait partie d'un genre d'arbustes et de petits arbres à longue durée de vie, rustiques ou fragiles, à feuilles persistantes, qui se développent bien en sol pauvre et sableux, notamment en bord de mer. Leurs feuilles rubanées, d'un vert bleuâtre, peuvent atteindre 1 m de long, et se terminent par une forte épine. Les tiges florales, d'un brun rougeâtre, hautes de 1,50 à 2 m, portent des panicules de fleurs blanches, en clochettes pendantes, de 6 à 8 cm de long. Il en existe des cultivars panachés parmi lesquels *Y. f.* 'Golden Sword', à feuilles

Zantedeschia aethiopica

présentant une bande jaune au centre, et *Y. f.* 'Variegata', à feuilles bordées de blanc crème.

Culture Peu rustique (zone 4b) ; plein soleil ; arroser modérément ; sujet aux taches foliaires (voir p. 104) ; se multiplie par division des touffes du milieu à la fin du printemps – mettre en pots quand les rejets sont enracinés.

Besoins particuliers La couronne basale des yuccas doit être protégée et les feuilles liées ensemble pour l'hiver.

Idées d'utilisation Très bonne plante architecturale. Peut être cultivée en sujet isolé (voir p. 20).

Zantedeschia aethiopica

ARUM D'ÉTHIOPIE
ARACÉES

H 45 cm à 1 m. E 60 cm

L'arum d'Éthiopie appartient à un genre d'herbacées semi-rustiques, vivaces, originaire d'Afrique australe. Il possède de larges feuilles sagittées, vert sombre, brillantes ; ses fleurs, des spathes blanches entourant un spadice jaune, s'épanouissent de la mi-printemps à la mi-été. Le cultivar le plus robuste est *Z. a.* 'Crowborough'.

Culture Non rustique ; mi-ombre ; arroser normalement ; apporter un paillis organique épais au printemps ; sensible aux viroses (voir p. 104) ; se multiplie par division en automne.

Besoins particuliers L'arum d'Éthiopie préfère les substrats légers.

Idée d'utilisation Élever cette plante en pot individuel avant de la replanter, lors de la floraison, dans son conteneur définitif.

INDEX

REMERCIEMENTS

Le photographe, les éditeurs et les auteurs remercient les personnes
et les organismes qui les ont aimablement autorisés à photographier leur jardin
(numéro de la page entre parenthèses) :
Randal Anderson (107) ; Barnsley House (44, 136 b, 138 c, 153 bg) ;
Barter's Farm (133 g) ; Blenheim Palace (115 b) ; Bosvigo House (61, 121 d) ;
Bourton House (47, 140 hd) ; Penelope Bray (137, 143 d) ; Franck Cabot (7) ;
Robert Cooper (29) ; Nicholas & Pam Coote (22, 108 g, 124 g, 130 hd, 130 bd, 131 c) ; The Garden House
(108 h) ; Gothic House (72, 119 d, 125 d, 131 d, 144 g) ;
Hadspen Gardens (63) ; Pam Hummer (1, 68) ; Anne Huntington (117 d, 153 hd) ; Kiftsgate Court (39) ;
Nell Maydew (154 hd) ; Eve Meares (129 g) ;
Carolyn McNab (147 g) ; The National Trust (Powis Castle 4, 16 d) ;
Anthony Nœl (2, 13, 36, 75, 119 g, 153 bd, 154 b) ; Fiona et John Owen (108 b, 153 d) ;
Jenny & Richard Raworth (14, 43, 65, 66, 70 d, 111, 129 d, 134, 145 g, 148 hg) ;
RHS Rosemoor (124 d, 138 g) ; RHS Wisley (130 g) ; Rodmarton Manor (125 b) ;
Sticky Wicket (121 g, 142 g, 143 b, 150 g, 151 g, 152 g) ; Beth Straus (20 d, 51, 112 d) ; Sudeley Castle
(109 d) ; Rosemary Taffinder (56) ; Louise Trepanier (9,123 h, 127 g, 135 g, 138 d, 148 b, 150 g) ;
Whichford Pottery (64, 69, 129 c).

Les éditeurs remercient également : Merrist Wood College, Worplesdon, Surrey ;
The Garden Picture Library, Ransome's Dock, London SW11 ; Jenny Raworth
pour l'organisation des plantations saisonnières ; Ruth Baldwin pour la révision du texte ; Peter Green, du
Royal Botanic Gardens in Kew, pour l'identification des plantes ;
Richard Bird pour l'établissement de l'index ; Erddig pour l'identification des lierres ; Caddick's Clematis
Nursery pour l'identification des clématites.

Crédits photographiques
Toutes les photographies sur site sont d'Andrew Lawson, à l'exception de :
Lynne Brotchie, GPL, 50 ; Linda Burgess, GPL, 18 ; John Glover, GPL, 25 ;
Jerry Harpur, 20 g ; Jacqui Hurst, 10 d, 70 g, 71 ; Ron Sutherland, GPL, 16 g, 46 h ; Harold Taylor, Oxford
Scientific Films, 80 encadré ; Brigitte Thomas, GPL, 10 g, 27.